KB012440

한국 슬라브학 30년사

과거를 돌아보며 미래로 향하다

이 도서의 국립중앙도서관 출판예정도서목록(CIP)은 서지정보유통지원시스템 홈페이지(http://seoji.nl.go.kr)와
국가자료공동목록시스템(http://www.nl.go.kr/kolisnet)에서 이용하실 수 있습니다.
(CIP제어번호: CIP2016023736)

한국외국어대학교 러시아연구소
HK 연구사업단 학술연구총서 24

한국 슬라브학 30년사

과거를 돌아보며 미래로 향하다

Facing the Future through the Past:
A 30-Year History of Slavic Studies in South Korea

김현택 · 송준서 엮음

한울
아카데미

▍머리말

한 세기 이전부터 러시아는 한반도 운명에 중요한 영향을 미쳤다. 구한말 고종 황제가 러시아 공사관에서 거처한 사건인 아관파천, 해방 이후 북한의 공산 정권 수립에 소련이 미친 지대한 영향, 1980년대 사회 개혁을 부르짖던 한국 대학생 사이에 뜨거운 관심 대상으로 떠오른 러시아 혁명사와 사회주의 이데올로기 등이 그렇다. 일제강점기 때 한국에 유입된 이반 투르게네프(Ivan Turgenev), 표도르 도스토옙스키(Fyodor Dostoevskii), 레프 톨스토이(Lev Tolstoy) 등 러시아 대문호의 문학작품은 오랫동안 지성인의 필독서로 자리 잡고 있으며 고전음악을 비롯한 러시아 문화와 예술은 지금까지 상당한 인기를 누리고 있다.

1980년대 중반까지만 해도 소련(러시아)·동유럽 국가에 대한 연구 환경은 녹록지 않았다. 한국전쟁으로 시작된 냉전체제 때문에 사회주의권에 대한 연구는 위축될 수밖에 없었으며 상당 부분 금기시되었다. 이후 1980년대 중반을 기점으로 시작된 페레스트로이카(Perestroika)와 글라스노스트(Glasnost')로 불리는 개혁·개방정책을 통해 소련이 변화하면서 한국에서도 이 분야에 대한 관심이 상당히 높아졌다. 1988년 서울 올림픽에 소련이 참가한 일을 계기로 소련에 대한 한국 사회의 관심은 가파른 상승 곡선을 그렸다. 마침내 1990년 한국과 소련이 공식적으로 외교 관계를 수립해 한국 학계의 소련·공산권 연구는 활기를 띠기 시작했다. 동시에 1989년 베를린장벽이 무너진 사건을 계기로 동유럽 사회주의국가들이 개혁·개방 정책을 가속화하면서 그동안 베일에 가려졌던 이들 국가의 언어, 문화 등에 대한 교육과 연구의 필요성이 대두했다. 그 무렵 한국 대학에 동유럽어문학 관련 학과가 설립되었으며, 이를 기점으로 한국 슬라브학은 본격적으로 발전 궤도에 진입했다.

한국 슬라브학이 탄생한 지 어느덧 30년이 흘렀다. 한국 정부가 '북방정책'이라는 기치를 내걸고 소련·동유럽 사회주의국가와의 관계를 개선하는 데 공들이던 시대는 훌쩍 지나가 버렸다. 오늘날 한국은 '유라시아 이니셔티브(Eurasia Initiative)'를 바탕으로 유라시아 대륙의 여러 국가와 실질적인 관계를 적극적으로 추진하는 단계에 이르렀다. 한반도를 시작으로 유라시아 대륙을 통과해 유럽에 이르는 물류 이동 네트워크가 구축됨으로써 이들 공산을 아우르는 인적 교류가 활성화할 경우 우리가 유라시아 대륙을 바라보는 시야도 획기적으로 변할 것이다. 우크라이나 사태와 북핵 문제로 촉발된 한반도 긴장 상황 때문에 현재로서는 유라시아 대륙을 향한 새로운 행보가 주춤거리고 있지만, 장차 통일된 한반도는 유라시아와 긴밀한 관계를 맺어 해양과 대륙을 동시에 지향하는 역동적인 교류의 교량으로 기능할 수 있을 것이다. 즉, 슬라브학 연구는 학문적 차원뿐만 아니라 이같은 국가 발전의 미래 전략 수립 차원에서도 중요한 의미를 가진다.

그동안 한국 슬라브학은 어려운 여건에도 불구하고 연구 분야 다변화, 국제 수준의 연구 경쟁력 확보, 연구 결과의 사회적 확산 등에 애쓰며 꾸준히 발전해왔다. 그럼에도 오늘날 이 학문은 중대한 기로에 서 있다. 러시아와 동유럽권에 대한 폭발적인 관심이 사라지고, 학문적 선호가 특정 '인기 분야'에 지나치게 쏠리는 상황에서 러시아와 동유럽 국가에 대한 연구는 과거의 '희소 학문'으로 복귀하는 양상을 보이고 있기 때문이다. 특히 학문 후속세대를 양성하는 일은 심각한 위기에 놓여 있다.

2015년 12월 한국외국어대 러시아연구소는 슬라브학의 여러 분야를 망라하는 한국의 대표 전문가들을 초빙해 '한국 슬라브학 30년: 성과·성찰·도약'이라는 주제의 학술회의를 개최했다. 이 학술대회에서 발표된 논문들이 연구자들의 수정과 보완을 거쳐 『한국 슬라브학 30년사: 과거를 돌아보며 미래로 향하다』로 탄생했다. 이 책에서 필자들은 지난 30여 년 동안 축적된 한국 슬라브학계의 연구 성과를 되돌아본다. 다시 말해 많은 연구자가 행한 노력의 결과가 이 책에 담겨 있다. 우리는 학문을 위한 헌신의 노력이 어린 이 책이 관심의 주변으로 밀려난 슬라브학이 제 위상을 찾는데, 슬라브권 연구에 새로운 활기를 불어넣는 데 기여하기를 바란다.

학술회의 발표를 흔쾌히 수락해주신 여러 연구자와 학술회의 사회를 맡아주신 박수헌 경희대 교수님, 김진원 고려대 교수님께 깊이 감사드린다. 아울러 학술회의 준비부터 원고 출판에 이르기까지 전 과정을 책임지고 맡아준 송준서 한국외대 러시아연구소 교수, 원고 검토와 교정 작업을 위해 수고한 최우익 교수와 정유진 조교에게도 고마운 마음을 전한다. 끝으로 이 책이 한국연구재단 인문한국(HK)지원사업의 일환으로 수행된 연구 결과(NRF-362-2009-1-B00005)임을 밝히며, 책 출간을 선뜻 맡아준 한울엠플러스(주)에 필자들을 대신해 감사드린다.

2016년 10월
한국외국어대 러시아연구소 소장 김현택

▌차례

머리말 4

권두언 한국의 슬라브학, 지금 어디에 서 있는가?ㅣ김현택 11
  1. 슬라브학의 범위와 내용 11
  2. 냉전체제와 소련 연구: 해방 이후~1970년대 14
  3. 한국 슬라브학의 해빙기: 1980년대 18
  4. 포스트 소비에트 시대의 새로운 방향 탐색: 1990년 이후 22
  5. 한국 슬라브학의 과제 28

제1장 한국에서의 러시아문학 연구, 어제와 오늘ㅣ석영중·손재은 33
  1. 시작하는 말 33
  2. 연구 현황 36
  3. 과제와 전망 48

제2장 한국 러시아어학의 발자취와 전망ㅣ정하경 55
  1. 들어가는 말 55
  2. 연구 환경의 변화 57
  3. 연구 동향의 변화 59
  4. 한국 러시아어학계의 성취와 과제 65
  5. 맺음말 72

제3장 한국 러시아어 교육학 연구 현황과 과제ㅣ전혜진 77
  1. 서론 77
  2. 러시아어 교육학 연구 현황과 문제점 80
  3. 러시아어 교육학 연구 발전을 위한 향후 과제 90
  4. 결론 104

제4장 러시아 문화 연구 30년 | 김상현 115
 ―연구와 번역으로 본 외연의 확장, 접점에서의 기대

1. 서론 115
2. 선행 연구: 러시아 문화 연구 30년사 데이터 119
3. 외연의 확장과 접점에서의 기대 130
4. 우리에게 필요한 연구: 깊이와 통섭, 분석과 상상력 133
5. 결론: 새로운 제안과 대안 138

제5장 한국의 러시아 정치 연구 | 장세호 155
 ―비판적 성찰과 도약을 위한 과제

1. 서론 155
2. 연구물과 전문 연구 인력 수에 대한 평가 158
3. 연구 방법에 대한 평가 164
4. 한국의 러시아 정치 연구 발전을 위한 과제와 제언 169
5. 결론 173

제6장 슬라브학 30년 회고와 전망 | 성원용 179
 ―경제학 분야

1. 서론 179
2. 1985년 페레스트로이카 논쟁과 사회주의 문제 183
3. 1991년 체제전환 이후 시장경제 문제 188
4. 무엇을 할 것인가: 향후 과제를 중심으로 193

제7장 한국의 러시아사 연구 동향과 향후 과제 | 송준서 203
　　　　ー1970년대 말~현재까지

　1. 서론 203
　2. 태동기: 1970년대 말~1980년대 초반 205
　3. 첫 번째 전환점: 1980년대 중반~1990년대 초반 208
　4. 두 번째 전환점: 1990년대 말~2000년대 216
　5. 향후 과제 220

제8장 한국 동유럽학 | 홍석우 231
　　　　ー평가와 전망

　1. 서론: 동유럽학의 범위와 내용 231
　2. 냉전체제 시기 동유럽 연구의 태동기: 1989년 이전 234
　3. 동유럽학의 토대 구축과 양적 성장기: 1989년~1990년대 237
　4. 새로운 방향의 모색 및 도약기: 2000년대 242
　5. 질적 발전을 위한 준비기: 2010년대 247
　6. 결론 251

찾아보기 255

권두언

한국의 슬라브학, 지금 어디에 서 있는가?*

김현택(한국외국어대학교 노어과 교수)

1. 슬라브학의 범위와 내용

한국에서 '슬라브학'은 널리 알려진 학문이 아니다. '소련 연구', '러시아 연구', '동유럽 연구' 등이 무엇을 대상으로 하는 연구인지 대략 가늠이 되는 것에 비해, 슬라브 문화권에 대한 연구를 수행하는 '슬라브학'이라는 개념은 여전히 대중에게 낯설게 들린다.

여기에는 유럽 대륙의 동부에 위치한 슬라브 문화권과 한국 사이의 머나먼 거리감이 작용하는데, 근본적으로는 슬라브 문화권 국가 대부분이 냉전체제 아래 공산 진영에 속하면서 오랫동안 우리에게 폐쇄적인 두려움의 대상으로 인식되었기 때문이다. 산업혁명을 거쳐 근대화에 성공한 서유럽의 역사, 문화가 많은 관심과 주목을 받았던 것과 달리 서방과 적대 관계였던 구소련과 동유럽 지역은, 윈스턴 처칠(Winston Churchill)의 표현에

---

* 이 글은 한국학술협의회에서 발간하는 ≪지식의 지평≫, 제18호(2015)에 게재된 논문을 일부 수정한 것이다.

따르면, "불가사의한 신비에 둘러싸인 수수께끼(a riddle wrapped in a mystery inside an enigma)"처럼 정체불명의 대상으로 남아 있었다.

1988년 슬라브 문화권에 대한 이 같은 태도에 큰 변화가 일어났다. 그 계기는 서울 올림픽 개최 시기에 한국이 시도한 전방위적인 대외개방정책과 소련·동구권 국가들과 국교 정상화를 추진한 노태우 정부의 북방정책이다. 이를 기점으로 공포의 대상으로 인식되던 동유럽 지역과 소련을 방문하는 것이 일부 지식인 사이에서 유행처럼 확산되기 시작했는데, 이 낯선 세계에서 겪은 이야기가 무용담처럼 떠돌던 것이 1990년 무렵 일이다. 그로부터 대략 25년이 지난 오늘날 우리는 이들 국가를 비자 없이 자유롭게 여행할 수 있다. 체코의 프라하와 크로아티아의 두브로브니크는 많은 한국인의 필수 관광지가 되었고, 시베리아 횡단 열차로 유라시아 대륙을 가로지르는 대장정을 떠나는 사람도 주변에서 심심찮게 발견할 수 있다.

그사이 한국 슬라브학 연구에도 많은 변화가 있었다. 해방 후 러시아어 교육을 중심으로 시작된 초창기 슬라브학은 1985년 한국슬라브학회(현 한국슬라브·유라시아학회) 창립을 기점으로 새로운 시대를 맞았다. 이후 냉전 체제의 종식과 함께 이 지역에 대한 관심이 크게 고조되었고, 그 결과 오늘날 슬라브학은 인문학과 사회과학 분야를 두루 포괄하면서 약 500명의 전문가가 활동하는 학문으로 성장했다.

슬라브 문화권과 직접적인 교류가 거의 없는 상태에서 희소 학문으로 출발한 한국 슬라브학은 오랜 역사를 가진 유럽의 슬라브 연구, 소련과 양극체제를 형성했던 미국의 슬라브 연구와는 다른 궤적을 그리며 성장했다. 18세기 말, 19세기 초 러시아를 포함한 슬라브 문화권 국가의 부상과 동시에 유럽에서 태동한 슬라브학(영국의 Slavonic Studies, 미국의 Slavic Studies, 독일의 Slavistik, 러시아의 Slavistika)은 이 문화권에 속하는 지역의 언어, 문학, 역사, 문화 등에 대한 연구를 일컫는 개념으로 간주되었다. 유럽 슬라브학은 여러 슬라브 언어로 기록된 문헌 정리 작업을 시작으로 사전 편찬, 문법서 집필, 편람 발간 등으로 진화했다. 제1차 세계대전과 러시아혁명 이후에는 슬라브권 출신의 저명한 인문학자 상당수가 유럽으로 이주하면서 유럽의 명문 대학에 슬라브학 강좌가 개설되었다. 제2차 세계대전 이후에는 서유럽과 미국에서 자신들의 위협 세력으로 부상한 슬라브권에 대한 연구의 중요성이 크게 강조되었다. 그 결과 인문학 중심이었던 이전의 슬라브학은 정치, 경제 등 사회과학 분야를 포함하는 학문으로 확장되었다.

슬라브 문화권에 속하는 국가는 러시아, 우크라이나, 벨라루스, 폴란드, 체코, 슬로바키아, 슬로베니아, 크로아티아, 세르비아, 불가리아, 마케도니아 등이다. 이 국가들은 언어적인 특징과 문화적인 전통에 따라 다시 동슬라브, 남슬라브, 서슬라브 등으로 나뉜다. 여기서 주목할 점은 과거 슬라브 연구 또는 소련·동유럽 연구에 포함되었던 알바니아, 에스토니아, 라트비아, 리투아니아, 헝가리, 루마니아, 몰도바, 조지아(그루지아), 아르메니아, 아제르바이잔, 카자흐스탄, 키르기스스탄, 타지키스탄, 투르크메니스탄, 우즈베키스탄 등과 같은 국가들이 실제로는 슬라브 문화권과는 다른 역사와 문화를 가진다는 사실이다. 그 결과 소련 붕괴와 함께 이 국가들이 독립국으로 탄생하면서 슬라브 연구 혹은 소련·동유럽 연구는 정체성 위기를 겪게 되었다. 이에 새로운 대안으로 이 모든 지역과 슬라브 문화권을 포괄하는 공간을 '탈사회주의(Post-Socialist) 세계' 또는 '탈공산주의(Post-Communist) 세계', 또는 '러시아 및 중동부 유럽'으로 명명하거나 더 나아가서는 '유라시아(Eurasia)' 같은 명칭으로 새롭게 규정하기에 이르렀다. 따라서 현재 유럽과 미국의 슬라브학은 슬라브 문화권과 유라시아 대륙에 위치한 탈소비에트 독립국을 포괄하는 넓은 공간을 대상으로 한 인문학·사회과학 연구라고 정의할 수 있다.

한편, 분단 상황으로 인해 오랫동안 북방 대륙과 동떨어졌던 한국 슬라브학은 초기 단계에서부터 소련과 공산권 국가를 바라보는 서구 시각의 지배적인 영향이나 유럽 역사의 변방으로 여겨지던 슬라브 문화권에 대한 피상적인 관심 등과 같은 태생적인 제약을 안고 있었다. 그럼에도 1980년대 중반부터 활성화하기 시작한 한국 슬라브학은 짧은 기간 다양한 영역에서 괄목할 만한 성과를 거두었다. 관심 지역을 러시아와 슬라브 문화권 전반을 아우르면서 중앙아시아와 캅카스(Kavkaz) 지역으로 확장하는 한편, 전공 분야 또한 다변화해 그 범위가 어문학에서 정치·경제 분야와 역사·문화 연구 전반으로 넓어졌다.

이 장의 목적은 짧게는 30여 년, 길게는 60여 년 동안 축적된 한국 슬라브학의 성과를 태동에서부터 최근에 이르기까지 시기별로 나눠 각 특징을 살펴보는 것이다. 이를 통해 현시점에서 한국 슬라브학이 직면하고 있는 과제, 학문 자체의 내적인 동력, 타 학문과의 대화, 사회와의 소통 등 여러 차원을 두루 조망해본다.

2. 냉전체제와 소련 연구: 해방 이후~1970년대

해방 후 한국에서는 적성국 소련을 이해해야 한다는 취지에서 소규모 인원을 대상으로 러시아어를 교육했는데, 이 분야는 오랫동안 희소 분야로 간주되었다. 하지만 19세기 말 개화기 시대로 거슬러 올라가면 한국과 러시아의 긴밀한 관계를 발견할 수 있고, 이 시기에 러시아가 한국에 남긴 흔적도 적지 않다. 그 예로 1884년 조·러수호통상조약 체결 이후 러시아의 영향력이 확대되면서 서울에 관립 러시아어학교가 설립된 것을 들 수 있다. 1896년 서울 수하동에서 문을 연 이 학교는 1904년 폐교될 때까지 매년 50명 이상의 학생을 모집해 5년 기한의 2학기 학제를 운영했다(박종효, 2000; 조문제, 1979; 한국학중앙연구원 참조). 이 학교의 초대 교관은 러시아 포병 장교 니콜라이 비류코프(Nikolai Biryukov) 대위였으며, 아관파천 이후 러시아의 영향력이 증대된 상황에 따라 러시아어 역관을 양성하는 일을 주요 교육 목표로 삼았다.

이후 한반도에서 일본의 영향력이 강화되면서 러시아와의 직접적인 교류는 단절되었다. 하지만 1909년 최남선이 ≪소년≫에 레프 톨스토이 작품을 한국 최초로 번역해 게재한 것과 1918년 같은 저자의 작품인 ≪부활≫이 ≪해당화≫라는 제목의 번안 소설로 출간된 사례를 바탕으로 짐작할 수 있듯이, 식민지 상황에서도 러시아는 간접적으로나마 문화적으로 소통한 중요한 국가였다. 또한, 러시아 극동 지역을 거쳐 이르쿠츠크까지 이동했던 한국 독립운동가의 활동 반경과 1922년 러시아 내전이 종결된 이후 러시아 망명객이 내거 청진과 원산 등지로 입국한 사실 등은 한때 한국과 러시아가 긴밀히 연결되어 영향을 주고받은 역사를 환기시킨다.

해방 이후 최초의 러시아어 교육은 1947년 육군사관학교에 러시아어가 제2외국어 강좌로 개설되면서 시작되었다. 정규 대학에 러시아어과가 개설된 것은 1954년 한국외대 설립과 함께였으며,[1] 초대 주임교수로는 하얼빈 소재 만주건국대학을 졸업한 동완 교수가 부임했다. 그로부터 20년이 지난 1974년 고려대에 노어노문학과가 개설되었다. 한국 슬라브학의 태동기라고 할 수 있는 이 시기에는 러시아어 교육과 러시아문학 작품 강독이 교과과정의 중심을 이루었다. 시간이 흐르면서 공산권 연구의 일환으로 소련체제에 대한 비교정치학적 연구를 수행하기 시작했다. 이에 관해 한국외대 소련 및 동구문제연구소(1972), 한양대 중소연구소(1974, 1997년 아

---

[1] 1945년 서울대에 노어노문학과가 개설되었다가 1949년에 폐과되었다는 주장도 있지만 기록 부재로 확인이 어렵다.

태지역연구센터로 개명), 고려대 러시아문화연구소(1979, 현재 명칭은 러시아·CIS 연구소) 등이 대표적인 연구 기관으로 기능했다.

이 무렵 한국의 러시아 관련 연구자들은 러시아어 교재와 사전 편찬, 러시아 고전문학 번역, 미국 소비에트학(Sovietology) 관련 도서 소개 등의 업적을 남겼다. 특히 한국 지식인 사이에서 열렬한 숭배 대상이던 러시아문학은 출판 시장에서 상당한 비중을 차지했다. 이 분야에서는 한국 러시아 어문학의 태두인 동완 교수, 한국외대 노어과 초창기 졸업생인 김학수 교수, 이철 교수, 박형규 교수, 이종진 교수, 이동현, 채대치(채수동) 등이 큰 발자취를 남겼다.

사회과학 분야에서는 이념에 관한 검열 때문에 공산권에서 나온 1차 자료에 대한 접근이 엄격히 금지되었고, 별도의 허가를 받은 극소수 인원만 연구 자료를 활용할 수 있었다. 사정이 이렇다 보니 동서가 대치하는 상황 아래 한국의 소련 연구는 전적으로 미국의 영향을 받을 수밖에 없었다. 제2차 세계대전 중에 설립된 미국 해외정보전담기관 OSS(Office of Strategic Studies) 출신 인사들이 주축을 이룬 초창기 미국의 소련 연구는 소련을 미국이 제압해야 할 대상으로 보고 이를 위한 전략을 설정하는 정책학적 연구에 몰두했다.[2] 이 시기 소비에트학 또는 크렘린학(Kremlinology)이라고 불리던 소련 연구에서 대표적인 연구자를 꼽자면 『소련 통치사(How Russia Is Ruled)』의 저자 메를 페인소드(Merle Fainsod)와 소련 봉쇄정책을 주장한 조지 케넌(George Kennan) 등을 들 수 있다.

소련체제에 대한 정보가 절대적으로 부족하던 이 시기 미국의 소련 전

---

2) 냉전 시대 미국의 소련 연구에 관한 이 글의 주요 내용은 캘리포니아 대학교 버클리캠퍼스(University of California, Berkeley)에서 러시아사 전공으로 박사학위를 취득한 구자정 대전대 역사문화학과 교수와의 인터뷰를 바탕으로 한 것이다.

문가가 목표한 주요 임무는 미미한 정보의 행간에 숨어 있는 의미를 읽어 내는 일이었다. 이를테면 당 기관지 ≪프라브다(Pravda)≫에 게재된 기사의 지면 배치, 소련 공산당 당대회의 좌석 배치, 군사 행진 시 붉은 광장 사열대에 도열한 유력 정치인의 서열 등을 통해 소련체제의 변화를 분석하고 예측하는 작업이 서방 언론과 연구자의 주요 관심사였다.

1953년 소련의 스푸트니크 인공위성 발사를 계기로 미국에서 슬라브학은 또 한차례 관심 분야로 급부상했다. 이에 정치체제와 이데올로기 중심이었던 소련 연구는 체제의 역사적·문화적 배경을 이해하는 데 필요한 어문학과 역사학 등을 포함하는 인문학 분야로 관심 영역을 넓혀 갔다. 그럼에도 냉전 시기에 이루어진 미국의 소련 연구는 공산당과 이데올로기 같은 체제의 중심부 영역에 집중하면서 체제의 원심력을 형성하는 주변적인 요인에 충분한 관심을 기울이지 못했다. 그 결과 소련과 러시아를 바라보는 정형화된 시각, 이를테면 공식 이데올로기와 반체제운동, 슬라브주의와 서구주의, 정치와 예술 사이의 갈등 같은 이분법적 사고가 연구의 기본 전제로 작용되는 경우가 많았다. 하버드 대학교(Harvard University) 옌칭연구소를 중심으로 전개된 미국의 동아시아 연구가 문학과 역사 등 인문학에 토대를 두고 해당 문화의 특수성을 탐구하는 방향을 견지한 것과 달리, 냉전 시기에 이루어진 미국의 슬라브 연구는 '러시아와 소련은 왜 이런 상황이 되었을까?'와 같은 비판적인 질문보다는 '어떻게 하면 소련에 효과적으로 대응할 수 있을 것인가?'에 대한 정책적인 대안을 찾는 일에 치우쳤다.

한국전쟁을 전후로 첨예한 이데올로기 갈등을 겪었던 한국에서 소련과 공산권에 관련된 모든 내용은 금기 대상이었다. 당시 스탈린 치하의 소련에서 박해를 받았던 작곡가 드미트리 쇼스타코비치(Dmitrii Shostakovich)의 교향곡은 단지 소련에 살고 있는 음악가의 작품이라는 이유 때문에 금지되었고, 반체제 작가로 분류된 소비에트 문인을 제외한 대다수 20세기 러시아 작가의 작품 역시 한국어 번역과 출판이 불가능했다. 하지만 금기시되는 소설과 저작에 대한 지식인들과 젊은이들의 호기심은 오히려 증폭되었다. 공산주의 이념에 매료된 일부 젊은 세대에서는 복사본 혹은 자가 출판 형태로 금서에 탐닉하는 기이한 현상이 벌어지기도 했다.

이 시기에 두려움과 호기심의 대상이던 소련은 정서적으로, 지리적으로 멀리 떨어져 있었기 때문에 한국은 우방국인 미국의 시각을 빌려 소련을 바라볼 수밖에 없었다. 따라서 한국에서 슬라브 연구는 극소수의 러시아어 구사자, 몇몇 교수와 번역전문가, 공산권 관련 자료를 접할 수 있는 허가를 받은 소수의 사회과학자에게 전적으로 의존한 희소 학문이었다.

3. 한국 슬라브학의 해빙기: 1980년대

1980년대 초반 동서 간에 화해 분위기가 조성되면서 미국과 소련 사이의 군비 경쟁도 약화되었다. 1985년 이후에는 미하일 고르바초프(Mikhail Gorbachev)의 개혁·개방정책으로 소련이 외부 세계와 조금씩 교류하기 시작했다. 이 시기에 한국 슬라브학은 새로운 단계로 이동했다.

서울 올림픽에 공산권 국가를 대거 초청하고, 한국 정부가 이 국가들과 국교 정상화를 적극적으로 추진하면서 소련과 동유럽에 대한 사회적 관심이 크게 고조되었다. 이 같은 분위기를 반영하듯이 1980년부터는 미국이나 독일로 떠나 제3국에서 러시아어문학 또는 기타 슬라브권 어문학을 전공하는 유학생이 등장하기 시작했다. 개인적인 선택 또는 당시 문교부에서 운영하던 국비유학생 제도를 통해 해외 유학을 떠난 한국 슬라브학 제2세대 학자들은 유학을 마친 후 1980년대 중반부터 속속 귀국해 관련 학과가 개설된 수도권 대학의 교수로 부임했다. 여기에 속하는 학자들이 언어학 분야의 강덕수, 이인영, 김진원 교수와 문학 분야의 최선, 권철근, 김희숙, 고일 교수 등이다. 그 무렵 한국외대에 설립된 여러 동유럽 관련 학과에는 독일이나 미국에서 수학하고 귀국한 권재일, 김규진(체코어문학), 정병권(폴란드학), 김성기, 이문수(루마니아학), 이상엽, 박수영(헝가리학) 등이 교수로 부임했다. 사회과학 분야에서도 소련과 공산권 연구로 해외 학위를 취득하고 귀국한 이석호, 윤종구, 문수언, 정한구, 하용출, 김부기 교수 등이 활발한 활동을 전개했다.

앞서 러시아어문학과를 개설했던 한국외대와 고려대에 뒤이어 1984년 서울대가 노어노문학과를 개설했다. 국립대학에 노어노문학과가 설립된 것은 러시아어가 더 이상 극소수 인원을 대상으로 하는 특수 지역의 언어가 아니며, 러시아와 슬라브권 국가가 중요한 학문적 연구 대상이 되어야 한다는 점을 가리키는 신호이기도 했다. 이를 계기로 수도권 주요 사립대학과 지방의 일부 국립대학에 러시아 관련 학과가 추가적으로 개설되었다. 소련과 동구권 국가의 변화는 언론의 집중적인 조명을 받으면서 많은 사회적 관심을 끌었다. 마침내 1985년에는 학문의 기틀을 마련하기 위해 러시아사를 전공한 이인호 서울대 교수를 중심으로 한국슬라브학회가 창립되었다.

한국슬라브학회는 미국슬라브학회(AAASS: American Association for the Advancement of Slavic Studies, 2010년에 ASEEES: the Association for Slavic, East European, and Eurasian Studies로 명칭 변경)를 본보기로 삼아 형성되었다. 해외 지역에 관련된 다른 학회에 비해 시작이 이른 것은 아니었지만 처음부터 설립 취지와 구성원 분포 등의 측면에서 분명한 정체성을 지향했다. 이와 관련된 중요한 특징은 학회가 러시아와 슬라브 문화권을 연구하는 어문학, 역사학, 정치, 경제 등 인문학과 사회과학을 모두 포괄하는 학술 단체로 출발한 점이다. 당시 해외 지역연구 대부분이 인문학 분야와 사회과학 분야로 분리되어 별도의 학회를 구성한 것을 감안하면 한국슬라브학회가 설립 초기부터 여러 학문 분과 사이의 대화와 협력을 강조한 것은 상당히 획기적인 시도였다. 학회 창립의 산파역을 맡았던 이인호 교수가 초대 회장을 역임했으며 정치학 전공의 기연수 교수가 제2대 회장을, 문학 분야의 이종진 교수가 제3대 회장을 맡았다. 이처럼 학회장을 인문학과 사회과학 전공자가 번갈아 맡는 것이 불문율이 되었고, 이 전통은 학회 설립 30주년이 되는 지금까지 이어지고 있다. 또한, 학회 설립 초기부터 정기학술대회를 개최하고 매년 한 차례 저명한 외국 학자들이 참가하는 국제학술대회를 지속적으로 개최한 것도 신설 학회로서는 과감한 시도였다.

해외 유학을 마치고 귀국한 제2세대 슬라브학자들은 문학, 언어학, 비교정치와 국제관계, 역사학 등에서 본격적인 연구 성과를 내놓았고, 그 결과물은 1986년 창간된 ≪슬라브학보≫[3]를 통해 발표되기 시작했다. 학회는 게재 논문의 우수한 질적 수준을 확보하기 위해 처음부터 편집위원회의 역할과 기능에 큰 비중을 두었다. 이것 또한 당시로서는 주목할 만한 일이었다. 그 시기에는 학자들 수가 제한되어 있어 연구 범위나 주제가 다양하지 못했다. 하지만 한국 슬라브학 연구자들은 점차 과거의 고립 상태에서 벗어나 해외 선진 연구의 동향과 호흡하면서 분석적이고 독창적인 연구 성과를 내놓았다. 이 같은 활발한 연구 활동은 슬라브학에 대한 잠재적인 수요를 자극했다. 그 결과 러시아와 슬라브권 연구를 희망하는 사람이 단기간에 급증하는 현상이 발생했다.

한국 슬라브학의 모태라고 할 수 있는 한국슬라브학회의 등장은 세부 분야별 학회가 탄생하는 시발점이 되었다. 1987년 한국노어노문학회가, 1989년 한국러시아문학회가 조직되었다. 대학 내 관련 연구소의 활동도

---

3) 국제학술대회 개최와 ≪슬라브학보≫ 발간 등은 대우학술재단의 많은 도움을 받았다.

활발해졌으며, 1989년에는 서울대에 러시아연구소가 설립되어 슬라브권 연구에 활기를 불어넣었다. 1990년대에는 한국외대에 동유럽 지역연구를 전문으로 하는 동유럽발칸연구소가 문을 열었다.

한국 슬라브학의 해빙기인 1980년대는 러시아와 슬라브 문화권에 대해 고조된 사회적 관심, 해외에서 유학한 신진 학자의 귀국, 연구 활동의 제도적 기반으로서 학회 설립, 학문후속세대 증가 등에 힘입어 슬라브학의 미래에 대한 낙관적인 전망이 지배하던 시기다. 한편으로는 이 같은 시대 분위기에 편승해 사회과학 전공자 일부가 인기 분야로 떠오른 소련·동구권 연구자로 일시적인 변신을 시도하는 바람직하지 않은 현상도 발생했다.

오랫동안 독재를 경험한 지식인과 운동권 학생에게 러시아혁명 운동과 사회주의 사상은 일종의 지적 분출구로 기능했다. 이인호 교수의 『러시아 지성사 연구』와 김학준 교수의 『러시아 혁명사』는 당시 학계와 출판계에서 커다란 반응을 얻으며 베스트셀러가 되었다. 여기에 더해 노어노문학 전공 교수들의 공동 작업으로 방대한 양의 어휘를 수록한 한국 최초의 『러한사전』도 출간되었다. 소련의 페레스트로이카와 글라스노스트 관련 소식이 연일 일간지 헤드라인을 장식하면서 러시아 관련 서적에 대한 출판계의 관심도 고공 행진했다. 그 대표적인 예가 1986년 러시아문학 전문 출판사로 출발한 '열린책들'이다.[4] 이 출판사는 노벨상을 수상한 반체제 작가 알렉산드르 솔제니친(Aleksandr Solzhenitsyn)의 『붉은 수레바퀴(Krasnoe koleso)』 전집 발간으로 세간의 주목을 받았다. 이후 러시아 측과 판권 계약을 체결해 1988년 아나톨리 리바코프(Anatoly Rybakov)의 스탈린 시대

---

4) 이 시기의 러시아문학 번역에 관한 내용은 2014년 9월 14일 모스크바에서 개최된 한·러 인문교류 포럼에서 윤새라 울산과학기술원(UNIST) 교수가 발표한 「러시아문학의 한국어 번역과 그 흐름」을 참조했다.

폭로 소설 『아르바트의 아이들(Deti Arbata)』을 출간했는데, 이 책은 일약 베스트셀러로 등극되었다. 이 같은 러시아 열풍에 고무되어 수많은 러시아 관련 번역서가 쏟아져 나왔다. 특히 1990년에는 문학 전공 교수들의 공동 기획으로 당시로서는 획기적인 총 30권 규모의 『소련.동구 현대문학전집』이 출간되기에 이르렀다.

4. 포스트 소비에트 시대의 새로운 방향 탐색: 1990년 이후

소련 붕괴는 전 세계의 슬라브학계에 큰 충격을 안겨주었다. 예상치 못한 이 같은 상황은 1980년대 중반 이후 개방을 지향하던 소련체제에 대한 미국과 서방 학자의 높아진 관심과 연구 분위기를 급속히 냉각하는 결과를 초래했다. 미국에 필적하던 강대국 소련이 역사 속으로 사라지면서 더 이상 위협 요인이 될 수 없다고 판단한 서방과 미국에서는 이 분야에 대한 관심이 시들해져 재정 지원이 크게 축소되었다. 게다가 새롭게 급부상한 중국의 중요성이나 뜨거운 글로벌 이슈로 등장한 중동 지역에 대한 관심도 슬라브학 쇠퇴의 배경으로 작용했다. 이 같은 변화와 함께 기존 슬라브학의 성과와 한계에 대한 비판적인 성찰이 시작되었다. 소비에트학이 소련 붕괴를 예측하는 데 실패한 것에 대한 반성을 시작으로 새로운 연구 방향을 탐색하는 논의가 활발해졌다. 그 와중에 일찍이 1978년 소련체제가 내포한 민족 문제가 체제 붕괴의 주요 요인으로 작용할 가능성을 제기한 바 있는 프랑스 역사학자 엘렌 드엥카소(Helene D'Encausse)의 저작 『제국의 붕괴(L'Empire éclaté)』가 1992년 영어권에 『소비에트 제국의 종말: 민족들의 승리(The End of the Soviet Empire: The Triumph of the Nations)』라는 제목으로 번역되어 새롭게 조명받기도 했다.

러시아 슬라브주의 시인 표도르 튜체프(Fedor Tyutchev)의 시구 "러시아는 지혜로 이해할 수 없다"라는 표현처럼 오랫동안 불가사의한 수수께끼 같은 존재로 인식되던 러시아와 소련을 바라보는 시각도 달라졌다. 기존에는 러시아를 엘리트 계층에 미친 서구의 영향에도 불구하고 여전히 동양적인 전제주의를 대변하는 체제로 바라보거나 러시아 정체성의 핵심을 동양과 서양의 혼재로 생각하는 전통적인 시각으로 바라보았다. 그러나 소련 붕괴와 함께 러시아를 산업혁명, 문맹 퇴치, 세속화 과정을 통해 또 다른 근대화의 궤적을 보여준 사례로 바라보는 관점이 등장했다(Engelstein, 2001). 비공개 자료를 열람하는 일이 가능해지면서 제정러시아, 소비에트 러시아 시대를 새로운 시각으로 조명하는 연구가 활발해졌으며, 러시아 사회와 문화를 기존의 고정된 틀에서 벗어나 다양하고 이질적인 힘이 역동적으로 작용하는 공간으로 파악하려는 관점이 등장했다.

한편 소련 붕괴 이후 한국 슬라브학은 미국이나 서유럽에서 발생한 한 문 쇠퇴 분위기와는 대조적으로 오히려 일시적인 호황기를 맞았다. 1980년대 중반까지만 해도 전국 3개에 불과하던 러시아 관련 학과가 한창때는 30개 이상으로 늘어났다. 언론에서는 "한국 자본과 러시아 첨단기술의 접목", "한국과 러시아 양국 산업의 상호 보완적 구조", "유라시아 대륙을 관통하는 철의 실크로드 연결" 등과 같은 화려한 구호가 울려 퍼졌다. 이 같은 상황에서 문제는 이러한 분위기가 슬라브권 연구의 중요성에 대한 진지한 성찰이나 미래상이 부재한 상황 속에서 나타난 미지의 세계에 대한 막연한 호기심과 우리의 일방적인 기대감에 의존하고 있었다는 점이다. 따라서 1990년 이후 한국에 확산된 구소련과 동구권에 대한 높아진 관심은 슬라브권 연구자에게는 학문의 토대를 구축할 수 있는 기회인 동시에 사회적 기대에 구체적으로 부응해야 하는 도전이기도 했다.

가장 눈에 띈 변화는 러시아와 동유럽 현지로 떠나는 유학생의 급증 현상이었다. 주로 한국에서 교육받은 제1세대 학자, 미국 또는 서유럽에서 수학한 제2세대 학자와 달리, 소련·동구권 국가와의 수교 이후 현지 대학에서 학위 과정을 이수한 연구자가 상당수 배출되었다. 이들 제3세대 학자는 1990년대 중반부터 귀국해 활동하기 시작했다. 전공 분야도 언어학, 문학, 역사학, 정치학뿐만 아니라 경제학, 사회학, 인류학, 민속학, 예술학 등으로 넓어졌고 각 분야 내의 세부 전공도 전에 비해 훨씬 다양해졌다.

언어학의 경우[5] 미국 유학을 마치고 1980년대에 귀국한 연구자들이 음성학, 음운론, 어휘론, 의미론, 화용론 분야에 중요한 기여를 했다. 1990년대에 배출된 러시아 유학파는 일반적인 언어학 관점보다는 '국어'로서 러시아어의 특수성을 미시적 관점으로 연구하는 경향을 보였다. 1980~1990년대에는 음운 형태, 의미 화용, 역사언어학의 기능주의적(구조주의적) 접근이 연구의 주된 흐름을 형성했으며, 2000년대에 들어서는 연구자의 관심 분야가 언어문화, 사회언어학, 인지언어학 영역으로 확장되는 추이를 보인다.

개별 작품에 대한 분석 위주로 시작된 한국 러시아문학 연구는[6] 시간이 흐르면서 메타 연구와 학제 간 연구로 이동하는 경향을 보인다. 제3세대 학자 사이에서는 문화 연구가 활기를 띠고 있고, 영화와 같은 대중 예술에 대한 연구도 제법 인기를 얻고 있다. 슬라브 문화권에서 탄생해 전 세계적으로 인문학적 사유에 반향을 불러일으킨 이론, 이를테면 모스크바-타르투 기호학파(Moscow-Tartu semioticians), 미하일 바흐친(Mikhail Bakhtin) 사유 체계, 슬라보예 지젝(Slavoj Zizek) 사상 등에 대한 깊이 있는 연구가

---

5) 이 부분은 하버드 대학교에서 러시아언어학을 전공한 정하경 서울대 교수가 작성한 참고 자료의 일부다.

6) 이 내용은 텍사스 대학교 오스틴캠퍼스(University of Texas, Austin)에서 러시아문학을 전공한 라승도 한국외대 러시아연구소 HK연구교수와의 대담을 토대로 한 것이다.

젊은 슬라브학 전공자들에 의해 이루어진 것도 주목할 만한 일이다. 로트만 연구의 김수환 교수와 바흐친 연구의 조준래, 최진석 박사 그리고 지젝 연구의 이현우 박사 등은 슬라브권 연구에 기반을 두고 타 학문 영역 또는 인문학계 전반과 대화의 통로를 개척한 모범 사례에 해당한다.

역사 분야의 연구 추이를 보면[7] 혁명사와 지성사 위주로 진행되었던 러시아사 연구는 일상생활사와 사회사 등으로 이동하는 경향을 보인다. 특히 최근에는 한국 학자가 스탈린 시대를 역사적 차원으로 재조명한 결과가 저명한 국제 학술지에 게재되는 괄목할 만한 성과를 내고 있다. 다만 아쉬운 점은, 한국의 서양사 연구에서 슬라브권 연구가 차지하는 위상과 이에 따른 부족한 연구 인력에서 기인한 것일 수도 있는데, 연구가 러시아사의 특정 시기에 집중된 나머지 공간적으로 동유럽 지역과 캅카스, 구소련에 속하던 중앙아시아, 발트 지역 등이 상당 부분 공백으로 남아 있는 것이다.

사회과학 분야는[8] 세부적으로 국제관계와 비교정치 분야에서 전문가가 꾸준히 배출되었다. 또한, 한때 정치학 분야에 치중되었던 관심이 최근 들어 경제 분야로 쏠리는 경향도 나타나고 있다. 이 분야에서는 연구 주제의 다양화, 독자적인 시각으로 서구 방법론 적용, 과거의 거시연구 중심에서 탈피한 실증적 미시연구가 주된 흐름을 이루고 있는 것 등을 긍정적으로 평가할 수 있다. 하지만 일시적인 유행이나 사회적 수요에 따라 관심 연구 분야가 한쪽으로 편중되는 양상이나 현지조사에 바탕을 둔 사례연구가 미

---

[7] 이 내용은 미시간 주립대학교(Michigan State University)에서 러시아사를 전공한 송준서 한국외대 러시아연구소 HK교수, 앞서 언급한 구자정 교수와의 대담을 토대로 한 것이다.

[8] 사회과학에 대한 부분은 상트페테르부르크 국립대학교(Saint Petersburg State University)에서 정치학을 전공한 장세호 한국외대 러시아연구소 HK연구교수와의 대담을 토대로 한 것이다.

진한 점 등은 극복해야 할 과제로 남아 있다.

지금까지 살펴본 것과 같이 1990년 이후 한국 슬라브학은 미국이나 서구와는 대조적으로 일시적인 부흥기를 맞았다. 이는 과거 금단의 땅이던 소련과 동구권 국가에 대한 사회적 관심의 증대, 대외 교류의 불모지였던 북방과의 협력 가능성에 대한 높은 기대, 1980년대 초부터 정부장학금 제도를 통해 해외에서 양성된 전문가의 국내 유입, 인기 분야로 급부상한 슬라브학을 전공하려는 연구자 증가 등이 복합적으로 작용한 결과였다.

이런 분위기에 대한 한국 슬라브학자의 반응은 연구논문을 발표하는 것 이외에도 활발한 번역과 저서 집필 활동으로 나타났다. 소련 붕괴 후 정작 러시아에서는 홀대받은 막심 고리키(Maksim Gorky) 소설 『어머니(Mat')』가 한때 대학생 사이에서 필독서로 간주되는 기이한 상황도 벌어졌다. 한국 사회에서 금서로 묶여 있던 20세기 러시아문학 작품이 속속 번역되었고, 신진 연구자가 제1세대 학자에 의해 번역되었던 19세기 러시아 고전문학 작품을 새롭게 번역하는 경우도 빈번해졌다. 1999년 알렉산드르 푸시킨(Aleksandr Pushkin) 탄생 200주년을 맞아 석영중 교수가 완역 출간한 푸시킨 전집과 2000년 출판사 열린책들이 발간한 총 26권의 도스토옙스키 전집 등은 한국의 러시아문학 출판 역사에서 획기적인 사건으로 기억된다. 또한, 박형규 교수가 번역한 톨스토이 우화집이 러시아문학 작품으로는 드물게 베스트셀러에 올라 화제가 되기도 했다.

저술 영역에서는 이덕형 교수의 『빛의 도시 상트페테르부르크』를 필두로 러시아 문화와 예술 관련 단행본이 나오기 시작했다. 석영중 교수의 『도스토옙스키, 돈을 위해 펜을 들다』는 러시아문학 연구자가 일반 독자를 대상으로 대화를 시도한 흥미로운 사례다. 필자가 공동 집필한 『붉은 광장의 아이스링크: 문화로 읽는 오늘의 러시아』는 체제 붕괴 이후 역동적으로 변하는 러시아 사회의 여러 모습을 역사적·문화적 맥락에서 기술해 일반인

사이에 퍼져 있는 러시아에 대한 고정관념과 편견을 극복하려 했다. 주요 러시아문학 작품에 등장하는 음식을 소재로 러시아문학의 역사적 흐름을 흥미롭게 조감한 석영중 교수의 『러시아문학의 맛있는 코드』나 인문학과 과학 사이의 소통 가능성을 열어준 같은 저자의 『뇌를 훔친 소설가』 등은 전통적인 문학 연구의 시야를 넘어서는 새로운 시도로 다른 분야의 연구자에게도 신선한 충격을 안겨주었다. 러시아문학 연구자이자 서평가로 유명한 이현우 박사가 최근에 쓴 『로쟈의 러시아문학 강의』는 일반 독자를 대상으로 한 러시아문학의 전반적인 흐름과 주요 작가의 예술 세계를 흥미롭게 풀어낸 책으로 관심을 불러일으켰다.

한국 슬라브학은 1990년을 기점으로 새로운 시대에 진입해 활성화되었다. 기존에 활동하던 연구소 외에도 국민대 유라시아연구소, 한신대 유라시아연구소, 배재대 한국시베리아센터, 한림대 러시아연구소, 충북대 러시아·알타이연구소 등이 새롭게 설립되었다. 학술지 또한 ≪슬라브학보≫ 외에 ≪슬라브 연구≫, ≪중소연구≫, ≪노어노문학≫, ≪러시아어문학연구논집≫, ≪러시아연구≫, ≪슬라브어 연구≫, ≪시베리아연구≫ 등으로 상당히 다양해졌다. 몇 해 전에는 한국슬라브학회가 세계중동부유럽학술협의회(International Council for Central and East European Studies) 회원으로 가입했으며, 한·중·일의 슬라브학자가 공동으로 개최하는 동아시아 슬라브학자 대회(The East Asian Conference on Slavic Eurasian Studies)가 정기적으로 개최될 만큼 국제 교류도 활발해졌다.

일시적으로 활성화 상태를 보인 한국 슬라브학은 2000년대에 들어서면서 이전의 동력을 상실해 현재까지 침체기에 놓여 있다. 여러 이유가 있지만, 가장 큰 요인은 한·러 수교와 동시에 여러 대학에서 앞다퉈 개설했던 러시아 관련 학과가 미처 뿌리를 내리지 못한 채 정원 감축 또는 학과 통폐합의 주요 표적이 된 것이다. 그 결과 어려운 여건 속에서 러시아와 슬라브학 분야로 박사학위를 취득한 미취업 연구자 200여 명을 위한 직업 순환 주기가 단절되었다. 이런 추세가 10여 년 이상 지속되면서 이제는 이 분야를 전공하려는 차세대 연구자의 유입이 전무한 상황이 전개되고 있다. 희소 학문이라는 한계를 극복하고 어렵게 일궈낸 한국 슬라브학의 토대가 정착 단계에서 또다시 큰 위기를 맞고 있는 현상은 외부 세계를 바라보는 우리의 시선이 여전히 피상적이고 편협하다는 것을, 국가 발전 차원에서 다양한 문화권에 대한 누적된 연구 결과가 갖는 중요성이 가볍게 여겨지고 있다는 사실을 역설적으로 보여준다.

5. 한국 슬라브학의 과제

이데올로기 대치 상황에서 방어하고 제압할 대상인 공산권에 대한 연구라는 닫힌 시각에서 출발했던 한국 슬라브학은 1980년대의 해빙기와 1990년대의 국교 수교를 거치면서 많은 변화를 겪었다. 주로 러시아어 교육과 문학 번역에 의존하던 초기 슬라브학은 1980년대 중반 미국과 서구에서 수학한 제2세대 학자의 진입을 계기로 학문적 토대를 구축했다. 그 과정에서 탄생한 한국슬라브학회는 인문학과 사회과학 사이의 소통 추구, 엄격한 학회지 편집 기준 도입, 국제 수준의 학술대회 개최 등을 통해 짧은 역사의 학문이 뿌리를 내리는 데 중요한 기여를 했다. 러시아 또는 동유럽 국가에서 수학한 후 1990년대 중반부터 귀국하기 시작한 제3세대 학자는 한국 슬라브학의 범위를 확장하고 연구의 심화를 촉진했다. 슬라브학 연구자가 학술 연구 이외에 번역과 저술 활동을 통해 타 학문 분야 및 사회와 교류하고 소통하는 시도도 활발해졌고 국내외에서 배출된 학자들이 활동할 수 있는 대학과 연구소의 자리도 늘어났다. 이 같은 일련의 상황은 소련 붕괴 이후 미국과 서유럽의 슬라브학이 급격히 쇠퇴하는 가운데 유독 한국에서만 이 분야가 인기를 누리던 시절에 발생한 것이다.

오늘날 한국 슬라브학의 사정은 크게 달라졌다. 2016년 현재 러시아 관련 학과 중 상당수가 통폐합되었고, 인문학과 사회과학을 망라해 슬라브권 전공을 희망하는 학문후속세대는 손에 꼽을 정도다. 또한, 이제 러시아 관련 도서는 출판계가 기피하는 품목이 되었다. 이러한 상황을 만든 외재적 이유를 찾는 작업도 필요하지만, 더욱 시급한 일은 과연 슬라브학은 무엇이고 어떤 학문적 의미를 갖는지에 대해 진지하게 고민하는 것이다. 냉전체제 붕괴 후 소련과 동유럽에 대한 호기심에서 촉발되어 한국에서 슬라브학이 일시적으로 호황을 누린 것은 우연한 결과였다. 이제 슬라브학의 미래를 새롭게 정립하고 설계할 시점이 도래했다.

이를 위한 최우선 과제는 우리에게 슬라브학이 갖는 의미를 재정립하는 일이다. 구체적인 방안으로는 한반도와 동북아의 미래에 대한 구상에서 미국, 중국, 일본 등과 함께 러시아를 중요한 변수로 고려하는 일과 오랫동안 해양 쪽으로 치우쳤던 시선을 유라시아로 돌리고 그 시야를 넓히기 위해 이 지역에 대한 깊이 있는 이해, 연구가 필수적이라는 생각을 체계화하고 확산하는 일 등을 들 수 있다. 문화적 측면에서는 역사를 통해 러시아를 비롯한 슬라브 문화권이 창조한 인류 공통의 정신적·문화적 자산의 가치를 제대로 인식하고, 이 높은 성취를 향유해 새로운 대화를 시도하는 것이 슬라브학의 임무다. 이를테면 얼마 전 세계적인 관심사로 떠오른 러시아와 우크라이나 사이의 영토 분쟁에 관해 그 전말을 제대로 이해하려면 국제정치적 요인 외에 역사적·문명사적 요인을 고려하는 작업이 필수적이다. 위기에 처한 한국 슬라브학의 새로운 방향은 이처럼 연구자가 주도적으로 실천하는 학문의 존재 이유에 대한 지속적인 탐색 과정을 통해 마련할 수 있다.

한국 슬라브학의 위상이 위축되고 있는데도 러시아를 비롯한 슬라브권은 연구자에게 그 어느 때보다 흥미로운 탐구 대상으로 부상하고 있다. 지금까지 축적된 전문 인력 덕분에 이제는 제정러시아, 소비에트러시아, 포스트 소비에트 시대를 포함한 다양한 문화 공간에 켜켜이 쌓인 복합적인 의미 층위를 체계적으로 규명하는 연구가 가능해졌다. 러시아에 장기 체류하면서 현지 연구자와 공동으로 실증적 연구 과제를 수행하는 길도 활짝 열렸다. 이뿐만 아니라 우리가 최근 들어 주목하기 시작한 유라시아에서는 각 지역의 역사, 이민 과정, 경제적·문화적 교류, 국경의 형성과 변경, 유라시아 대륙 중심부에서 발생했던 여러 제국(몽골, 비잔틴, 이란, 중국, 오스만 등) 사이의 상호작용 등과 같은 수많은 미개척 분야가 연구자들의 새로운 시선을 기다리고 있다.

활발한 학술 활동과 함께 슬라브학 연구자가 추진해야 할 또 하나의 과제는, 현재 대학의 교과과정이나 지식인에게 등한시되고 있는 슬라브학을 대조와 비교의 맥락에서 담론의 장에 진입시키기 위해 꾸준히 노력하는 일이다. 왜냐하면 냉전체제의 대결 구도로 인해 서구로부터 고립되어 합당한 학문적인 조명을 받지 못한 슬라브 문화권의 특수성만을 강조하는 노력은 자칫 다른 문화권과의 비교에서 발견되는 공통점이나 보편성에 관한 논의를 제한하면서 슬라브학 자체의 고립을 초래할 수도 있기 때문이다.

30년의 역사를 갖는 한국슬라브·유라시아학회는 지금까지 이룩한 인문학과 사회과학 사이의 소통과 협력의 사례를 선도적인 본보기로 제시하면서 그 성과를 여타의 해외 지역연구자와 공유하는 적극적인 역할도 얼마든 수행할 수 있다. 슬라브학 관련 학과의 축소와 폐지, 차세대 연구자 격감, 사회적인 무관심 등과 같은 녹록지 않은 현실을 타개하기 위해서는 앞서 살펴본 한국 슬라브학의 역사를 성찰하면서 인접 학문 분야와 긴밀하게 협력해 공동의 목표를 설정하고 추진하려는 열린 자세가 반드시 필요하다.

| 참고문헌 |

박종효. 2000. 「관립 俄語學校 설립과 교사 비류코프의 活動(1896~1916)」. ≪한국근
　　　현대사연구≫, 46호, 7~26쪽.

조문제. 1979. 「한말의 법(法)·한(漢)·덕(德)·아어(俄語)학교 교육의 연구」. ≪서울
　　　교육대학 논문집≫, 12집.

Engelstein, Laura. 2001. "New Thinking about the Old Empire: Post Soviet Re-
　　　flections." *The Russian Review*, Vol. 60, No. 4, pp. 487~496.

온라인 자료

한국학중앙연구원. 『한국민족문화대백과』. http://encykorea.aks.ac.kr.

한국에서의 러시아문학 연구, 어제와 오늘

석영중(고려대학교 노어노문학과 교수)
손재은(고려대학교 노어노문학과 박사과정 수료)

1. 시작하는 말

러시아문학이 우리나라에 들어온 것은 근대문학의 시작과 때를 같이했다. 육당 최남선이 1907년 우리나라 최초의 근대적 잡지 ≪소년≫에서 레프 톨스토이를 본격적으로 소개한 것을 계기로 이후 이광수, 염상섭, 김동인, 백석에서 박경리, 이문열에 이르기까지 최고의 문인들이 레프 톨스토이, 표도르 도스토옙스키, 알렉산드르 푸시킨을 우리 독서계에 안착시키는 데 기여했다. 덕분에 고작 한 세기 남짓한 세월 동안 러시아문학은 우리 학계와 문화계에 깊이 뿌리내릴 수 있었다.[1]

지난 한 세기 동안 이어져 온 한국의 러시아문학 수용사에서 가장 획기적인 사건은 아마도 구소련의 해체 및 한·러 수교일 것이다. 그전까지 러시아에 붙여졌던 '동토의 나라', '속을 알 수 없는' 등의 라벨은 페레스트로

---

[1] 한국에서의 러시아문학 수용에 대해서는 문석우(2009), 권철근(1992), 안병용(2003)을 참조하기 바란다.

이카와 더불어 제거되고 러시아 문화가 문자 그대로 봇물 터지듯 우리나라에 밀어닥쳤다. 한국의 러시아문학 수용의 판도 또한 급진전했다. 전국적으로 노어노문학과의 창설이 이어졌고 해외에서 유학한 학자들이 대거 귀국해 학계를 형성하기 시작했다. 국내 및 국제 학술대회를 통한 학술 교류가 활성화되고 학술지들이 앞을 다퉈 발행되었다. 1990년에 중앙일보사가 발간한 『소련.동구 현대문학전집』은 러시아문학계의 변화를 알리는 일종의 신호탄이었다. 그때까지 전공자들한테만 알려졌었던 소련 시대의 작가들과 동구권 작가들이 번역되어 소개되면서 러시아문학 수용의 지평이 놀라우리만큼 확장되었다. 구소련 최고의 시인 예브게니 옙투셴코(Yevgeny Yevtushenko)가 1988년 한국을 방문해 시낭송회를 가진 것은 당시 국내에서 러시아문학이 누린 호황을 단적으로 보여주는 사건이었다. 이때부터 지금까지 러시아문학계는 영문학, 불문학, 독문학 등 다른 외국어문학계보다 훨씬 늦게 출발했음에도 불구하고 탄탄한 전통을 자랑하며 활동해오고 있다.

필자는 1987년 12월에 유학 생활을 마치고 귀국하여 당시 국내에서 일던 '러시아 붐'을 생생하게 목격했다. 유학길에 올랐던 1981년만 해도 소련과 직접 교류하게 될 날이 그토록 빨리 오리라고는 상상조차 하지 못했었다. 필자는 지금도 객석에 앉아 옙투셴코의 자작시 낭송을 들으며 이게 꿈인가 생신가 했던 기억이 아직도 새롭기만 하다. 참으로 놀랍고 가슴 벅차오르던 시절이었다. 그 후 어언 30년 가까운 세월이 흘러갔다. 필자가 지금 무엇을 읽던, 무엇을 가르치던, 그리고 무엇을 쓰던, 그것은 지난 세월 동안 스승님들과 선후배 연구자들과 동학들이 다져놓은 토대 위에서 하는 거란 생각에 숙연해진다. 이 시점에서 우리가 그동안 쌓아온 러시아문학 연구의 성과를 회고해보고 앞날의 발전을 기대해보는 것은 유의미한 일일 뿐 아니라 후학들을 위해서도 필요한 일이라는 생각이 든다. 그런데 그동안 집적된 러시아문학 연구의 양이 너무 많아 무한정 과거로 생각을 돌이켜보기는 어려울 듯하다. 그래서 이를테면 지난 30년, 40년 등 시기적으로 제한을 두고 연구 성과를 살펴보는 것이 바람직하게 여겨진다. 또 현재 국내에서 활동 중인 러시아어문학 관련 학회도 4개나 되어 모든 학회의 연구 결과를 다 살펴보기는 현실적으로 불가능하다. 마침 2015년은 우리나라 러시아·슬라브학계를 대표하는 학회 중의 하나인 '한국슬라브·유라시아학회' 창립 30주년을 맞는 해였다. 그래서 이 글에서 필자는 ≪슬라브학보≫에 지난 30년간 발표된 러시아문학 연구논문을 살펴보고, 더불어 그동안 국내에서 출간된 러시아문학 관련 저술과 번역본을 살펴본 다음 이를 바탕으로 한국에서의 러시아문학이 나아갈 방향을 모색해보기로 하겠다.

한국의 슬라브학 30년을 총괄하는 가장 포괄적이면서도 가장 치밀한 메티연구는 "한국의 슬라브학 지금 어디에 서 있는가"라는 제목으로 2015년 ≪지식의 지평≫에 발표된 김현택 교수의 논문이다. 저자는 이 논문에서 한국 슬라브학을 태동에서 최근에 이르기까지 시기별로 나누어 그 특징을 개괄하고 직면한 과제, 내적 동력, 타 학문과의 대화, 사회와의 소통 등을 심도 있게 살펴본다(김현택, 2015). 저자는 그동안 누적된 연구 성과를 충분히 인정하는 동시에 지나친 낙관주의를 경계함으로써 슬라브학이 당면한 현실을 객관적으로 조망한다. 오늘날 국내 러시아문학 연구의 주춧돌이 된 한·러 수교가 일반인들의 호기심에서 촉발된 일종의 열풍이었으며 그래서 전공자들에게는 기회였지만 동시에 많은 것을 요구한 도전(부정적인 표현을 쓰자면 일종의 '짐')이기도 했다는 저자의 진술은 사실상 현재 우리 문학연구자들이 당면한 모든 문제들의 핵심이라 할 수 있다(김현택, 2015). 좋은 의미에서건 나쁜 의미에서건 러시아어문학 연구가 오늘의 모습을 갖추게 된 것은 한·러 수교 덕분이기 때문이다. 저자는 슬라브학의 오늘을 '침체기'라 지적하는데 이 '침체기' 또한 그 근원에는 한·러 수교 이후의 호황과 그늘이 놓여 있음을 부정하기 어렵다(김현택, 2015).

이 글은 김현택 교수의 논문에 대한 일종의 첨언이라 할 수 있다. 비록 슬라브학이라는 포괄적 주제를 다루고 있지만, 그의 논문에는 그동안 진행되어온 러시아문학 연구의 핵심이 모두 담겨 있고 논문 내용에 필자가 깊이 공감하기 때문에 필자의 말은 첨언 이상이 되기 어려울 것 같다. 필자가 시도한 통계학적 접근이 김 교수의 논문에 대한 약간의 보강이 될 수 있기만을 바랄 뿐이다.

2. 연구 현황

1) 학술지 게재 논문

(1) 주제별 통계

≪슬라브학보≫ 제1권(1986.8)부터 제30권 3호(2015.9)까지 실린 러시아문학 관련 논문은 총 257편이다. 이들을 주제별로 정리해보면 작품론이 약 47%(총 257편 중 121편), 작가론이 약 32%(총 257편 중 81편), 문학사조 및 장르에 관한 연구가 약 10%(총 257편 중 26편), 특정 테마를 통한 러시아문학 분석이 약 4%(총 257편 중 11편), 문학 이론 연구가 약 3%(총 257편 중 8편), 오페라와 영화 관련 분석이 약 1%(총 257편 중 2편), 비교문학 연구가 약 2%(총 257편 중 5편), 그리고 기타 불가리아문학, 폴란드문학, 동유럽 발칸 문학 연구가 각각 1편씩 약 1%(총 257편 중 3편)이다(〈그림 1-1〉).

전체 논문들 중 약 78% 이상이 작품론과 작가론에 편중되어 있다는 점을 통해 국내 러시아문학 연구가 작품과 작가를 중심으로 이루어져왔음을 알 수 있다. 또한, 낭만주의, 사실주의, 상징주의, 그리고 미래주의를 다루

〈그림 1-1〉 연구 주제별 논문 현황

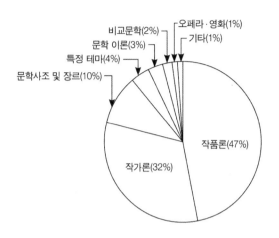

는 문학사조 및 장르 연구 역시 10%에 이르는 만큼 꾸준한 연구의 대상이 되어왔다는 것을 알 수 있다. 반면, 다른 분야와의 연계 연구 내지 융합연구는 아직 미미한 상황이라 할 수 있다.

(2) 연구 대상 작가별 통계

≪슬라브학보≫ 제1권부터 제30권 3호까지 게재된 논문들 중 작품론과 작가론에 대해 쓴 논문은 총 202편으로 60명의 작가에 관한 연구가 진행되었다. 그중 최소 2편 이상 쓰인 작가의 수는 31명(173편)이고, 나머지 29명의 작가에 관한 논문이 각각 1편씩 쓰였다. 본 통계 분석에서는 최소 2편 이상 쓰인 작가인 31명(173편)만을 고려 대상으로 삼았다.

작품론과 작가론에 관한 논문들 중 약 56%(총 173편 중 97편)는 19세기, 약 40%(총 173편 중 70편)는 20세기, 약 4%(총 173편 중 6편)는 21세기 작품을 다룬다(〈그림 1-2〉).

〈그림 1-2〉 연구 대상 시대별 논문 현황

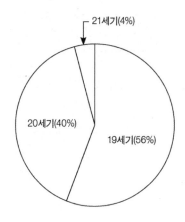

〈그림 1-3〉 19세기 작가별 논문 현황

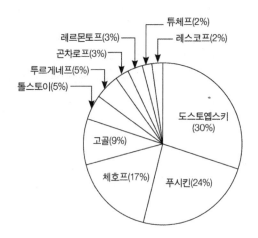

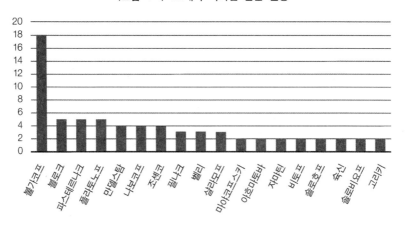
〈그림 1-4〉 20세기 작가별 논문 현황

　19세기 작가 10명 — 표도르 도스토옙스키(29편), 알렉산드르 푸시킨(23편), 안톤 체호프(Anton Chekhov)(16편), 니콜라이 고골(Nikolai Gogol)(9편), 레프 톨스토이(5편), 이반 투르게네프(5편), 이반 곤차로프(Ivan Goncharov)(3편), 미하일 레르몬토프(Mikhail Lermontov)(3편), 표도르 튜체프(2편), 니콜라이 레스코프(Nikolai Leskov)(2편) — 에 관한 논문이 97편 발표되었다(〈그림 1-3〉). 특히 도스토옙스키와 푸시킨에 관한 논문은 각각 29편, 23편으로 이들은 러시아문학 분야에서 가장 활발한 연구가 진행된 작가라고 할 수 있다.

　이에 비해 39%를 차지하는 20세기 작품 관련 논문은 작가 18명의 — 미하일 불가코프(Mikhail Bulgakov)(18편), 알렉산드르 블로크(Aleksandr Blok)(5편), 보리스 파스테르나크(Boris Pasternak)(5편), 안드레이 플라토노프(Andrei Platonov)(5편), 오시프 만델스탐(Osip Mandelstam)(4편), 블라디미르 나보코프(Vladimir Nabokov)(4편), 미하일 조셴코(Mikhail Zoshchenko)(4편) 등 — 작품을 다루었다(〈그림 1-4〉).

　위 도표를 통해 19세기 관련한 연구가 9명의 작가들에 집중된 것에 반해

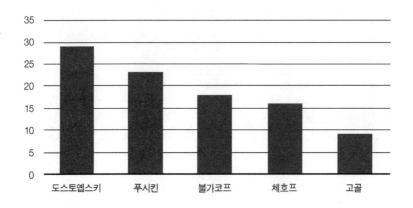

〈그림 1-5〉 작가별 논문 현황

20세기 문학에서는 그 두 배에 해당되는 18명에 분산되어 있음을 알 수 있다. 따라서 국내 연구자들의 선호도는 19세기와 20세기 간에 양적으로도 차이를 보이지만 집중도에 있어서는 그보다 훨씬 유표한 차이를 보인다고 말할 수 있다. 21세기 작가로는 류드밀라 울리츠카야(Lyudmila Ulitskaya), 타티야나 톨스타야(Tatyana Tolstaya), 아나톨리 김(Anatoly Kim)에 관해 각각 2편의 논문이 쓰였다.

그럼 한국 연구자들이 가장 좋아하는 작가는 누구인가. 가장 많은 논문이 발표된 5명을 거명하자면 도스토옙스키(29편), 푸시킨(23편), 불가코프(17편), 체호프(16편), 고골(9편) 순이다(〈그림 1-5〉).

이 통계는 《슬라브학보》만을 대상으로 한 것이므로 다른 학회지의 경우를 다 고려한다면 순위가 달라질 수 있는 가능성은 얼마든지 있다. 그럼에도 이 자료를 기반으로 조심스럽게 몇 가지 추측을 해볼 수는 있다. 도스토옙스키는 우리나라 연구자들 사이에서 가장 인기 있는 작가인 반면 톨스토이는 예상외로 연구 성과가 저조하다. 이 결과가 과연 다른 학회지 논문의 경우에도 적용될 수 있을지, 그리고 그렇다면 이유가 무엇인지는 차후 연구자의 몫일 것 같다. 특히 러시아문학 연구가 활성화되기 이전 국내 인기도에서 톨스토이가 도스토옙스키를 훨씬 앞섰다는 사실을 상기해본다면 양자 간의 불균형은 더욱 관심을 끈다.

톨스토이가 소개된 것은 앞에서도 잠깐 언급했듯이 육당 최남선의 ≪소년≫지를 통해서였다. 이후 톨스토이는 일제 강점기에도, 해방 후에도, 냉전 시기에도, 그리고 페레스트로이카 이후에도 언제나 한국인이 가장 잘 아는 러시아 작가로 군림해왔다. 한국에 도스토옙스키가 처음 소개된 것은 1919년 3·1 운동이 일어나기 얼마 전인 1919년 2월 10일이다. 일본 유학생들이 중심이 되어 창간한 ≪삼광(三光)≫ 2호에 신태삼이 도스토옙스키의 데뷔작이자 출세작인 『가난한 사람들(Бедные Люди)』의 일부를 "사랑하는 벗에게"라는 제목으로 번역하여 실은 것이 그 시작이었다. 소설은 ≪삼광≫ 3호에서 원래의 소설 제목을 살려 "빈인(貧人)"으로 변경되었으며, 1934년 11월, 역자는 이것을 『청춘(靑春)의 사랑』이라는 제목의 단행본으로 출간하기도 했다. 『가난한 사람들』 이후 한국에 소개된 소설은 『죄와 벌(Преступление и Наказание)』이다. ≪삼광≫이 통권 3호를 끝으로 1920년에 종간되고 같은 해 ≪창조≫ 12월호에 최승만이 "노국문호(露國文豪) 떠스토에쁘스키氏와 그이의 '罪와 罰'"이라는 제목으로 『죄와 벌』을 부분적으로 번역하여 소개하였다. 한편 1920년 ≪창조≫ 7호에 발표된 논문 「자기(自己)의 창조(創造)한 세계(世界): 톨스토이와 떠스토에브스키를 비교(比較)하야」에서 김동인은 도스토옙스키를 '오는 세기의 문학자이자 선지자'로 평가했다(석영중, 2015).

이렇게 소개된 도스토옙스키는 이후 일부 지식인들에게 강한 영향력을 행사했지만, 톨스토이가 누린 보편적 인기는 따라가지 못했다. 난해하고 심오하다는 평가와 지나치게 형이상학적일 것이라는 선입관이 아마도 그에 대한 대중적 접근을 가로막았을 것이다. 톨스토이가 교훈적인 동화와 단편도 많이 쓴 데 반해 도스토옙스키는 주로 무거운 장편만을 썼다는 것 또한 양자의 편차에 대한 설명이 될 것이다. 국내 러시아문학 연구자들의 도스토옙스키에 대한 애정은 어쩌면 이 대중적인 불이익을 상쇄하려는 무의식적 노력을 반영하는 것은 아닐까 생각해본다.

한편 연구자들의 선호도에서 도스토옙스키, 푸시킨, 체호프와 고골이 모두 19세기 작가인 데 반해, 불가코프만이 20세기라는 작가라는 점은 주목할 만하다. 물론 다른 변수들도 고려해야 하겠지만, 그리고 대중적 인기 때문에 오히려 학문적 연구가 지체된 톨스토이는 예외로 쳐야겠지만 그래도 역시 대문호가 연구 대상이 될 확률이 높다는 것을 인정할 수밖에 없다. 결국, 러시아문학은 한국 연구자들에게도 19세기가 황금시대인 것이다.

다만 한 가지 흥미로운 것은 19세기 대문호에 견줄 만한 정도의 연구가 불가코프에 관하여 이루어졌다는 사실이다. 사실 불가코프의 대중 인지도는 수교 즈음까지만 해도 매우 낮은 편이었으며 학문적 연구는 물론 번역조차 활발하게 이루어지지 않았었다. 구소련 작가 중 국내에서 가장 인기를 끌었던 작가는 '반체제 작가'로 알려진 노벨 문학상 수상자 파스테르나크와 솔제니친이었다. 그러므로 현 상황에서 불가코프 연구가 그들의 연구보다 월등히 많다는 것은 연구자들의 보상심리와도 무관하지 않으리라 여겨진다.

2) 문학작품 번역

(1) 시대별 통계

문학작품의 번역은 연구 논문과는 달리 시장과 직결된다. 번역 시장에서도 수요와 공급의 원칙이 적용된다. 정부 지원과 출판사 사장의 소신에 힘입은 일부 번역을 제외하면 대부분 번역서는 트렌드와 독자 취향을 반영

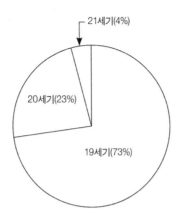

〈그림 1-6〉 시대별 번역서 현황

21세기(4%)

20세기(23%)

19세기(73%)

한다. 러시아문학 작품의 번역 현황을 파악하기 위해 이 글의 필자들은 '네이버 책'과 알라딘 인터넷 서점을 참고로 하였으며 조사가 가능한 시점인 1972년으로 거슬러 올라갔다. 지난 43년 동안 한국에서는 89명의 러시아 작가가 번역되었으며 역서의 수는 총 1225권이다.2) 이 중 최소 2권 이상 번역된 작가 51명의 책이 1186권이며 나머지 38명의 작가는 각 한 권씩만 번역되었다. 본 분석에서는 최소 2권 이상 번역된 작가의 저서인 1186권만을 분석 대상으로 삼았다.

이들 1186권의 역서 중 19세기 작품은 약 73%(총 1186권 중 872권)로 20세기 작품인 약 23%(총 1186권 중 263권)를 압도한다. 21세기 작품들도 상당수 번역되어 약 4%(총 1186권 중 51권)에 달한다(〈그림 1-6〉).

21세기 작가들은 빅토리야 토카레바(Viktoriya Tokareva), 알렉산드라 마리니나(Alexandra Marinina), 세르게이 루키야넨코(Sergei Lukyanenko),

---

2) 한국어로 번역된 러시아 작가 목록은 53~54쪽의 부록을 참조하기 바란다.

보리스 아쿠닌(Boris Akunin), 세르게이 도블라토프(Sergey Dovlatov) 등이다. 14명 작가의 저서가 총 51권이 번역되었는데, 현존 작가의 번역에는 저작권 문제가 복잡하게 얽혀 있음을 감안해볼 때 이들의 번역은 우리나라 독서계가 그만큼 성숙했음을 말해주는 지표라 할 수 있다.

특히 마리나나, 루키야넨코, 아쿠닌 같은 장르 소설 작가의 작품이 다수 번역되었다는 것은 독서 시장의 트렌드를 반영한다. 물론 러시아 장르 소설이 우리나라 독자들에게 인기가 없다는 것은 전혀 다른 문제다. 말이 난 김에 한마디 하자면, 일본 장르 소설이 벌써 십여 년 동안 우리나라에서 만끽하고 있는 인기와 비교해보면 러시아 장르 소설의 운명은 참으로 불공평하다고 느껴진다. 히가시노 게이고(東野圭吾), 미야베 미유키(宮部みゆき), 오쿠다 히데오(奧田英朗) 등 소위 일본 거물급 작가들의 판매량에 비해 러시아에서 밀리언셀러를 기록한 아쿠닌이나 루키야넨코의 판매량은 초라하기 짝이 없다. 그렇다고 해서 양자 간에 흥미와 서스펜스에 있어 큰 차이가 있는 것도 아니고 일본 거물들의 모든 소설이 다 완성도가 높은 것도 아니다. 일부 일본 장르 소설은 명성에 비하면 너무 허술해서 입이 안 다물어질 정도다. 이러한 현상은 마케팅과도 관련이 있긴 하겠지만, 무엇보다도 '러시아 추리소설'에서 풍기는 낯선 느낌이 주된 원인인 것 같다.

(2) 작가별 통계

가장 많은 권수가 번역된 상위 10명의 작가는 톨스토이(443권), 도스토옙스키(151권), 체호프(98권), 고리키(85권), 투르게네프(69권), 푸시킨(46권), 고골(38권), 솔제니친(27권), 불가코프(18권), 파스테르나크(17권) 순이다(〈그림 1-7〉).

번역 작품에서 톨스토이가 443권, 도스토옙스키가 151권으로 압도적이라는 것은 우리나라 독자의 취향이 여전히 19세기 대문호에 편중되어 있

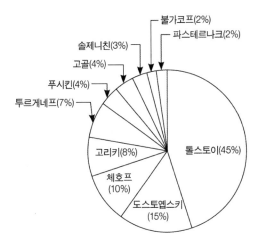

불가코프(2%)
파스테르나크(2%)
솔제니친(3%)
고골(4%)
푸시킨(4%)
투르게네프(7%)
고리키(8%)
체호프(10%)
도스토옙스키(15%)
톨스토이(45%)

음을 보여준다. 특히 톨스토이의 인기는 막강하다. 숫자만 가지고 언뜻 보아도 톨스토이의 유명 작품들은 십여 차례 이상 재번역되었음을 알 수 있다. 우리나라 독자들의 톨스토이에 대한 사랑과 존경은 자국인의 애정에 버금가는 듯하다. 아마도 러시아를 제외한다면 지구상에서 아직까지도 이토록 톨스토이를 경애하는 나라는 우리나라밖에 없을 것 같다. 어린이들에게는 동화 들려주는 할아버지로, 노년층에게는 추억의 대문호로, 그리고 청년층에게는 지혜로운 현자로 어필할 수 있기 때문일 것이다. 그러나 톨스토이의 인기는 어느 정도는 일제강점기 때 일부 지식인에 의해 시작된 해석의 전통에 기인한다고 볼 수도 있다. 그 시기에 완성된 현자 이미지는 톨스토이와 너무도 밀착되어 도저히 떨쳐버리기가 어렵다. 게다가 그는 러시아 정교회에서 파문당했고 공공연히 종교를 부정했음에도 불구하고 우리나라에서는 버젓이 '기독교 사상가'로 알려져 있다. 이 역시 일제강점기 때 시작된 해석의 전통 덕분이다.

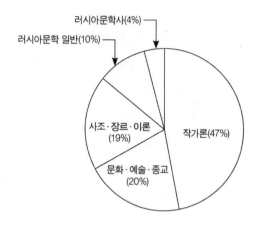

3) 평론 및 연구서

한국어로 번역된 러시아 작가의 수가 95명인 데 반해, 평론 및 연구서는 다소 한정된 수의 작가들만 다룬다.

(1) 한국어 평론 및 연구서

필자들이 인터넷 서점을 통해 확인한 바로는, 1985년 이후 국내 연구자가 국어로 집필한 러시아문학 해설 및 관련 단행본은 총 121권이다. 그중 러시아문학 전반에 관한 책이 약 10%(총 121권 중 12권), 러시아문학사에 관한 책이 약 4%(총 121권 중 5권), 특정 사조 및 장르 이론 책이 약 19%(총 121권 중 23권), 문화, 예술, 종교 관련 책이 약 20%(총 121권 중 24권), 그리고 작가론 책이 약 47%(총 121권 중 57권)이다(〈그림 1-8〉).

그림에서 알 수 있듯이 국내 연구자들의 저술에서 절대적인 다수를 차지하는 것은 작가론과 작품론이다. 국내 연구자들은 도스토옙스키, 톨스

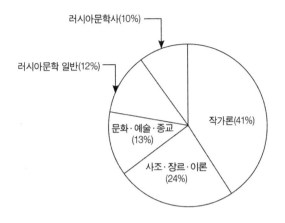

러시아문학사(10%)

러시아문학 일반(12%)

문화·예술·종교
(13%)

작가론(41%)

사조·장르·이론
(24%)

토이, 체호프, 나보코프, 고리키, 고골, 투르게네프, 푸시킨, 불가코프, 레르몬토프, 파스테르나크, 숄로호프에 관한 연구서를 출간했다. 특히 도스토옙스키(15권), 톨스토이(14권), 체호프(8권), 나보코프(4권)는 국내 저자들이 선호하는 작가다. 저술에서도 역시 19세기 작가들이 대다수라는 것은 국내 러시아문학 연구가 19세기에 쏠려 있음을 다시 한 번 확인해 준다.

(2) 번역 평론 및 연구서

필자들이 추적할 수 있었던 번역 연구서는 1987년으로 거슬러 올라간다. 1987년 이후 출간된 러시아문학 평론 및 연구서의 한국어 번역본은 총 86권으로, 주제와 작가는 한국어 저술과 유사하다. 러시아문학 전반에 관한 책이 약 12%(총 86권 중 10권), 러시아문학사에 관한 책이 약 10%(총 86권 중 9권), 특정 사조 장르 이론 책이 약 24%(총 86권 중 21권), 문화 예술 종교 관련 책이 약 13%(총 86권 중 11권), 그리고 작가론 책이 약 41%(총 86권 중 35권)이다(〈그림 1-9〉).

외국 저자의 평론에서 다루는 작가는 도스토옙스키(14권), 톨스토이(6권), 푸시킨(4권), 체호프(3권), 고리키(2권), 마야코프스키(2권), 투르게네프(1권), 솔제니친(1권), 나보코프(1권) 등으로 한국어 저술에서 주목한 작가들과 다수 중첩된다.

번역과 관련해 눈길을 끄는 것은 러시아문학사, 평론 및 이론 영역에서 고전으로 간주되는 대부분 저술들이 한국어로 번역되었다는 사실이다. 드미트리 미르스키(Dmitry Mirsky)의 문학사, 에드워드 카(Edward Carr), 콘스탄틴 모출스키(Konstantin Mochulskij)의 도스토옙스키 평전, 미하일 바흐친(Mikhail Bakhtin)의 도스토옙스키 연구, 빅토르 쉬클로프스키(Viktor Shklovsky), 앤드류 윌슨(Andrew Wilson), 슈테판 츠바이크(Stefan Zweig), 로맹 롤랑(Romain Rolland)의 톨스토이 평전, 유리 로트만(Yuri Lotman)의 기호학 이론 등이 모두 번역되어 있다.

3. 과제와 전망

이상에서 지난 30년간의 러시아문학 연구와 번역을 통계적으로 개괄해 보았다. 이 통계에는 누락된 부분도 있을 것이고 부정확한 부분도 있을 것이다. 무엇보다도 연구논문은 한 학회지만을 기준으로 했기에 포괄 성과와는 거리가 한참 멀다. 그럼에도 불구하고 한 가지만은 분명하다. 즉, 그토록 짧은 시간 동안 한국에서의 러시아문학 연구가 진정 높은 수준에 도달했다는 사실만큼은 그 누구도 부정할 수 없을 것이다. 이것은 그냥 입에 발린 말도 아니고 자화자찬도 아니다. 이론, 문학사, 평론 등 모든 분야에서 논문과 번역과 저술의 양과 질은 놀라울 정도다. 도대체 무엇이 한국 연구자들을 러시아문학에 빠져들게 했을까. 김현택 교수가 논문에서 제기했던 문제 "우리에게 슬라브학은 과연 무엇이며 또 어떤 학문적 의미를 갖는 가"를 여기서도 다시 제기해야 할 것 같다(김현택, 2015). 우리에게 과연 러 시아문학은 무엇인가. 우리는 무엇을 위해, 무엇 때문에 러시아문학을 연 구하고 가르치는가. 여기에 대한 고민이야말로 인문학의 쇠퇴와 슬라브학 의 침체를 바라보며 우리가 해야 할 일의 첫걸음일 것이다.

어쩌면 답이 없는 질문일지도 모르고 어쩌면 답이 너무나 쉬운 데 있는 질문일지도 모르지만 한 가지만은 말할 수 있을 것 같다. 러시아문학이 너 무나 좋기 때문에 나는 지금도 읽고 고민한다고. 그리고 러시아문학이 너 무나 좋기 때문에 그 좋음을 공유하고 싶어 러시아문학을 가르치고 러시아 문학에 관해 쓰고 또 그러면서 그토록 큰 행복을 느낀다고.

물론 이 행복감이 그냥 한 개인의 느낌으로만 남는다면 직무태만이 될 것이다. 우리에게는 연구자로서의, 교육자로서의, 그리고 지식인으로서의 사명이라는 게 있다. 우리에게는 학문적 행복감을 공유해야 하는 사명감 이 있다. 러시아문학은 '러시아'란 나라의 문학이기도 하고 또 그 어느 나 라의 문학도 아닌 문학이기도 하다. 필자가 러시아문학을 연구하며 느끼 는 사명감은 모두 이 두 가지 '문학들' 간의 경계선에서 촉발되는 것 같다. 필자는 러시아문학 연구의 내일을 위해 이 사명감을 세 가지 제언으로 요 약해보고자 한다.

우선 제안하고 싶은 것은 타 학문과의 융합연구이다. 학제 간 연구 혹은 융합은 작금의 트렌드이기도 하지만 굳이 트렌드가 아니라 하더라도 향후 문학 연구의 지평을 넓히기 위해서, 향후 인간에 대한 이해를 제고하기 위 해 활성화시켜야 한다. 특히 문학과 자연과학의 융합연구는 인공지능의 발달로 '무엇이 인간인가'라는 문제를 피할 길 없는 시대에 반드시 필요할 것이다. 과학은 문학 연구와 병행되어야 하며 양자는 진지한 대화를 통해 제3의 새로운 학문 영역을 창조해야 한다. 이 새로운 영역의 이름이 무엇이 되건 그것은 아마도 미래 세계에서 인간에 대한 깊은 이해를 가능하게 하는데 필수 불가결한 것이 될 것이다. 문학은 인간에 관한 가장 정확한 보고서이기 때문이다.

두 번째는 번역의 문제이다. 우리나라 독자의 취향이 19세기 대문호에 편중되어 있다는 것은 양날의 칼과도 같다. 그것은 사실상 대문호 이외의 작가는 시장성이 없다는 것을 의미하지만 다른 한편으로는 대문호들은 여전히 유효하다는 뜻도 된다. 요즘처럼 독서 인구가 점차 줄어드는 시대에, 요즘처럼 스마트폰이 일상을 장악한 시대에, 우리 독자들에게 예를 들어 톨스토이가 의미를 갖는다면 그것은 참으로 대단한 일이다. 그것은 또한 톨스토이의 새로운 번역이 요구된다는 뜻이기도 하다. 흔히 번역의 생명은 10년이라고 한다. 훌륭한 작가, 독자가 요구하는 작가의 번역은 끊임없이 새롭게 이루어져야 한다. 그리고 새로운 번역은 이전 번역의 단점은 수정하고 모든 장점 위에 또 하나의 다른 장점을 더해나가는 식으로 진행되어야 한다. 그러나 대문호만 되풀이 번역하는 것은 번역 생태계를 교란시킨다. 주변적인 작가의 번역은 반드시 대작 번역과 병행되어야 한다. 지금도 국가에서 상업 출판이 도외시하는 작품들의 번역을 지원해주고 있기는 하지만 지원액을 대폭 늘려 새로운 작품의 번역을 활성화시켜야 한다.

마지막으로, 문학과 사회의 관계를 생각해볼 필요가 있다. 인문학 쇠락의 시대라고 하지만 지금도 여전히 일각에서는 인문학을 요구하고 있다. 요즘 인문학이라고 하면 흔히 '인문 고전'이라고 해서 동서양의 철학과 사상을 지칭하지만 사실 문학만큼 '인문학적인' 삶과 밀착된 영역은 없다. 문학이 현대인의 삶에 어떤 식으로든 영향을 줄 수 있다면 문학 연구자 역시 그 점을 간과해서는 안 될 것이다. 어떻게 보면 문학연구자는 대문호와 대중을 '매개'하는 사람이다. 연구자에 따라서 매개 방식은 다르겠지만 어떻게 매개할 것인가에 대한 진지한 고민만큼은 그 누구도 비켜 갈 수 없을 것이다. 우리에게는 지난 수십 년 동안 누적된 연구 성과가 있다. 그리고 앞으로도 연구의 성과는 눈덩이처럼 불어날 것이다. 연구자들이 이 성과를 어떻게 사회에 환원시키고 어떻게 공동선에 기여할 수 있을까에 대한 생각을 멈추지 않는 한 러시아문학 연구의 미래는 결코 어둡지 않을 것이다.

| 참고문헌 |

권철근. 1992. 「한국에서의 러시아문학의 역사적 전개과정 개관」. ≪한국노어노문학
  회지≫, 4권, 175~191쪽.

김현택. 2015. 「한국의 슬라브학, 지금 어디에 서 있는가?」. ≪지식의 지평≫, 18호,
  226~246쪽.

문석우. 2009. 『한러비교문학연구』. 조선대학교 출판부.

안병용. 2003. 「한국에서의 러시아문학 수용(История распространения русской лит
  ературы в Корее)」. ≪슬라브학보≫, 18권, 2호, 445~458쪽.

온라인 자료

조혜경. 2015. "석영중, 도스토옙스키 〈죄와 벌〉." 열린연단. http://openlectures. -
  naver.com/contents?contentsId=79163&rid=2892#literature_contents(검
  색일: 2015.9.1).

|부록| 한국어로 번역된 러시아 작가 목록

감자토프, 라술 Rasul Gamzatov

게르첸, 알렉산드르 Alexander Herzen

고골, 니콜라이 Nikolai Gogol

고리키, 막심 Maxim Gorky

곤차로프, 이반 Ivan Goncharov

글루콥스키, 드미트리 Dmitry Glukhovsky

김, 아나톨리 Anatoli Kim

나기빈, 유리 Yuri Nagibin

나보코프, 블라디미르 Vladimir Nabokov

데르자빈, 가브릴라 Gavrila Derzhavin

도블라토프, 세르게이 Sergei Dovlatov

도스토옙스키, 표도르 Fyodor Dostoyevsky

두진체프, 블라디미르 Vladimir Dudintsev

드미트리예프, 레프 Lev Dmitriev

라스푸틴, 발렌틴 Valentin Rasputin

레르몬토프, 미하일 Mikhail Lermontov

레스코프, 니콜라이 Nikolai Leskov

로자노프, 바실리 Vasily Rozanov

루키야넨코, 세르게이 Sergei Lukyanenko

루킨, 블라디미르 Vladimir Lukin

마리니나, 알렉산드라 Alexandra Marinina

마야코프스키, 블라디미르 Vladimir Mayakovsky

만델스탐, 오시프 Osip Mandelstam

미하일, 박 Pak Mikhail

바벨, 이사크 Isaac Babel

바실리예프, 보리스 Boris Vasilyev

바이코프, 니콜라이 Nikolai Baikov

밤필로프, 알렉산드르 Aleksander Vampilov

베레사예프, 비켄티 Vikenty Veresaev

벨라예프, 알렉산드르 Alexander Belyaev

벨리, 안드레이 Andrei Bely

보이체이홉스카, 마이어 Maia Wojciechowska

본다레프, 유리 Yuri Bondarev

부닌, 이반 Ivan Bunin

불가코프, 미하일 Mikhail Bulgakov

사빈코프, 보리스 Boris Savinkov

샤갈, 벨라 Bella Chagall

샬라모프, 바를람 Varlam Shalamov

세레브랴코바, 갈리나 Galina Serebriakova

세벨라, 에프라임 Efraim Sevela

셰드린, 미하일 Mikhail Shchedrin

소콜로프, 사샤 Sasha Sokolov

솔로구프, 표도르 Fyodor Sologub

솔로비요프, 블라디미르 Vladimir Solovyov

솔제니친, 알렉산드르 Aleksander Solzhenitsyn

숄로호프, 미하일 Mikhail Sholokhov

스트루가츠키, 아르카지 와 보리스 Arkady and Boris Strugatsky

아이트마토프, 친기즈 Chinghiz Aitmatov

아쿠닌, 보리스 Boris Akunin

아흐마둘리나, 벨라 Bella Akhmadulina

아흐마토바, 안나 Anna Akhmatova

안드레예프, 레오니드Leonid Andreyev

에르쇼프, 표트르Pyotr Yershov

예로셴코, 바실리Vasili Eroshenko

예로폐예프, 베네딕트Venedikt Erofeev

예세닌, 세르게이Sergei Esenin

옙투셴코, 예브게니Yevgeny Yevtushenko

오도옙스키, 블라디미르Vladimir Odoyevsky

오스트롭스키, 니콜라이Nikolai Ostrovsky

오쿠자바, 불라트Bulat Okudzhava

우스펜스키, 표트르Fyodor Uspensky

울리츠카야, 류드밀라Lyudmila Ulitskaya

자먀틴, 예브게니Yevgeny Zamyatin

조셴코, 미하일Mikhail Zoshchenko

체르니스키, 니콜라이Nikolai Chernyshevsky

체호프, 안톤Anton Chekhov

추콥스키, 코르네이Korney Chukovsky

치프킨, 레오니드Leonid Tsypkin

카람진, 니콜라이Nikolai Karamzin

카차노프, 로만Roman Kachanov

콜론타이, 알렉산드라Alexandra Kollontai

쿠프린, 알렉산드르Alexander Kuprin

크르일로프, 이반Ivan Krylov

토카레바, 빅토리야Viktoriia Tokareva

톨스타야, 타티야나Tat'iana Tolstaia

톨스토이, 레프Lev Tolstoy

투르게네프, 이반Ivan Turgenev

쳬프, 표도르Fyodor Tyutchev

파스테르나크, 보리스Boris Pasternak

파우스톱스키, 콘스탄틴Konstantin Paustovsky

페스코프, 바실리Vassili Peskov

페트로프, 아바쿰Avvakum Petrov

페트루스카야, 류드밀라Lyudmila Petrushevskaya

펠레빈, 빅토르Victor Pelevin

푸시킨, 알렉산드르Aleksandr Pushkin

프라예르만, 루빔ruvim fraerman

플라토노프, 안드레이Andrei Platonov

필냐크, 보리스Boris Pilnyak

제2장
/
러시아어학

한국 러시아어학의 발자취와 전망

정하경(서울대학교 노어노문학과 교수)

1. 들어가는 말

　유럽과 미국에서 슬라브학은 러시아와 동유럽을 둘러싼 국제 정세의 영향을 받으며 성장했다. 냉전 시대가 시작된 20세기 중반부터 슬라브학은 광범위하게 발전했고, 해빙과 소련 붕괴를 겪으면서 급격한 양적 팽창을 이루었다. 하지만 소련 해체 이후 슬라브 국가들이 독자적인 노선을 택하면서 국제사회에서 러시아의 위상이 약화되었고, 그 결과 슬라브학의 사회적 수요와 연구자 규모는 급감했다. 20세기 후반부터 대두된 신자유주의 가치와 러시아의 국제적 영향력 약화가 맞물리면서 슬라브학의 입지는 더욱 좁아졌다(김용화, 2006). 슬라브어학 분야도 예외 없이 양적인 증감을 겪을 수밖에 없었다. 특히 순수언어학으로서 슬라브어학은 실용적인 효용성을 중시하는 신자유주의 이데올로기에 취약할 수밖에 없었고, 이에 따라 최근 유럽과 미국에서 슬라브어학은 급격히 위축되었다.[1] 이 같은 슬

---

1) 예를 들어 미국 슬라브어학의 중심지로 기능했던 캘리포니아 대학교 로스앤젤레스 캠

라브어학의 성장과 위축의 역사는 시기상의 차이는 있지만 한국에서도 유사한 양상으로 전개되었다. 이 장에서는 한국 슬라브어학의 발전 과정을 이러한 역사적 맥락으로 자세히 살펴보고 당면한 과제를 논의해본다.

유럽과 미국, 한국을 비롯한 동아시아의 대학에 존재하는 '-어문학과' 혹은 '-어학과'로 불리는 학과는 통상적으로 그 분야가 어학과 문학으로 나뉜다. 그중 어학 분야는 해당 언어를 가르치는 언어 교육과 해당 언어 자체를 연구하는 언어학으로 이루어진다. 이 두 영역은 동일한 언어가 대상이 된다는 점과 언어 구조에 대한 이해를 도모하고 추구한다는 점에서 상당한 공통점을 가진다. 하지만 학문 연구자에게 이들은 확연히 구별되는 영역이다. 전자의 경우 규범적 문법(prescriptive grammar)을 연구와 교수 대상으로 삼는 반면, 후자는 기술적·설명적 문법(descriptive·explanatory grammar)을 추구하기 때문이다. 이 장에서는 주로 후자의 관점을 따라 한국 슬라브어학의 역사를 되돌아본다.

러시아 동쪽에 인접한 한국에서 러시아어는 여타 슬라브어와 비교할 수 없는 위상을 가진다. 한국 슬라브어학 연구 대부분은 러시아어에 대한 것이라고 해도 과언이 아니다. 따라서 필자는 지난 30년 동안 한국에서 이루어진 러시아어학의 발전상에 주목하려고 한다. 이 장에서 주로 다루는 내용은 한국 러시아어학 연구자가 양성되고 활동해온 연구 환경의 변천, 이에 따른 전반적인 이론적 관점 그리고 연구 영역의 변화, 연구 업적의 양적·질적 변화의 추이다. 나아가, 이러한 고찰을 통해 한국 러시아어학계가 이룬 성취를 분석하고 향후 전망과 과제를 노정한다.

퍼스(UCLA)와 시카고 대학교(University of Chicago)에서 슬라브언어학 대학원 과정이 폐지된 것은 미국 내에서 슬라브어학의 입지가 축소되고 있음을 단적으로 보여주는 사례다.

2. 연구 환경의 변화

1) 박사학위자 양성 환경의 변화

해방 이후 최초의 러시아어 교육은 1947년 육군사관학교에 러시아어가 제2외국어 강좌로 개설되면서 시작되었다. 정규 대학에 러시아어학과가 개설된 시기는 한국외대가 설립된 1954년이다(김현택, 2015). 이후 20년이 지난 1974년 고려대에, 10년이 더 지난 1984년 서울대에 노어노문학과가 설립되었다. 한국 대학에 러시아와 관련된 인문학과가 설립되기 시작했을 때 기본적으로 가장 시급하게 이루어진 활동은 러시아어 교육이었다.

러시아어를 대상으로 하는 순수언어학 연구와 교육 활동이 이루어진 것은 이인영(1984년 서울대 임용), 강덕수(1985년 한국외대 임용), 김진원(1987년 고려대 임용) 교수 등 미국 또는 유럽에서 러시아어학을 본격적으로 전공해 박사학위를 취득한 연구자들이 국내 대학에 임용되면서부터다. 이들과 더불어 이은순(1991년 단국대 임용), 조남신(1992년 연세대 임용), 표상용(1992년 한국외대 임용), 이기웅(1992년 경북대 임용), 유승남(1993년 한림대 임용), 최성호(1995년 충북대 임용) 교수 등 1980년대 후반부터 1990년대 진반까지 국외에서 러시아어학으로 박사학위를 받고 국내 대학에 임용된 연구자들까지 포함해 러시아어학 1세대라고 할 수 있다.

당시는 한국 대학에 러시아어학 박사과정이 개설되기 이전이었기 때문에 국내에서 박사학위를 취득할 수 없었고, 정치적인 상황 때문에 러시아에서 러시아어학으로 박사학위를 취득하는 것도 어려웠다. 따라서 위에 열거한 연구자 대부분은 미국이나 유럽에서 박사학위를 취득했다. 이후 이들은 각 대학에 새로이 설립된 러시아 관련 학과에 러시아어학 전공자로서는 처음으로 부임했는데, 이들의 교육 활동에 힘입어 현재까지 90여 명의 후학 연구자가 배출되었다. 1990년대 초 소련 해체 이후 이루어진 한·러 수교를 통해 공식적으로 러시아 유학이 가능하게 되면서 많은 연구자가 러시아에서 박사과정을 이수하기 시작했다. 한국 대학에도 관련 대학원이 설립되어 국내 박사학위 취득자 역시 배출되기 시작했다. 이 같은 국내외의 러시아어학 교육 환경의 변화에 따라 1990년대 이후에는 미국, 유럽 대학의 학위 비율이 상대적으로 크게 감소했다. 특히 최근에는 유럽 대학의 학위자가 거의 배출되지 않고 있다.

2) 학위 취득 후 연구 환경의 변화

1980년대에 박사학위를 취득한 연구자 상당수는 당시 각 대학에 신설된 러시아 관련 학과에 바로 자리를 잡을 수 있었다. 반면, 일차적인 임용 수요가 만족된 1990년대 중반 이후 박사학위자는 모교를 비롯한 여러 대학에서 시간강사로 강의를 하며 연구를 지속하다가 전임교수 임용이 공고되면 지원하는 경우가 일반적이었다. 사회과학이나 이공계와 달리 인문학계에서 박사후 과정은 거의 활성화하지 못한 상황이었고, 러시아어학계에서도 유급 박사후 과정이나 연구원 직책은 전무하다시피 했다.

2000년대 후반부터는, 정부가 주도하는 한국학술진흥재단(현재 한국연구재단의 전신)의 다양한 인문학지원사업이 실시되기 시작했다. 그 일환으로 박사후 과정, 공동연구, 학술연구 및 교수 등의 연구지원 프로그램이 마련되어 박사학위를 취득한 연구자가 연구비를 지원받을 수 있게 되었다. 또한, 한국학술진흥재단에 의해 대규모 인문한국지원사업(이하 HK사업)이 대학 부설 연구소를 대상으로 실시되었다. 이에 따라 대학이 기존의 전임교수직 외에도 연구교수, 강의전담교수 등 다양한 형태의 교수직을 신설해 임용 시장의 다각화가 이루어졌다. 이 같은 정부 주도의 연구비 지원 프로그램과 연구교수직 신설은 경제적인 측면에서 박사학위자의 연구 환경 개선에 큰 도움이 되었다.

현재, 최대 10년 기한의 HK사업이 막바지에 도달하고 있다. HK사업 종료 이후 어떠한 후속 사업이 있을 것인지 불확실하다는 점, 인문학 연구지원 프로그램의 지원 규모가 전반적으로 축소되고 있다는 점에서 이러한 제도적 지원의 연속성이 의문시되고 있다. 또한, 하나의 주제에 대해 오랜 시간의 천착을 필요로 하는 인문학의 속성과 단기적인 업적을 요구하는 연구지원사업의 정책이 충돌하는 경우가 많아 중장기적인 연구를 기획하고 실행하기 어렵다는 점, 각종 인문학 관련 사업을 진행하느라 개인의 연구에 몰두할 시간적·정신적 여유가 부족하다는 점이 지원사업의 문제점으로 부각되고 있다(김종영, 2015 참조).

3. 연구 동향의 변화

1) 연구 조류의 변화

러시아어학 1세대 연구자의 전공은 몇몇 주요 언어학 분야에 걸쳐 있다. 음성학·음운론 연구가 한국외대(강덕수 교수)를 중심으로 이루어졌다면 의미·화용론 연구는 주로 서울대(이인영 교수)를 중심으로 진행되었다. 이 외에 형태론, 통사론, 역사문법 등 전통적인 언어학 분야에서도 연구가 활발히 진행되었지만 국내 러시아어학 연구는 아직 충분히 다각화한 상태는 아니었다.

20세기의 언어학은 페르디낭 드 소쉬르(Ferdinand de Saussure)의 연구에 연원해 로만 야콥슨(Roman Jakobson), 니콜라이 트루베츠코이(Nikolai

Trubetskoi)의 프라그 학파가 주도한 '유럽·미국 구조주의 언어학'과 1970 년대부터 미국에서 노암 촘스키(Noam Chomsky)를 중심으로 해 본격적으로 각광받기 시작한 '생성주의 언어학'으로 양분할 수 있다. 초기 연구자들이 유학한 미국과 유럽 대학의 슬라브어문학과에서는 MIT와 하버드 대학교에 재직한 로만 야콥슨의 지대한 영향 아래 주로 전자의 관점이 지배적이었다. 따라서 초기 연구자가 한국에 돌아와 구축한 한국 러시아어학계에서도 기능주의적·구조주의적 연구가 압도적으로 주를 이루었다. 공시적·통시적 관점으로 음운론, 형태론, 의미론을 연구하는 1세대 연구자에게 구조주의는 가장 주요한 이론적 배경으로 기능했다. 이것은 후속 연구자에게도 오랫동안 기본적인 학문적 토대로 여겨졌다.

한편, 1990년대 미국에서는 생성언어학적 관점에 따른 러시아어 연구가 활발히 이루어졌다. 하지만 한국의 초기 러시아학자에게 이 생성언어학은 곧바로 수용되기 어려웠다. 생성언어학의 주된 분야는 통사론(생성통사)인데, 이들은 주로 음운론, 형태론, 의미론, 역사언어학을 전공했기 때문이다. 하지만 단국대 이은순 교수 등 몇몇 전공자가 생성통사 연구를 진행했으며, 기능적 관점과 생성통사적 관점을 비교해 발전적으로 융합하고자 한 이인영 교수의 연구는 이 방면에서 매우 중요한 업적이라고 할 수 있다.

1세대 이후 러시아에서 학위 과정을 진행하는 연구자가 늘어나면서 현상 기술 중심의 러시아어학 연구가 늘어났다. 이 같은 연구 경향에서 주제 측면으로는 어휘 의미 및 문법, 언어사용 양상에 밀착된 연구가, 관점 측면으로는 미국과 유럽의 일반언어학적 관점과 달리 '국어학'적 관점의 연구가 주를 이루었다. 즉, '언어'의 이해를 도모하기 위한 창구로서 러시아어 연구에 중점을 둔 1세대 연구와 달리 후속 학자 사이에서는 '러시아어'의 내적 특수성 자체에 주목하는 연구가 수행되었다. 이러한 연구 방식의 장점은 원어민 관점에 부합하는 더욱 정확한 데이터 축적과 기술, 다양한 코퍼스(corpus) 확장, 화자의 지각과 의도에 초점을 맞춘 인지언어학적 접근 등이다. 특히 언어사용 양상에 대한 연구는 앞으로 잠재성이 큰 분야로 여겨진다. 반면, 단점으로는 언어학적 함의 도출의 일반화와 이론 구축 및 심화의 상대적인 비중 감소를 들 수 있다.

1980~1990년대의 주된 연구 경향이 음성학·음운론, 의미·화용론, 역사언어학의 기능주의적(구조주의적) 접근이라고 한다면 2000년대 이후의 연구 경향은 이것이 상당히 확장되고 다각화한 양상이라고 할 수 있다. 기존의 의미·화용론은 여전히 가장 주된 연구분야인데(시제와 상 중심), 여기에 언어문화 연구와 인지언어학까지 더해져 그 경계가 상당히 확장되었다. 언어문화 연구의 부상은 문학 분야에도 영향을 미치는 문화학의 약진과 무관하지 않다. 어휘의미론 연구 역시 꾸준히 진행되고 있다. 생성통사론 연구는 여선히 소수에 속하지만 이전보다는 연구자 수가 늘었다. 1990년대에는 격, 양화사 등 구체적인 문법 범주별로 연구가 진행되었고, 2000년대 후반부터는 논항구조 변화, 일치 및 구성소 이동 같은 일반적인 문제로 연구 중심이 이동하고 있다. 전통적인 러시아어 교육방법론 외에 미국에서 발달한 제2언어 습득(L2) 연구 또한 극히 소수이지만 진행되고 있다. 한편, 이전에 비해 비중이 줄어든 분야는 음성학·음운론, 형태론, 조어론 등이다. 역사언어학의 경우에도 전통적인 구조주의 역사언어학의 주된 분야였던 역사음운론은 비중이 줄고 상, 시제, 격 같은 문법 범주에 관련된 역사 형태통사론이 더 발달하는 양상을 보인다. 마지막으로 러시아 언어정책과 러시아 연방 소수언어 현황, 사회 변화에 따른 언어 변화를 다루는 사회언어학 연구가 존재한다.

2) 연구논문 출판 추이

〈표 2-1〉은 지난 30년 동안(1986~2015) 한국 주요 러시아어문학 학술지 4종[≪슬라브학보≫(1986~), ≪노어노문학≫(1988~), ≪러시아연구≫(1992~), ≪러시아어문학연구논집≫(1995~)]에 발표된 논문을 5년 단위로 나눠 주제 영역의 변천을 조사한 결과다. 1986~1995년 통계에는 ≪슬라브학보≫, ≪노어노문학≫의 자료만 포함되었는데, 이는 시기상 ≪러시아어문학연구논집≫, ≪러시아연구≫가 창간되기 이전이기 때문이다. 따라서 절대적인 수치가 작다. 이는 곧 초기 연구자 수가 적었음을 방증하는 것이기도 하다.

〈표 2-1〉에 나타난 바와 같이 최근 30년 동안 출판된 논문 수를 고려할 때 가장 많이 연구된 단일 분야는 의미론이다.[2] 긴밀하게 관련된 인접 분야라고 할 수 있는 담화분석·화용론, 인지언어학, 언어문화학을 기능·인지적 언어학으로 통합할 경우 그 수치는 최근 10년 동안의 의미론 영역 수치를 앞선다(9% > 13.1% > 17.7% > 22.4% > 34.6% > 26.9%). 통합 분야인 기능·인지적 언어학은 최근의 확장과 성장에 힘입어 총계에서 의미론보다 높은 비중(25%)을 차지한다.

3) 저역서 출판 추이

저역서 영역에서 지난 30년 동안의 러시아어학 관련 한국어 단행본 출판 추이는 〈표 2-2〉와 같다. 앞서 〈표 2-1〉에 나타난 논문 수가 700편에 육박

---

[2] 논문의 주제 영역에 관한 결정은 필자의 자의적 판단에 의한 것으로 관점에 따라 다른 분류가 가능할 수 있다. 따라서 이 집계는 전체적인 경향성을 짚어보기 위한 도구로 사용되는 것이 적절하다.

〈표 2-1〉 연구 영역별 논문 수

연구 영역	논문 수(편수/%)												
구분	1986~1990		1991~1995		1996~2000		2001~2005		2006~2010		2011~2015		합계	
음성학·음운론	1	4.6	4	9.5	21	16.5	12	7.5	13	6.4	4	2.8	55	7.9
의미론	2.5	11.4	11.5	27.4	33.5	26.3	38.5	24.0	45.5	22.5	24.5	17.1	156	22.4
담화분석·화용론	2	9.0	4	9.5	20	15.7	25.5	15.9	40.5	20.0	15.5	10.8	107.5	15.4
인지언어학	0	0	1	2.4	1.5	1.2	5.5	3.4	17.5	8.7	12	8.4	37.5	5.4
언어문화학	0	0	0.5	1.2	1	0.8	5	3.1	12	5.9	11	7.7	29.5	4.2
형태론	1.5	6.8	8.5	20.2	9.5	7.4	5.5	3.4	13.5	6.7	8	5.6	46.5	6.7
통사론	4	18.2	6	14.3	14.5	11.4	20.5	12.8	16	7.9	22	15.4	83	11.9
조어론	3	13.6	3.5	8.3	2.5	1.9	3	1.9	1	0.5	1.5	1.1	14.5	2.1
역사문법·문헌학	3	13.6	1	2.4	7	5.5	14	8.7	7.5	3.7	11.5	8.1	44	6.3
사회언어학	1	4.6	0	0	9	7.0	14	8.7	16.5	8.2	14.5	10.1	55	7.9
언어습득·교육	1	4.6	0	0	2	1.6	8	5.0	15	7.5	12.5	8.7	38.5	5.5
기타	3	13.6	2	4.8	6	4.7	9	5.6	4	2.0	6	4.2	30	4.3
합계	22	3.2	42	6.0	127.5	18.3	160.5	23.0	202	29.0	143	20.5	697	100

주: 논문에 따라 단일 주제 영역에 해당하는 것도 있지만, 두 영역에 걸쳐 있는 논문 수도 상당하다. 따라서 후자의 경우 각각의 영역에 0.5의 수치를 매기는 방식으로 집계했다.

<표 2-2> 러시아어학 관련 한국어 단행본 수

유형	단행본 수(편수/%)													
구분	1986~1990		1991~1995		1996~2000		2001~2005		2006~2010		2011~2015		합계	
저서	1	4.2	3	12.5	8	33.3	3	12.5	7	29.2	2	8.3	24	100
역서	0	0	1	12.5	0	0	0	0	6	75.0	1	12.5	8	100
합계	1	3.1	4	12.5	8	25.0	3	9.4	13	40.6	3	9.4	32	100

주: 표의 값은 언어 교재를 제외한 수치다.
자료: 인터넷 서점 교보문고에서 검색되는 단행본과 서울대 도서관이 소장한 단행본을 기준으로 작성.

하는 데 비해 단행본 출판 실적은 상당히 저조하다. 현재 한국에 출판된 러시아어학 저역서는 저서 24편, 역서 8편으로 총 32편에 불과하다. 전체적인 추이를 살펴보면 논문의 경우와 마찬가지로 단행본 대부분이 1990년대 후반부터 2010년 사이에 출판되었으며, 2010~2015년 구간에는 오히려 감소하는 경향이 나타난다. 총 편수가 적어 논문의 경우처럼 영역별로 분석하기는 어렵지만 눈에 띄는 점은 음성학·음운론 관련 저역서가 7편(21.9%), 역사언어학 관련 저역서가 5편(15.6%)으로 단일 분야로는 비교적 그 수가 많은 것과, 러시아어학 통합 개론서가 6편(18.8%)에 달하는 것이다.[3] 이들 통계를 통해 알 수 있는 것은 논문에서 가장 많은 영역을 차지한 의미론 영역에서 저역서가 그만큼의 비중을 전혀 차지하지 못한다는 사실과 저역서 중에 개론서가 상당한 비중을 차지한다는 사실이다. 즉, 연구자가 자신의 전문 영역에서는 저서보다 논문 집필에 주력했으며, 저서를 집필할 때는 교과서로 의도하거나 적어도 러시아어학에 입문하는 독자를 상정하는 경우가 많다는 사실을 알 수 있다.

---

3) 〈표 2-2〉에 포함된 32편의 저역서 중에는 6편의 통합 개론서 외에도 각 분야별 개론서가 다수 포함되어 있다. 저역서 목록은 75쪽의 부록을 참고하기 바란다.

연구서적의 출판 실적이 저조한 이유를 여러 측면으로 설명할 수 있다. 저서는 논문에 비해 내용의 범위가 넓고 양이 훨씬 많으며 집필 기간도 길다. 하지만 한국연구재단이나 대학에서 연구자 업적을 산정할 때 단행본이 가지는 실질적인 이점은 거의 없다. 업적 점수는 임용과 승진에 매우 중요한 요소로 기능한다. 따라서 소장 학자나 중견 연구자는 저서 집필보다 논문 출판에 주력할 수밖에 없다. 또 다른 이유로 연속적인 연구가 실행되기 어려운 환경을 들 수 있다. 저서는 방대하고도 일관성 있는 연구를 담아야 하는데, 현실적으로 정년을 보장받은 교수가 아닐 경우 이 같은 장기간의 연구를 수행할 수 있는 여건이 허락되기는 어렵다. 마지막으로, 출판사의 서적 발행은 판매와 마케팅을 고려할 수밖에 없기 때문이다. 단행본의 잠재적 독자이자 구매자인 러시아어학 연구자와 학문후속세대의 수가 상당히 제한되어 있는 실정은 이 부분에서도 매우 불리하게 작용한다.

4. 한국 러시아어학계의 성취와 과제

1987년 미국의 저명한 슬라브어학자인 호레이스 런트(Horace Lunt)는 미국 슬라브학의 역사를 회고하고 평가, 조망하는 자신의 논문에서 미국 슬라브학 연구자의 임무를 ① 미국인이 슬라브 세계와 문화를 중요한 영역으로 인지할 수 있도록 소개하고, ② 이해를 바탕으로 슬라브 국가와 상호작용할 수 있도록 언어, 역사 등의 전문가를 양성하는 것이라고 정의했다. 또 그는 미국 슬라브학 연구자가 이러한 임무를 달성하기 위해 무엇을 얼마나 성공적으로 해냈는지, 슬라브인에게 중요한 의미를 가지는 데이터·사고·논문·책을 생산했는지, 일반 문학이론이나 언어학이론과 같은 더 넓은 영역에서도 인정될 수 있는 성과를 남겼는지를 묻는다(Lunt, 1987). 호레이스 런트가 논문을 발표한 당시의 미국 상황과는 시기적으로 상당한 차이가 있지만, 그가 제시한 슬라브학 연구자의 임무와 그 수행에 대한 질문은 오늘날 한국에서도 충분히 유효하다. 이 절에서는 이러한 관점에 따라 한국 러시아어학 연구자의 성취와 과제를 논의해본다.

1) 한국 러시아어학이 이룬 성취

(1) 학문 분과로서의 기틀 정립

한국에 러시아와 러시아어를 널리 소개해 중요한 학문 연구 대상으로 정립하고 대학 교육을 통해 러시아어와 러시아 전문가를 양성하는 일에는 1980~1990년대에 유학을 마치고 돌아온 1세대 학자들이 중추적인 역할을 했으며 동시에 실질적인 성과를 일구어냈다. 이들은 해외에서 탄생한 구조주의, 형식주의를 비롯한 언어학이론과 이를 바탕으로 수행된 러시아어 음운·형태·통사·의미 현상의 분석을 한국 러시아어학계에 성공적으로 소개했다. 그 결과 독일, 미국 등지에 있는 슬라브학계의 학업·연구 문화가 (어느 정도 한국 사정에 맞춰 변형되기는 했지만) 한국 대학에 이식되었으며, 미국 학계에 슬라브어학을 주요 분야로 확립한 로만 야콥슨의 수많은 논문은 1990~2000년대 한국 러시아어학 전공자들에게 중요한 독서 목록이 되었다. 즉, 학문 1세대는 당시 미국과 유럽에서 각광받던 슬라브학의 이론적 틀과 연구 성과를 한국에 도입하고 러시아어학 교과과정을 해외 대학의 기준에 맞춰 정비함으로써 학계와 학과의 기틀을 성립했다.

(2) 연구자 양성과 높은 수준의 연구 축적

학문 1세대의 또 다른 업적은 1980~1990년대에 걸쳐 다수의 후속 연구자를 양성한 것이다. 미비한 학문적 여건 때문에 연구자들이 해외에서 박사학위를 취득해야 했던 한국 러시아어학의 태동기와 달리, 1980년대 후반부터는 각 대학에 러시아어학 관련 대학원 과정이 개설되기 시작하고 학문 1세대가 교수로 임용되면서 이들의 지도 아래 학문후속세대는 학위를 취득할 수 있었다. 이 시기에 일어난 러시아학 대학원 '붐'은, 비록 소련 붕괴와 한·러 수교에 따른 정치적·경제적·문화적 차원의 수요 증가에 대한 기대감에 힘입은 바가 크다고 할지라도, 이때 양성된 학문후속세대가 현재에 이르기까지 학계의 유지와 확장, 다각화의 기본적인 토대와 자산이 되었다는 점에서 매우 큰 의미를 지닌다.

이렇게 1980년대 후반부터 1990년대에 걸쳐 양성된 연구자들은 현재 한국 러시아어학의 발전사에서 중요한 역할을 담당한다. 이들의 부단한 노력의 결과로 의미·화용론을 비롯한 몇몇 주요 분야의 연구 업적이 꾸준히 축적되었고 연구사 층이 두터워져 상당한 연구 수준을 갖추게 되었다. 2000년대 중후반부에 학위를 취득한 신진 연구자는 이제 그들 자신이 학문후속세대를 양성하는 단계에 접어들었다. 이들의 경우, 비록 연구재단과 대학의 업적 평가 방식에서 영향을 받은 측면이 있지만, 해외 유명 학술지에 논문을 게재하는 것과 같이 더욱 적극적으로 자신의 연구를 전파하고 전 세계의 동종 학계 연구자들과 교류를 활발히 시도한다는 점에서 이전 세대보다 발전한 측면이 있다.

(3) 해외 학자와의 교류 확대와 심화

2000년대에 진입해 해외 학자와의 실질적인 교류가 증가한 현상 또한 학계 성장의 긍정적인 지표로 볼 수 있다. 유학파 러시아어학자의 박사과정 지도교수나 학위과정 동료의 한국 대학 초청방문이 늘어났을 뿐만 아니라 대학 간의 교류협정(MOU) 체결에 따라 학회나 연구소, 단과대학 차원의 대규모 교류 역시 빈번하게 이루어졌다. 예를 들어 한국외대 러시아연구소와 상트페테르부르크 국립대학 사회학과의 교류나 서울대 러시아연구소와 일본 홋카이도 대학 슬라브연구센터 사이의 교류는 상호 교차 방문과 공동 학회 개최 등 가시적인 성과를 내고 있다.

일찍이 슬라브학은 서구에서 꽃피운 영역이었지만 최근 들어 중요한 세계 학술대회가 일본에서 개최되는 것과 같이 학문 논의의 중심지가 러시아와 지리적으로 더 가깝고 지정학적으로 더욱 직접적인 관계를 맺고 있는 동아시아로 이동하는 추세다.[4] 이러한 상황에서 한국, 중국, 일본 연구자의 상호 교류와 협력은 매우 중요하다. 특히 일본 슬라브학의 중심이라고 할 수 있는 홋카이도 대학 슬라브연구센터와의 교류는 중요한 의미를 가진다(Darieva, 2014). 아직까지는 교류 내용이 연구자가 진행하고 있는 연구 발표와 정보 교환이 주가 되고 있다. 앞으로는 교류를 통한 가장 핵심적인 학문 성과가 될 수 있을 공동연구나 공동논문 집필이 더욱 생산적으로 이루어져야 할 것이다.

2) 한국 러시아어학의 향후 과제

현재 한국 러시아학계에서 연구자 감소 현상은[5] 서유럽과 미국처럼 두드러지게 나타나고 있지는 않다. 하지만 정치적·경제적으로 소련이 해체된 이후 높아진 기대감에 부응하지 못한 것에 기인한 답보와 위축이 나타

---

4) 그 예로 2015년 일본이 세계 슬라브유라시아학 대회(World Congress on Slavic Eurasian Studies)를 개최한 사례는 일본뿐만 아니라 아시아 지역의 슬라브 연구사에도 큰 획을 그은 성과라고 평가할 수 있다.

5) 미국 36개 대학을 대상으로 한 시어도어 거버(Theodore Gerber)의 연구에 따르면, 냉전 시기와 해빙기에 정치학 분야에서 러시와 관련 학문은 세부전공자 수가 가장 많은 영역이었지만 현재는 36개 대학 전체에서 연간 7명의 박사학위자를 배출하는 데 그치고 있다(Gerber, 2015).

나고 있다(김현택, 2015). 특히 러시아의 위상 약화로 인한 슬라브학의 정치적·경제적·문화적 영향력 하락은 한국 사회에서 슬라브어문학이 '경쟁력 없는 학문'으로 평가되는 데 일조했다.[6] 이러한 현실에서 정부가 주도하는 단기적·실용적인 성과 중심의 인문학지원정책은 당장에는 연구자에게 재정적으로 도움이 될 수 있지만 장기적으로는 연속적이고 일관성 있는 심오한 연구의 부재를 가져올 수도 있다는 문제를 가진다. 슬라브 지역이 정치적·경제적으로 위상을 높여 세계적으로 학문적 관심을 다시 한 번 불러일으킨다면 한국 러시아학의 발전에 큰 동력으로 작용할 수 있을 것이다. 하지만 이는 결코 임의로 조정할 수 있는 사안이 아니다. 또한, 정부가 장기적인 관점에서 질적으로 우수한 연구를 안정적으로 수행할 수 있는 환경을 마련하는 것이 중요하지만, 이것 역시 개별 연구자나 학계 차원에서 쉽게 성취할 수 있는 조건은 아니다. 따라서 여기에서는 개별 연구자 입장에서 접근 가능한 러시아어학의 쟁점과 발전 방안을 고찰해본다.

(1) 일반화된 이론과 패러다임(paradigm) 개발

슬라브학 연구자가 일반 문학이론이나 언어학이론과 같은 더 넓은 영역에서도 인정될 수 있는 성과를 이루었는지를 묻는 호레이스 런트의 질문에 대해서 한국 러시아어학계의 대답은 여전히 진행형이다. 이전부터 한국 기술 산업의 약점으로 널리 지적된 것 중 하나는 선진국의 구체적인 기술과 유형을 따라잡는 데 치중하고, 새로운 비전을 제시하고 선도할 일반적인 패러다임을 제시하지 못한다는 점이다. 특수성에 비해 일반성이 취약

---

6) 독일 통일 후 독일 내 슬라브학계의 재편과 통합에 대한 김용화의 연구에서 지적된 바와 같이, 이러한 슬라브학의 위축은 신자유주의적 가치관의 세계화에 기인한 것으로도 볼 수 있다(김용화, 2007).

하다는 지적은 학문 영역에서도 유사하게 제기될 수 있다. 러시아어학의 경우 전통적인 음운·형태·통사·의미론 분야의 연구는 대부분 기존의 일반 이론을 이용해 러시아어의 여러 측면을 분석 및 조명하고, 이로부터 얻어지는 통찰을 통해 기존 이론의 세부 사항을 보완하는 작업이었다. 다시 말해 러시아어 자체를 바탕으로 해 일반 이론 자체를 논의 대상으로 삼는 경우는 드문 편이었다. 즉, '일반화'보다는 '특수화·구체화·적용'에 중점을 둔 연구 경향이라고 할 수 있다. 이러한 연구만으로는 학계를 선도할 패러다임 개발이나 전환을 이끌어내기 어렵다. 따라서 지금부터라도 두 방면의 연구를 균형 있게 추진해야 한다.[7] 나아가, 과거에 구조주의나 형식주의가 그러했듯이, 일반화된 이론에 대한 천착은 단순히 언어학을 위한 이론을 만들어내는 데 그치는 것이 아니라 시대정신의 방향을 제시하는 새로운 인문학 비전을 창출하는 데 기여할 수 있다.

(2) 연구 성과의 소통과 전파

연구를 수행하는 과정에서 연구자 사이의 소통과 협력은 필수적이다. 특히 논문이나 저서를 출판하는 이유는 자신의 의견과 관점을 다른 연구자와 공유해 건설적인 영향을 주고받음으로써 학문이 진일보하는 데 기여하기 위한 것이다. 이를 위해서는 논문에 대한 독자의 접근성을 극대화하는 것이 매우 중요하다. 이 같은 접근성은 세계 어디에서든 쉽게 접근할 수 있는 플랫폼과 누구든지 이해할 수 있는 언어를 사용해 높일 수 있다. 즉, 논문의 잠재적 독자를 국내외 관련 분야의 모든 연구자로 상정하고 이들에게

---

7) 이와 관련해 일반사회과학 분야에서 김종영(2015), 김경만(2015) 등이 제시한 학문의 서구종속성 극복 방안에 대한 논의는 눈여겨볼 만하다.

공통적으로 효과적인 전달 수단을 도모하는 일이 필요하다. 한국 러시아어학 연구자의 논문 대부분은 한국어로 작성되어 있기 때문에 러시아나 그 외 지역의 러시아어학 연구자에게 널리 전파되거나 논의되지 못하고 있다. 국내외 연구자의 접근성을 높이기 위해서는 한국어뿐만 아니라 러시아어나 영어로도 논문을 작성하는 것이 유리하다.[8] 최근에는 저명한 해외 학술지에 게재되는 논문에 대한 가산점 때문에 외국어로 논문을 작성하는 경우가 증가하고 있다. 이는 적어도 소통과 접근성을 향상하는 데 긍정적인 효과가 있을 것이라고 생각한다.

(3) 새로운 영역의 탐색과 확장

앞서 나온 〈표 2-1〉을 통해 알 수 있듯이, 2000년대 이후 한국 러시아어학은 전통적인 분야 외에도 인지언어학, 사회언어학 등 다양한 세부 분야로 다각화되었다. 그럼에도 한국 러시아어학계는 아직 실험인지언어학, 실험음성학, 슬라브 비교유형론, 생성의미론 등 여러 분야가 부재한 상태다. 또한, 존재하는 연구 분야 중에서도 몇몇 분야를 제외하고는 그 저변이 충분히 형성되어 있다고 보기 어렵다. 한편, 슬라브어문학과가 개설되어 있는 해외 대학에 비해 한국 대학에서는 학과 정체성과 연구 대상을 러시아에 한정하는 경우가 대부분이기 때문에 슬라브 계열 언어의 비교나 다른 계열의 언어와의 비교에서 얻는 언어학적 통찰의 기회가 적다. 물론 수요의 문제가 존재하지만 러시아어 연구를 슬라브어 연구로 확장하고 비교언

---

8) 이러한 관점은 한국보다 앞서 학문 축적과 교류를 시작한 일본 슬라브학계에서도 발견할 수 있다. 일본 도쿄 대학의 미추요시 누마노(Mitsuyoshi Numano) 교수는 미국 슬라브학회(ASEEES) 웹사이트에 실린 인터뷰에서 소통과 전파를 위해 일본 슬라브학 연구자가 일본어뿐만 아니라 영어와 러시아어로 논문을 집필하는 것이 필요하다는 의견을 피력한 바 있다(Darieva, 2014).

어학적인 측면을 강화하는 것은 학문적으로 많은 이점을 가진다. 이같이 새로운 연구 분야를 개척하기 위해서는 상당한 시간과 자원을 투자해야 한다. 하지만 안타깝게도 현재 한국 학계에서는 연구자 수의 부족으로 인해 장기적인 연구 프로젝트를 안정적으로 꾸리기 힘들며 새로운 분야의 탐색과 수용이 현실적으로 힘든 경우가 많다.

(4) 학문후속세대 감소

〈표 2-1〉과 〈표 2-2〉를 통해 최근 10년간 러시아어학 관련 책 또는 논문 수가 감소했다는 사실을 알 수 있다. 최근 연간 발행 횟수를 늘리는 학술지 경향이나 전에 비해 논문 편수가 임용에 미치는 영향력이 증가한 점을 감안하면 감소 추세는 더욱 두드러진다. 이는 무엇보다 현재 러시아어학계가 당면한 가장 큰 문제인 학문후속세대의 절대적 감소의 결과라고 할 수 있다. 2000년대 중반 이후 국내외를 막론하고 러시아어학 대학원 과정에 진입한 학생 수는 크게 감소했다. 학문후속세대의 증감은 정치적·경제적인 사회 상황과 수요의 영향을 받을 수밖에 없다. 따라서 대학원 규모를 인위적으로 늘리려는 시도는 실질적으로 용이하지 않을 수 있으며, 바람직한 것이 아닐 수도 있다. 그러나 러시아어학의 경우 학계의 존속과 관련될 만큼 학문후속세대가 감소하는 상황이기 때문에 대학에서 학생의 연계 활동과 학습·연구에 대한 적극적인 관심과 지원을 제공하는 일이 시급하다.

5. 맺음말

냉전 시대와 그 직후에 유럽과 미국에서 러시아어와 러시아어학은 (다른 러시아 관련 연구 분과와 마찬가지로) 황금기를 누렸다. 이는 정치적 상황에서 오는 수요와 더불어 미국과 유럽을 풍미한 슬라브 언어학자의 구조주의에 힘입은 결과였다. 그러나 지금은 외국어로서 러시아어의 수요가 급락했을 뿐만 아니라, 러시아를 제외하고는 세계적으로 러시아어를 대상으로 한 언어학은 독자적인 학문 영역으로서 자리를 잃어가는 상황이다. 이를테면 미국의 슬라브어문학과에서는 여전히 러시아어 교육 프로그램과 문학·문화학 학위과정을 유지하고 있지만 러시아어학 학위과정은 축소하거나 폐지하고 있다. 언어학 국제학술대회에서는 러시아어를 대상으로 한 연구는 줄고 오히려 동유럽 언어에 대한 연구가 늘어나는 상황이다. 이러한 경향이 한국 대학에도 어느 정도 영향을 미치는 현실에서 가장 절실한 일은 학문의 수월성과 독자성을 제고해 새로운 연구 지평을 여는 것이다. 이를 위해서는 연구자가 제한된 환경 속에서도 부단히 자신의 연구를 질적으로 향상하려는 노력과 더불어, 학계 차원에서 학문 영역을 확장하고 이에 대한 접근성과 소통성을 제고하는 일이 필요하다.

| 참고문헌 |

김경만. 2015. 『글로벌 지식장과 상징폭력: 한국 사회과학에 대한 비판적 성찰』. 문
학동네.

김용화. 2006. 「독일통일 후 독일대학에서 슬라브학 및 슬라브연구소의 변화: 자유대
학과 훔볼트대학 슬라브연구소의 통합사례와 대학개혁을 중심으로」. ≪러시
아어문학연구논집≫, 23권, 289~319쪽.

김종영. 2015. 『지배받는 지배자』. 돌베개.

김현택. 2015. 「한국의 슬라브학, 지금 어디에 서 있는가?」. ≪지식의 지평≫, 18호,
226~246쪽.

Gerber, Theodore. 2015. "The State of Russian Studies in the United States: An
Assessment Report by the Association for Slavic, East European, and
Eurasian Studies(ASEEES)." University of Pittsburgh.

Lunt, Horace. 1987. "On the History of Slavic Studies in the United States." *Slavic
Review*, Vol.46, No.2, pp. 294~301.

온라인 자료

Darieva, Tsypylma. 2014. "A View from the East? Slavic Studies in Japan." http://
aseees.org/news-events/aseees-blog-feed/view-east-slavic-studies-japan
(검색일: 2016.2.3).

| 부록 | 저역서 목록

저서

강덕수. 1990. 『노어음성학』. 진명.

_____. 1995. 『러시아 언어학 연구의 방법과 문제』. 한신문화사.

강덕수·이성민. 2009. 『러시아어 발음과 구조』. 한국외국어대학교 출판부.

강덕수·강흥주. 1993. 『러시아어사』. 민음사.

김진원. 2000. 『러시아어 연구』. 고려대학교 출판부.

박혜옥. 2002. 『러시아어 음성학의 이론과 실제』. 명지.

변군혁. 2009. 『러시아어 자음의 이해』. 한국학술정보.

송현배. 2005. 『현대 러시아어 어휘론』. 명지.

_____. 2006. 『현대 러시아어 조어론』. 경기대학교 출판부.

양창열. 2007. 『러시아어: 생격과 여격의 '소유' 의미 연구』. 한국학술정보.

이기웅 외. 2006. 『해석적 패러다임으로서의 반성과 지향: 러시아어 문학 연구와 교육의 지평』. 경북대학교 출판부.

이기웅 외. 2010. 『소통의 구성적 역동성과 러시아 언어-문화 공간의 다차원성』. 경북대학교 출판부.

이명자. 2002. 『러시아어 음운론』. 청주대학교 출판부.

_____. 2007. 『러시아어의 구조: 쉽게 쓴 러시아어학 개론』. 보고사.

이명자·안병팔. 1998. 『러시아어학의 이해』. 한신문화사.

이윤근. 1996. 『노어음성학』. 문예림.

이인영. 1991. 『아바쿰』. 서울대학교 출판부.

_____. 1997. 『러시아어학: 보다 현실적 접근을 찾아서』. 서울대학교 출판부.

이재혁. 2000. 『실용 노어학 개론』. 부산외국어대학교 출판부.

조남신. 1996. 『러시아어 조어론』. 한신문화사.

_____. 1997. 『현대노어학개론』. 범우사.

_____. 2015. 『사전학』. 한국문화사.

정정원. 2013. 『러시아 언어문화』. 한국문화사.

표상용. 1996. 『노어학 개론: 음운, 형태, 조어, 어휘, 통사론-기본내용··용어설명』. 신아사.

역서

뵈크(Wolfgang Boeck)·플렉켄슈타인(Christa Fleckenstein)·프라이당크(Dietrich Freydank). 2009. 『러시아 문어사(文語史)』. 김영태 옮김. 선인.

비노그라도프, 빅토르(Viktor Vinogradov). 2009. 『17-19세기 러시아문학어의 역사』. 강덕수 외 옮김. 한국외국어대학교 출판부.

야콥슨(Roman Jakobson)·포모르스카(Krystyna Ponorska). 2006. 『대화록』. 전명성 옮김. 중앙대학교 출판부.

이은순·어건주 편역. 2006. 『러시아어 어원론』. 한국학술정보.

지브로바, 엘레나(Yelena Dibrova). 2007. 『러시아어: 어휘·관용 의미론』. 이희숙·최윤희 옮김. 경진문화사.

마르사코바, 따치야나(Tat'jana Marsakova). 1993. 『노어 동사상 연구』. 김건숙 옮김. 이회문화사.

타운젠드(Charles Townsend)·얀다(Laura Janda). 2001. 『슬라브어 역사-비교언어학 연구: 러시아어, 폴란드어, 체코어, 세르보-크로아티아어, 불가리아어 음운론과 어형변화』. 안혁 옮김. 한국문화사.

표상용·무란(Olga Muran). 2008. 『러시아어 구어연구: 발화문체론, 발화계발론, 수사학』. 김민수 옮김. 한국외국어대학교 출판부.

한국 러시아어 교육학 연구 현황과 과제

전혜진(중앙대학교 국제대학원 전문통역번역학과 교수)

1. 서론

한국에서 러시아어 교육의 시발점이 된 것은 1954년 한국외대에 노어과가 설립된 일이다. 이를 계기로 러시아어 교육의 '태동기'가 시작되었으며 이 시기에 러시아어문학을 연구한 사람을 러시아어 교육과 연구의 '제1세대'라고 부른다. 그다음 시기인 1970년~1980년대는 러시아어 교육의 '성장기'다. 이 시기에는 고려대, 서울대, 조선대 등에 노어과가 개설되었다. 특히 1984년 국립대학에 러시아어학과(서울대의 경우 노어노문과)가 설립된 것은 더 이상 러시아어가 극소수 인원만이 구사하는 특수 지역 언어가 아니며, 러시아와 슬라브권 국가가 진지한 학문 연구의 대상이 되어야 한다는 것을 한국 사회에 알리는 신호이기도 했다(김현택, 2015). 1988년 서울 올림픽에 소련이 참여한 일, 미하일 고르바초프의 '페레스트로이카', 한·러 수교를 계기로 한국에서 러시아에 대한 관심이 고조되었다. 이 같은 관심에 수반해 경제, 문화·예술, 과학기술 등 다양한 분야에서 러시아에 대한 수요가 증대했다. 그 결과 연세대, 중앙대, 단국대를 비롯해 매년 4~5

개 대학에 노어학 관련 학과가 개설되었다. 이와 더불어 미국, 독일, 프랑스, 특히 한·러 수교로 유학이 가능하게 된 러시아에서 노어노문학을 수학하는 전공자 수가 급격히 증가했는데, 이 같은 경향은 1990년대 중반까지 이어졌다. 즉, 1988년부터 1990년대 중반까지를 러시아어 교육의 '부흥기'라고 할 수 있다. 이 '부흥기' 단계에서 한국의 36개 대학에 노어노문학 관련 학과가 설립되었다.

1990년대 중반부터 '러시아어 붐'은 그 기세를 서서히 잃기 시작했다. 러시아에 대한 관심도 현저히 줄어들었다. 이러한 추세는 교육 현장에 직접적인 영향을 끼쳤다. 러시아어를 전공하는 학생 수가 절반 이상 줄어들었으며, 석·박사 과정에서도 노어노문학을 연구하는 사람의 수가 급격하게 줄기 시작했다. 즉, 1990년대 중반부터 2000년대 중반까지의 시기를 러시아어 교육의 '침체기'로 간주할 수 있다.

1995년부터 한국 대학이 학부제라는 이름의 교육개혁을 실시하면서 한국 노어노문학은 위기 상황에 놓이게 되었다. 이러한 위기가 도래한 원인을 다음과 같이 정리할 수 있다.

첫째, 이미 언급한 교육부의 학부제 개혁이다. 이는 교육을 시장 논리에 근거해 해석한 것으로 한국 교육의 균형 잡힌 발전을 저해한다. 학부제 개혁은 영어, 중국어, 일본어 등을 제외한 기타 외국어 교육에 큰 타격을 주었다. 특히 러시아어 분야에서는 더 심각한 결과로 나타났다. 일부 대학에서는 러시아어학과를 다른 학과와 통합했으며, 심지어 학과 자체를 폐지하는 경우까지 발생했다. 또, 학부제 도입 때문에 러시아어어학을 제2지망 전공으로 선택한 학생이 학과를 전공하는 일이 초래되었다. 이에 따라 학습 의욕 상실, 관심 부족, 중도 포기 등의 문제점이 발생했다.

둘째, 노어노문과 졸업자의 취업에 대한 불투명성이다. 노어노문과 학생을 위한 취업의 문은 여타 학과의 학생보다 더욱 좁다고 할 수 있는데,

러시아와 CIS사업 분야를 가진 한국 대기업이 관리직을 모집할 때 영어 능력을 우선적으로 평가하기 때문이다. 또한, 러시아어 실력을 인정받아 입사하는 경우에도 대부분 한시적 성격의 계약직으로 취업되거나 통번역 업무에 종사하는 경우로 경영, 기획 같은 주요 분야 업무에는 투입되지 못하는 '태생적' 한계점을 갖고 있다. 나아가, 러시아 관련 분야의 취업 상황은 양국의 경제 상황, 무역 분야의 성과 등 대외적인 요인에 상당히 취약하다.

셋째, 한국 사회의 미국화 현상이다. 세계화 시대에 진입한 이후 한국 사회에서 세계화를 곧 미국화로 오인하는 경우를 많이 볼 수 있다. 맹목적인 '미국 따라하기'와 미국 문화를 신봉하는 것은 경계해야 한다. 지나치게 미국 문화에 젖은 신세대는 노어노문학에 매료될 정서적·정신적 여지를 갖지 못한다.

넷째, 러시아어문학계가 가진 문제점이다. 지금까지 학계는 시대적 조류를 신속하게 파악하고 능동적으로 대처하는 데 다소 부족한 모습을 보였다. 다른 학문 분야에 비해 연구자 간, 교육자 간의 교류와 협력의 틀이 취약하고 학문 간 융합이나 산학연 협력에서도 큰 성과를 내지 못했다. 이는 러시아와 학문적·인적 교류를 포함한 글로벌 협력 네트워크 구축의 틀을 확고히 마련하지 못한 현상과도 연결된다. 더 나아가, 노어노문학을 파급하고 전파하는 대중화 측면에서도 효과를 창출하지 못한 것이 사실이다.

러시아어 교육학 분야는 영어를 비롯한 다른 외국어에 비해 이제 시작 단계에 접어들었다고 할 수 있다. 즉, 학문적 토대를 쌓아가고 있는 중이다. 러시아어 교육학 연구는 이론적 연구와 실증적 연구가 동시에 필요하다. 실증적 연구가 많이 이루어져야 이론적 연구에 도움을 줄 수 있으며, 이론적 연구는 실제에 적용하고 검증해볼 수 있다는 점에서 중요하다. 따라서 이론과 실제가 조화를 이룬 연구가 필요하다.

이 장의 목적은 러시아어 교육 현장의 변화 흐름과 문제점을 고려해 러시아어 교육학의 연구 현황과 문제점을 분석하고, 이를 토대로 해결책을 모색해 향후 과제를 제시하는 데 있다. 따라서 먼저 지난 30년 동안의 러시아어 교육학 연구의 동향과 현황을 개괄한다. 현황을 외국어 교수법의 시대적 트렌드와 비교, 분석해 문제점을 도출하고, 이 문제점을 바탕으로 향후 의사소통 중심의 러시아어 교육을 위한 연구 과제를 설정한다. 나아가, 한국인 학습자를 위한 러시아어 교육방법론의 연구 방향을 제시한다.

2. 러시아어 교육학 연구 현황과 문제점

1) 러시아어 교육학 연구 현황

러시아어 교육에 대한 연구 현황을 분석하는 방법에는 단행본과 논문, 영역별, 시대별로 나눠 논의하는 방법이 있다. 하지만 현재 러시아어 교육학 관련 단행본은 출간되어 있지 않은 실정이고, 시대적인 고찰도 러시아어 교육학 역사가 짧기 때문에 분석에 큰 도움이 되지 않을 것이다. 따라서 현재까지 발표된 논문을 영역별로 살펴보는 방식을 통해 러시아어 교육학 연구의 흐름을 조망하는 편이 타당하다.

이 절에서는 러시아어 교육학을 크게 언어기능교육론, 문법교육론, 어휘교육론, 교과과정론, 교육방법론, 교육평가론, 교재론, 교사교육론, 오류 분석, 한국어와 타 외국어와의 비교·대조·분석연구 현황, 기타 교육 일반 등으로 나눠 살펴본다. 여기서 언어기능교육론은 듣기, 읽기, 쓰기, 말하기 영역별 교육을 포함한다. 분석 대상은 1990년도부터 2015년까지 한국연구재단 등재 후보 이상의 학회지에 실린 논문과 석·박사학위논문 약 120편이다. 다만 분석 대상에서 학술대회 발표 자료 수십 편은 제외했다.

〈표 3-1〉 영역별 학술논문 목록

영역	연구자	발행 연도	논문 제목
러시아어 교육 일반	김진원	1995	노어노문교육, 언어훈련과 전공과정의 이원화로
	안병팔	1995	노어 교육 체계의 목표와 과제에 관한 연구
	계동준	1997	학부제와 러시아어 전공 활성화 방안 연구
	이진희	1999	한국 대학생의 러시아어 학습전략 연구
	계동준	2000	전환기 노어노문학과의 전망과 과제
	김세일	2003	Преподавание русского яэыка в Южной Корее−ВЧЕРА−СЕГОДНЯ−ЗАВТРА
	김현택	2003	한국 러시아어 교육의 현황과 과제: 제2외국어 교육을 중심으로
	Филимонова	2008	Учитъ языку и учитъ бытъ человеком
	Балгазина Бакитгулъ	2011	Обучение русскому языку вне языковой среды
	김현택	2011	러시아어 교육 20년, 그 회고와 전망
	이재혁	2012	Ситуативные задачи на занятиях РКИ
	김현택	2015	한국의 슬라브학, 지금 어디에 서 있는가?
교육 과정	Божко В. А.	2011	Прецедентный текст на занятиях по разв итию речи
	이재혁	2012	한국 학생들을 위한 외국어로서의 러시아어 수업에 있어서의 여러 상황적 과제
말하기 교육	임흥수	1990	한국인의 러시아어 발음교육에 관하여
	김윤정	2000	의사 소통능력 향상을 위한 고등학교의 러시아어 발음 지도에 관한 연구
	Яковлев В. 외 1명	2000	Интерференция в русской речи корейцев
	허숙미	2001	실험 분석에 따른 고등학생 러시아 억양 개선 방안
	전혜진	2005	러시아어 말하기 교육의 이론과 실제
	윤영해	2006	러시아어 화자들의 중간언어 음운 연구
	정은상	2007	발화에서 화자의 언어의향 반영과 응용에 대한 문제
	Есина З. И	2009	Особенности современной русской разгов орной речи в аспекте обучения фонетике иностранных учащихся
	Baranchikova N.	2013	러시아어 중급 회화 교수법

듣기 교육	해당 연구 실적 없음		
읽기 교육	장영미	1996	러시아어 독해 학습 시 비편집 텍스트의 이용에 관한 연구: 의사 소통 접근법을 중심으로
	박소윤	2000	협동학습을 통한 외국어 학습능력 향상 방안 연구: 고등학교 러시아어 '읽기' 교육을 중심으로
	배혜성	2001	고교 러시아어 교육의 읽기 지도 연구
	전혜진	2006	능동적인 언어활동을 위한 러시아어 읽기 교육
쓰기 교육	최은영	2004	의사소통 능력 향상을 위한 러시아어 쓰기 지도 방안 연구
	이은경	2005	사진과 시 텍스트를 활용한 러시아어 작문 교수법
문법 교육	전혜진	1997	외국인의 러시아어 학습을 위한 능동적인 러시아어 문법
	임혜원	2001	고등학교 러시아어 교육에서의 이동동사 지도에 관한 연구
	박해동	2003	러시아어 성·수·격 체계 지도방안 연구
	이은순	2003	러시아어 양화 대명사 특성 연구: 교수 상의 문제점을 중심으로
	문성원	2005	러시아의 문법 교육: 러시아 초, 중등 교육에서 자국어 문법 교육
	성종환	2005	토르플과 러시아어 문법 교육
	양철훈	2005	러시아어 부정문 학습에 따른 의사소통능력 형성
	백경희	2009	러시아어에서의 성의 표현과 소통의 문제
어휘 교육	김미진	2001	고등학교에서 효과적인 러시아어 어휘 교수법 연구: 어휘 학습 시 능동적인 언어활동을 위한 시청각 자료의 활용을 중심으로
	장정희	2003	의미장 접근을 이용한 러시아어 어휘지도
	서채희	2004	러시아 초등학교 1학년 교과서 어휘 분석
	김수현	2005	고등학교 러시아어 교과서 주제별 어휘 분석
	우복남	2006	외국어로서의 러시아어 교육과 은유
	Филимонова. Е.	2011	Формирование коммуникативной компетенции у корейских студентов через знакомство с русской фразеологией

	이은순	2013	러시아어 동사적 명사/동사 파생 명사의 특성: 교수 법적 제안
		2015	러시아어 접두사/접미사 부가 상 형성 교수 방안 연구: 동사 어간의 위계 구조
문화 교육	김경은	1998	고등학교 러시아어 교과서에 나타난 문화 내용 분석 연구
	이진희	2001	러시아어 교육을 위한 비언어적 의사소통과 러시아 문화 연구
	하복녀	2001	고등학교 러시아어 교육에서의 효과적인 문화교육 방안 연구
	김은정	2002	러시아 문화교육을 위한 멀티미디어 학습 프로그램 개발 연구
	정진화	2002	러시아어 호칭과 인사 에티켓 교육에 관한 연구
	손정아	2003	고등학교 러시아어수업에서 효과적인 문화교육 방안: 의사소통 활동을 중심으로
	Быкова О.	2005	외국어와 외국문화 교육에 있어서 러시아와 한국의 이야기
	Сивкова Т.	2009	≪컬쳐쇼크≫에 대한 교육적 보호로서의 외국인 학생의 문화적·언어적 적응
	권영	2009	한국 학생들의 언어문화 능력 배양을 위한 러시아어 호칭 교육
	어건주	2012	교육과정 변화에 따른 러시아어 문화 교육 내용 분석
통번역 교육	방교영	2003	번역수주현황 분석을 통한 교육방법론 연구: 한노·노한 번역을 중심으로
	Похолкова Е.	2013	Teaching Translation and Intercultural Communication for Undergraduate Students in the Moscow State Linguistic University
교육 평가	조성연	1997	의사소통능력 신장을 위한 러시아어 평가 문항 개발
	한진형	2000	대화문을 이용한 러시아어 평가문항 개발 연구
	김현택	2003	러시아어 검정시험 FLEX 문항 개발을 위한 기초연구 2
	안미정	2004	대학수학능력시험 러시아어 과목 문항 분석
	성종환	2005	토르플 문제유형 및 평가 사례 분석
	이미혜	2007	대학수학능력시험 러시아어I에 사용된 어휘와 문항 유형 분석: 평가활용을 중심으로

	정막래 외 1명	2007	토르플 TORFL 공인 2단계의 시험영역별 내용분석 및 난이도의 적정성에 관한 연구
	김세일	2010	국내 러시아어 능력인정시험 현황 및 문제점 분석
	전혜진	2014	Тестирование знаний иностранного языка И ТРКИ
교수법	김윤정	1998	고등학교에서 러시아 신문을 활용한 수업 방안에 관한 연구
	김명선	2002	고등학교 러시아어 수업에서의 문학텍스트 지도방안에 관한 연구
	손영미	2002	의사소통능력 배양을 위한 러시아어 교육방안 연구: 드라마 활동을 중심으로
	전수진	2002	고등학교 러시아어 수업에서의 게임의 효과적 활용 방안에 관한 연구
	현원숙	2002	주제별로 분류한 러-한 학습사전 편찬과 그 사용에 관한 언어 교수법
	김은아	2003	멀티미디어 활용을 통한 효과적인 러시아어 교육방안: 고등학생을 중심으로
	주지선	2003	그림을 활용한 효율적 러시아어 교육방안 연구
	강정화	2004	놀이와 게임을 통한 러시아어 듣기·말하기 능력 향상 방안에 관한 연구
	안병팔	2004	Типы когнитивных предпочтений и методика преподавания РКИ в Корейской аудитории
	조은영	2005	러시아 애니메이션 수업 연구
	홍은아	2005	고등학교 러시아어 교육에서의 러시아시 텍스트 활용 방안 연구
	김미원	2006	외국어 고등학교에서의 러시아 노래를 활용한 러시아어 교수법 연구
	하령혜	2006	멀티미디어를 이용한 러시아어 발음교육 방안 연구: 파워포인트 실례를 중심으로
	홍지연	2006	고교 노어 수업의 효율적인 교육방안 연구: 멀티미디어를 포함한 시청각 교육
	권순만	2007	광고문구의 언어교수법적 가능성과 외국인 대상 러시아어 교육에서의 적용

	최행규	2007	디지털 마인드맵을 활용한 러시아어 어휘 및 문장 학습법 제안
	이명자	2008	러시아 민속 텍스트의 텍스트다움과 교육적 효과
	이지연	2008	교육공학 학습을 적용한 러시아어 교수 학습 방법 연구: 교수 매체를 중심으로
	최행규	2008	러시아어 학습을 위한 디지털 마인드맵의 활용
	김태진	2010	멀티미디어 학습 연습문제 프로그램을 활용한 러시아어 교육: Hot Potatoes 프로그램 분석과 활용을 중심으로
	Балгазина Бакитгуль 외 1명	2011	Веб－технологизация процесса обучения русскому языку как иностранному：реальность и перспектива
	Бегалиева Сауле 외 3명	2011	Формирование творческой активности студентов современными педагогическими технологиями при обучении русскому языку как иностранному
	김진규	2011	〈러시아센터〉를 기반으로 한 효과적인 러시아어 교수법 연구
	서상범	2011	교실수업에서 온라인기반 러시아어 교수법
	정지연	2011	스토리텔링을 활용한 러시아어 수업 모형 연구
	유정화	2013	스마트러닝을 위한 러시아어교육 앱 탐색 연구
	김태진	2014	스마트폰과 QR 코드를 활용한 러시아어 수업 모델
	권영	2015	영화 ≪Ирония судьбы, или С лёгким паром!≫을 활용한 러시아어 부름
교재 개발 및 분석	박미야	2000	고등학교 러시아어 검정교과서에 수록된 그림자료 분석
	윤숙영	2003	고등학교 러시아어I교과서 분석: 구성체제, 언어재료, 의사소통기능 중심으로
	문석우	2005	한국의 고교 러시아어교과서 실태와 개선방안: 제6, 7차 교육과정의 러시아어
	김나정	2006	대학교 러시아어 교재의 비교 분석
오류 분석	유학수	1997	외국인을 위한 러시아어교육의 어휘-의미, 문법의 제 문제: 외국인 학습자들이 범하는 오류의 유형별 분류를 바탕으로

	유승남 외 2명	2000	한국인들의 러시아어 발음에 있어서 모국어의 간섭 현상: 음운론적 오류분석
	손혜경	2000	고등학생 러시아어 작문에서 나타나는 오류분석 연구
	정수현	2005	한국어 음운 간섭으로 인한 러시아어 발음 오류와 개선방안
	Кулькова Р.	2009	언어 변화 이론 측면에서 본 외국어로서 러시아어 교육
	정막래	2012	Типичные графические ошибки студентов -Корейцев, изучающих Русский язык: с нулевого уровня до ТЭУ
비교 연구	한만춘 외 1명	2004	한국어와의 비교를 통한 러시아 화자의 담화 상에서 보여지는 특징적인 강조
	Filadelfov Konstantin	2007	한국어 자음과 러시아어 자음의 발음 비교연구
	채민정	2007	이중언어 교육에서의 간섭현상: 한국어&러시아어를 중심으로
	Кулькова Р. 외 1명	2008	한국어와의 비교를 통한 러시아어 구어에서 보여지는 담화 표현의 경제성 고찰
	이영숙	2008	한국어와 러시아어의 자음 음소·변이음 대조 분석
	Со МинЧжи	2009	Сопоставление интонации вопроса в русском и корейском языках
	곽부모	2013	한국어 장소·시간 기능 후치사와 러시아어 전치사의 대조: 러시아인 한국어
교사 교육론	해당 연구 실적 없음		

주: 영역별로 발행된 연대순에 따라 작성했으며, 같은 연도 내에서는 가나다순으로 배열했다. 비교연구 분야에는 한국인을 위한 러시아어 학습과 관련된 비교연구만 포함한다. 예를 들어 이영주(2005)는 한국어와 러시아어의 비교연구에 속하지만 분석 대상에서는 제외했다.

2) 러시아어 교육학 연구의 문제점

영역별 연구논문 목록을 살펴보면 양적인 면에서 발전 양상을 보이고 있으며 질적인 면에서도 점차 그 수준이 높아지고 있음을 알 수 있다. 하지만 연구 현황을 분야별로 분석해보면 아직까지는 각 분야 사이에 불균형이 존재한다는 사실을 알 수 있다(〈표 3-2〉). 지금부터는 연구 현황을 분야별로 나눠 각 분야의 연구 동향이 내포하는 문제점을 지적해본다.

먼저, 전체적인 현황을 살펴보면 교수법(28편) 관련 연구가 다른 분야에 비해 월등하게 많은 실적을 나타낸다. 그다음 순서로 교육 일반(12편), 문화 교육(10편), 교육 평가(9편), 말하기 교육(9편), 문법 교육(8편)이 다른 분야에 비해 상대적으로 높은 연구 실적을 보인다. 그 아래로는 어휘 교육, 오류 분석, 비교연구가 6~8편의 연구 실적을 나타낸다.

언어 기능의 네 가지 영역 중 듣기 교육, 읽기 교육, 쓰기 교육에 관련된 연구는 0~4편으로 매우 미약한 실적을 보인다. 특히 듣기 분야는 연구 실적이 전무하기 때문에 이 분야에 대한 연구는 시급한 과제다. 더 나아가 전

〈표 3-2〉 분야별 학술 논문 분포

분야	논문 수	분야	논문 수
교육 일반	12	문화 교육	10
교육과정	2	통번역 교육	2
말하기 교육	9	교육 평가	9
듣기 교육	0	교수법	28
읽기 교육	4	교재 개발 및 분석	4
쓰기 교육	2	오류 분석	6
문법 교육	8	비교연구	7
어휘 교육	8	교사교육론	0

반적으로 언어 기능별 분야에 대한 연구 활성화가 필요하다. 가장 활발한 연구 결과물이 나온 영역은 말하기 교육 분야다. 하지만 문제는 총 9편 중 6편, 즉 절반 이상의 연구가 발음 교육에 치중되었다는 점이다. 따라서 향후 말하기 관련 연구는 다양한 방향성이 보완되어야 한다.

교육과정(2편)에 관한 연구는 미미한 수준을 보이고 있다. 게다가, 교사 교육 관련 연구는 전혀 수행되지 않았다. 따라서 해당 분야에 대해서는 연구 분위기를 조성하는 일이 앞서 수행되어야 하며 양적 연구의 확대와 질적 연구의 심화가 동시에 이루어져야 한다.

외국어 교육학에서 중요한 분야 중 하나가 문법 교육인데, 그 중요도에 비해 문법 교육 관련 연구논문은 총 8편으로 저조한 수준이다. 연구 내용을 구체적으로 살펴보면 성의 표현, 양화 대명사, 토르플(TORFL)과 문법 교육, 문법 학습 전략, 능동적인 러시아어 문법 등이다. 이를 통해 해당 분야에서 꼭 필요한 음운론, 형태론, 통사론, 의미론 등의 연구는 골고루 진행되지 않았다는 사실을 알 수 있다. 또한 의사소통 지향적인 문법 교육과 한국인 학습자 대상의 맞춤형 문법 교육에 관한 연구가 부재한 상황이다.

어휘 교육 분야는 총 8편으로 비교적 연구가 활발하게 이루어진 편이다. 의사소통을 위한 어휘 교육과 조어론적인 관점의 어휘 교육에 관한 연구가 진행된 것은 긍정적인 양상으로 볼 수 있다. 향후에는 어휘 교육을 별개 영역으로 다루지 않고 듣기, 쓰기, 읽기, 말하기 교육과 연계해 하나의 연구 대상으로 다뤄야 할 것이다.

문화 교육 분야 연구는 최근 들어 성장세를 보이고 있는데, 이는 긍정적으로 평가할 수 있다. 하지만 연구 내용을 자세히 살펴보면 문화적 정보와 문화 요소를 언어 교육과 무관하게 소개하거나 교재에 포함시키는 정도에 그치고 있다. 문화 요소를 별개의 분야로 다룰 것이 아니라 언어와 문화의 통합 교육방법론, 교수법과 연계해 연구할 필요가 있다.

통번역 교육 관련 연구는 총 3편으로 정량적인 측면에서 그 중요도에 비해 연구가 거의 이루어지지 않았다. 정성적인 측면에서도 세부적으로 통번역 교육과 관련된 중요한 영역의 연구가 부재하다는 문제점을 가진다.

교육 평가 분야의 연구논문은 총 9편이다. 세부적으로는 토르플 3편, 플렉스(FLEX)를 포함한 한국 러시아어 검정 시험 2편, 대학수학능력시험 2편으로 분포되어 있다. 즉, 주로 표준화 시험에 대한 연구가 주를 이룬다. 토르플에 대한 연구 3편 중 2편은 토르플을 소개하면서 시험을 위한 교육이나 학습 전략을 연구 대상으로 다루고 있다. 그중 한 편은 외국어 평가 동향과 외국어 평가 기본 원리 측면에서 토르플을 분석하고 있다. 종합해보면 이 분야의 논문 총 9편 중에서 단 한 편만이 의사소통 능력 배양을 목적으로 한 평가에 대해 다루고 있다.

가장 높은 연구 실적을 보이는 교수법 분야는 놀이와 게임, 시청각 자료, 멀티미디어 자료, ICT 등을 활용한 다양한 교수법이 개발되어 가장 괄목할 만한 성장을 보인다. 향후에는 또 다른 교수법인 인터넷 기반의 E-스마트 러닝에 관한 연구가 진행되기를 기대한다. 더 나아가, 언어 기능별 교수법인 듣기·읽기·쓰기·말하기 교수법, 문법 교수법, 어휘 교수법, 문화 교수법 등 각 분야별 실증적 연구 부문에 대해서 보완이 필요하다.

교재 분야의 연구 동향을 살펴보면 총 4편 중 고등학교 러시아어 교과서 분석이 3편, 대학 교재 분석이 1편을 차지한다. 좋은 교재를 개발하기 위해서는 기존 교재의 분석이 선행되어야 한다. 하지만 현재까지 교재 분야 연구는 분석 측면, 특히 고등학교 교과서 분석에 집중되어 있다. 즉, 해당 분야에서도 극심한 불균형 양상이 나타나고 있다. 이 분야의 문제점은 교재 개발 분야 연구가 거의 진행되지 않은 것이다. 다양한 교재를 대상으로 한 정확한 분석을 토대로 구체적인 대안을 체계적으로 개발하는 교재 연구가 폭넓게 이루어져야 한다.

마지막으로 오류 분석과 비교연구 분야를 살펴보면 오류 분석 연구는 주로 문법, 발음, 말하기 분야의 오류를 분석하는 데 초점을 맞추고 있다. 비교연구는 한국어와 비교, 대조하는 방식을 통해 러시아어의 교육 방안을 제시하는 방향으로 전개되었다.

3. 러시아어 교육학 연구 발전을 위한 향후 과제

한국과 러시아가 '전략적 동반자 관계'로 격상하고, 한국이 중앙아시아 국가와 경제적·전략적 차원에서 관계 확대를 도모하는 오늘날 정치, 경제, 사회, 과학기술, 문화 등 다양한 분야의 협력과 교류에서 가시적인 성과를 얻기 위한 가장 기본적인 전제 조건은 러시아어학 능력을 토대로 한 커뮤니케이션 능력, 더 나아가서는 문화 간 커뮤니케이션 능력이다. 21세기 글로벌 시대에서 커뮤니케이션은 모든 분야와 삶의 방식의 변화를 주도하는 중요한 패러다임이 되었다. 그 결과 외국어 커뮤니케이션 능력에 대한 수요가 날로 급증하고 있다. 우리는 이러한 시대적 요구에 부응해야 한다. 즉, 러시아어 교육학에 대한 이론 연구의 전문화와 체계화를 통해 러시아어 교육학 발전에 기여해야 한다. 또한, 학제 간 연구와 다양한 분야의 연구 인력을 융합한 연구를 통해 학제적 융합연구의 흐름을 주도함으로써 한국 인문학과 기타 분야 발전에 중추적인 역할을 해야 한다.

이를 위해서는 학문적·실용적 차원에서 러시아어 교육학 연구를 더욱 강화해야 한다. 다시 말해 '실제에서 이론으로(от практики к теории)', '이론에서 실제로(от теории к практике)'의 메커니즘을 구축해야 한다. 더 나아가, 러시아어 교육학에 관련된 지식을 창출하고 확산하기 위해 방법론적 연구를 동시에 수행할 필요가 있다. 이 절에서는 이 같은 관점에 따라

먼저 러시아어 교육의 전체적인 차원에서 시도해야 할 과제를 제시하고, 나아가 향후 해결해야 할 구체적인 과제를 분야별로 제시한다.

1) 향후 과제

1980년대 이후 외국어 교육의 목표는 학습자의 의사소통 능력[1] 배양으로 설정되었다. 이에 따라 교육의 중점이 언어 형태에서 의미와 기능으로, 교육 결과에서 과정으로 이동했다. 아래 목록은 이러한 외국어 교육의 흐름을 반영한 러시아어 교육의 향후 과제이다.

① 각 분야별 연구의 전체적인 강화
② 교육과정 분야: 양적으로 더 많은 교육과정 설계 연구 수행, 내용적인 측면에서는 학습자 변인에 따른 다양한 교육과정안 설계(언어 능력 측면에서 학습 목표와 학습 수준에 따라 특화된 교육과정안 마련)
③ 듣기, 쓰기, 읽기, 말하기 분야 연구 특별 확충
④ 듣기, 읽기, 쓰기, 말하기 영역 간 통합적인 언어 교육방법론 개발
⑤ 문법 교육 분야: 한국어 문법과의 비교 대조를 통해 한국인 학습자를 위한 러시아어 문법 교육 맞춤형 콘텐츠 개발, 교수법 연구 및 커뮤니케이션 능력 제고를 위한 문법 교육 연구 확대

---

1) 델 하임즈(Dell Hymes)에 따르면 의사소통 능력은 언어능력과 언어 사용을 연계하고 언어 자체에 대한 지식과 그 지식을 사용할 수 있는 능력이다(Hymes, 1972). 마이클 커넬(Michael Canale)과 메릴 스웨인(Merrill Swain)은 의사소통 능력을 '의사소통에 필요한 지식과 기술의 기저 체계'로 정의하고 이를 구성하는 요소로 문법적 능력(grammatical competence), 사회언어학적 능력(sociolingustic competence), 담화적 능력(discourse competence), 전략적 능력(strategic competence)을 들었다(Canale and Swain, 1980).

⑥ 문화 교육 분야: 교육 내용, 교수법, 교수 평가 등 다면적 연구, 문화와 언어의 통합적 교육 및 실증적 연구 시도, 문화자료·문화교재 개발

⑦ 교육 평가 분야: 외국어 평가의 이론과 실제를 토대로 러시아 어학 능력 평가와 학업 성취도 평가에 대한 연구

⑧ 교수법 개발 분야: 한국어와 러시아어의 차이를 고려해 한국인 학습자를 위한 교수법 개발 및 ICT를 활용한 다양한 교수법 개발과 적용

⑨ 교재 분석 및 개발 분야: 많은 초급, 중급 과정 교재에 비해 고급 과정 교재가 부족한 실정을 고려해 교재 분석과 개발 연구 강화, 언어능력 단계별 교재를 포함해 학습자 변인에 따른 교재 분석과 개발

⑩ 러시아어 교사교육론 관련 연구 토대 마련

⑪ 웹 기반 러시아어 교육 발전

⑫ 이중 언어 교육 및 통번역 교육 활성화 방안 연구

⑬ 오류 분석과 비교 대조 연구 활성화

⑭ 언어와 문화의 통합 교육 방안 연구와 적용

⑮ 러시아어 교육학과 타 학문과의 융합연구 활성화

2) 분야별 과제

(1) 교육과정

이 분야에서 이루어진 교육과정 설계에 대한 연구는 겨우 논문 두 편의 실적을 나타낸다. 따라서 양적인 측면에서는 연구가 더욱 많이 이루어져야 하며 내용적인 측면에서는 러시아어 교육 특성을 고려해 의사소통 능력을 배양할 수 있는 교수요목(syllabus)을 연구해야 한다. 의사소통을 지향하는 러시아어 교육의 목표를 달성하기 위해서는 효율적인 교재의 단원 구성, 구성 요소별 내용, 개발 원리를 제시해야 하기 때문에 이에 대한 연구

가 동시에 이루어져야 한다.

오늘날 러시아어 교육은 문법적 교수요목(grammatical syllabus)을 중심으로 이루어지고 있다. 이제는 여기에서 벗어나 개념적·기능적 교수요목(notional·functional syllabus)과 과제 중심 교수요목(task-based syllabus)으로 전환할 필요가 있다. 또한, 러시아어의 강한 형태론으로 인해 문법 숙달에 어려움이 있는 점을 고려해 과제 중심 교수법에 문법 교육을 보완하는 방안도 연구할 수 있다.

(2) 말하기 교육

말하기 교육 분야에서는 기존 연구가 발음 교육에만 초점을 맞추고 있는 문제점을 개선할 필요가 있다. 문법에 중점을 둔 문장 생성과 발음 연습에 비중을 둔 말하기 교육은 상호작용으로 이루어지는 말하기 특성을 살리지 못한다. 따라서 의사소통 능력을 발전시킬 수 없다. 이를 극복하는 말하기 교육 분야의 과제는 다음과 같다.

① 의사소통 능력 배양을 위한 문법 사용 능력, 담화 구성 능력, 의사소통을 위한 전략, 상황에 맞는 발화 능력 개발을 목표로 한 연구 수행
② 의사소통 능력 향상을 위한 원리를 토대로 정확성과 유창성이 균형적으로 조화를 이루는 교육방법론 개발
③ 말하기 교육이 교사 중심의 활동에서 학습자 중심의 활동으로, 정확성에 초점을 맞춘 연습 활동에서 유창성 향상을 위한 과제 활동으로 전환될 수 있도록 이와 관련한 교수법, 단계별 학습 자료 개발
④ 의사소통 능력 배양을 목표로 말하기 교육 분야 연구에서 피드백과 오류 수정에 대한 연구 수행

(3) 듣기 교육

앞서 언급한 러시아어 교육 연구 현황에서 듣기에 관한 연구는 단 한 편의 논문도 발표되지 않은 통계를 보였다. 즉, 이 분야에 대해서는 전혀 연구가 이루어지지 않았다는 것이다. 전통적인 외국어 교수법에 따르면 청자는 수용적인 역할을 담당하는 수동적인 수신자로 간주되었다. 하지만 청자는 화자와 함께 의사소통 과정에 참여해 담화를 만들어낸다. 즉, 의사소통 관점에서 청자는 단순히 수신자가 아니라 커뮤니케이션을 위해 상호작용 행위를 하는 중요한 역할이라고 할 수 있다.

원활한 의사소통의 출발점이 된다는 점에서 듣기 교육은 의사소통을 목표로 한 외국어 교육에서 매우 중요한 비중을 차지한다. 하지만 러시아어 교육 현장에서 듣기 교육은 말하기 학습을 위한 수동적·도구적·보조적 수단으로 인식되는 경향이 있다. 따라서 듣기가 의사소통 과정에서 중요한 역할과 기능을 하고 있다는 사실에 주목해 의사소통을 목적으로 하는 듣기 교육에 대한 연구를 수행해야 한다. 이를 위해서는 듣기 이해 과정, 정보처리 과정, 의사소통에 대한 이해, 듣기의 목적과 실제 담화 상황에서의 듣기에 대한 이해 등이 충분히 반영된 실증적 연구에 관심을 기울여야 한다. 또한 의사소통 능력 배양을 위한 듣기 능력, 듣기 전략 개발을 목표로 한 교수법 연구에도 노력을 기울여야 한다.

(4) 읽기 교육

지금까지 외국어 교육에서 읽기는 수동적인 언어활동으로 간주되어 말하기나 쓰기에 비해 그 중요성이 부각되지 못했다. 따라서 읽기 교육 또한 듣기 교육처럼 활발하게 이루어지지 못했다. 러시아어 교육 현장에서도 읽기 교육은 문법번역식 교수법에 따라 문법 중심의 해석 교육에 머무는 경향이 강했다. 즉, 텍스트를 문법적으로 분석하고 해석해 의미를 파악하는 교수법이 주로 적용되었다.

읽기 교육 분야 논문 4편 중 2편은 고등학교 러시아어 읽기 교육에 관한 것이다. 나머지 2편이 읽기 교육을 능동적인 언어활동으로 간주하고 의사소통을 목표로 연구했다는 점에서 긍정적으로 평가할 수 있다. 하지만 러시아어 읽기 교육에 관한 연구는 이론적인 측면뿐만 아니라 분석적인 측면에서도 아직 미미한 수준이다. 외국어 읽기 교육 이론의 기본인 정보처리이론과 인지과정이론을 읽기 교육 연구에 적용해야 하며 구체적인 실례를 연구하는 시도가 절실하다. 또한 읽기 교육을 의사소통을 목표로 하는 다른 언어 기능인 듣기, 말하기, 쓰기 교육과 연계해 이들을 통합적으로 시행하는 교수법을 개발해야 한다.

(5) 쓰기 교육

교육 현장에서 쓰기 교육은 결과 중심의 쓰기에 초점을 맞추고 있다. 즉, 규범 문법과 수사적 규칙 준수, 모범적인 텍스트의 모방과 정확한 어법 활용의 표현 과정을 강조하는 실정이다. 이러한 유형의 교육은 학습자가 문법과 표현의 오류, 언어 형태와 형식의 정확성에만 중점을 두기 때문에 자신의 쓰기 과정에서 발생하는 것을 인지하고, 이를 해결해나가는 전략과 방법을 습득하지 못하는 문제가 발생한다.

쓰기 교육의 원리는 결과 중심적 접근(product-focused approach) 방식에서 과정 중심적 접근(process-focused approach)과 문제 해결 접근(problem-solving approach) 방식으로 그 흐름이 바뀌었다. 과정 중심적 접근 방식의 쓰기는 언어의 형식주의적 관점에서 벗어나 인지주의적 접근과 사회구성주의적 접근, 상호작용 접근에 이르는 과정을 중시하는 원리로 학습자의 의미 구성 과정에서 일어나는 상호작용에 초점을 맞춘다. 한편, 문제 해결 접근 방식의 쓰기는 넓은 의미로 보면 전자의 쓰기 방식의 일환이지만 쓰기를 하나의 사고 과정, 문제를 해결하는 과정으로 본다는 점에서 차이가 있다. 즉, 이 방식은 쓰기 전략을 통해 쓰기의 과정을 문제 해결의 과정으로 접근하는 것이다(Flower and Hayes, 1981; Leki, 1995).

이 같은 쓰기에 대한 관점 변화는 쓰기 교육의 필요성을 더욱 강조하고 있다. 쓰기 교육은 텍스트를 생성하는 활동을 가르치는 것이다. 따라서 쓰기 교육 연구는 과정 중심적 접근 방식과 문제 해결 접근 방식을 토대로 한 국인 학습자를 대상으로 한 맞춤형 쓰기 교육방법론을 개발하는 방향으로 이루어져야 한다. 더 나아가, 이를 실제 교육 현장에 적용한 후 실증적 연구 결과를 다시 이론화하고 체계화하려는 노력이 수반되어야 한다.

(6) 문법 교육

앞서 기존 연구 현황에서 살펴본 것처럼 문법 교육 분야 연구는 그 중요도에 비해 연구 실적이 많지 않고, 문법 영역별로 연구가 균형적으로 진행되지 않았다는 문제점을 갖고 있다. 무엇보다 더 심각한 문제는 능동적인 러시아어 문법 관련 논문 한 편을 제외하면 의사소통을 목표로 한 문법 교육 관련 연구가 부재하다는 사실이다.

교육 현장에서 문법 교육은 문법 내재화와 언어 기술 연습 등에 치중되어 문법 체계와 언어 규칙에 대한 이해, 문법 지식 축적을 목적으로 진행되고 있다. 이러한 러시아어 문법 교육은 언어를 구성하는 요소에 문법 이외의 다양한 부분이 존재한다는 점, 하나의 언어 형태가 여러 기능을 수행할 수 있다는 점, 여러 언어 형태가 하나의 기능을 수행할 수도 있다는 점을 고려하고 있지 않다. 또한 언어의 형태와 의미, 기능 사이의 상관관계, 즉 '형태에서 의미로(от формы к смыслу)', '의미에서 형태로(от смысля к форме)'의 메커니즘을 설명하지 못한다.

지금까지 문법 교육은 맥락과 상황이 뒷받침되지 않는 고립된 문장 학습과 문법 정보의 주입식 학습으로 진행되는 경우가 대부분이었기 때문에 의사소통 능력을 배양하는 데 어려움이 있었다. 1980년대 이후 외국어 교육이 의사소통 능력 배양을 목표로 하면서 과거 문법번역식 교수법(Grammer Translation Method)의 문제점을 지적하고 유창성 제고를 위해 문법 교육을 지양해야 한다는 목소리가 커졌다. 그러나 문법은 언어의 정확한 사용을 위해서 필수적인 교육 분야다. 문제는 문법 자체에 있는 것이 아니라 문법 교육방법론에 있다. 단순히 문법 지식 그 자체를 습득하도록 교육하는 것에서 벗어나 의사소통을 목표로 한 능동적인 문법 사용 능력을 길러주어야 한다. 이를 위한 문법 교육 분야의 과제는 다음과 같다.

① 의사소통을 목표로 한 문법 교육방법론 연구
② 언어활동 네 영역과 연계된 러시아어 문법 교수법 개발
③ 모국어 간섭현상으로 인한 한국인의 러시아어 문법 오류 분석 및 오류 해결 방안 연구
④ 한국인 학습자를 위한 맞춤형 러시아어 문법 교수법 및 교재 개발
⑤ 의사소통 능력을 배양하는 문법 교육을 위한 다양한 학습 매체 개발

(7) 어휘 교육

이 분야에서는 동사의 접두사와 접미사 부가 형성, 동사적 명사, 동사 파생 명사의 특징, 관용구, 은유, 실용 어휘 목록, 고교의 어휘 교육 등 비교적 다양하게 연구가 이루어졌다. 특히 러시아어의 어휘 교육을 조어론적 측면(словообразовательный аспект)에서 고찰한 시도는 학습자가 러시아어 조어 체계와 규칙을 숙지해 어휘 의미를 예측하고 합성할 수 있도록 하기 위한 좋은 지침으로 볼 수 있다. 러시아어 어휘 교육 분야에서 보완해야 할 과제는 다음과 같다.

① 어휘 교육뿐만 아니라 교재, 학습 사전 개발을 위해 초급·중급·고급 단계에 따라 어휘 중요도, 빈도수, 난이도를 고려한 기본 어휘 목록 작성을 목표로 연구 수행

② 단순 어휘 숙지가 아닌 의사소통 능력 배양을 위한 어휘 교육 연구

③ 듣기, 쓰기, 읽기, 말하기 교육과 유기적으로 연계한 통합 어휘 교육을 실시할 수 있는 교육방법론 개발

④ 어휘 교육이 문맥, 상황과 연계해 실생활에서 활용될 수 있도록 상황 모델(Situation model)에 기초한 연구 수행

⑤ 러시아 문화와 생활상, 민족정신, 삶 자체를 고스란히 담고 있으며 해학을 전달해 문화 간 커뮤니케이션에서 무척 중요한 러시아 속담과 관용 어구 교육을 위한 연구 활성화

(8) 문화 교육

1970년대 의사소통 중심의 교수법이 등장하기 전까지 외국어 교육 현장에서 일반적으로 중점을 둔 것은 언어학적 능력이었다. 문법번역식 교수법에서는 목표하는 언어의 문학 작품 강독 시간 정도가 문화 교육의 요소를 구성했다. 이후 구두청각 교수법이 대두되어 실생활 중심의 회화가 중요해지고 일반 생활 문화가 교육 내용에 포함되기 시작했다. 이러한 경향은 러시아어 문화 교육 현장에도 반영되었다. 하지만 기존 러시아어 교육 현장에서 이용된 교수법은 언어 구조와 형태가 중심이었기 때문에 의미, 기능과 밀접한 관계를 갖는 문화 요소는 교육의 부차적인 역할을 수행하는 데 그쳤다. 그럼에도 이 분야에서 의사소통을 위한 문화 교육, 언어 사용, 구체적인 호칭과 관련된 문화 교육에 대한 논문이 서너 편 발표된 것은, 정량적인 측면에서 그 수는 적지만, 바람직한 현상이라고 할 수 있다.

일반적으로 언어는 문화와 분리되어 취급되어 왔고, 이에 따라 언어 교

육에 꼭 필요한 문화 요소 역시 교육에서 배제되어 왔다. 외국어 교육에서 문화 교육의 필요성은 언어와 문화의 불가분 관계에서 비롯된다. 의사소통 능력의 개념이 대두된 이후 문화 교육은 의사소통 능력 배양을 목표했다. 목표한 언어로 완전한 의사소통을 하기 위해서는 다른 문화권에 속한 사람의 행동 양식을 이해하는 것이 중요하다. 또한, 자신의 문화 규범에 종속되는 경향, 행동, 태도를 줄여나가는 것은 문화 교육의 주요한 목표 중에 하나다(Hendon, 1980). 따라서 해당 분야의 향후 연구 과제는 다음과 같다.

① 언어와 문화의 통합 교육방법론 연구
② 의사소통 능력 배양을 위한 문화 분야 교수법 연구
③ 의사소통을 목표로 러시아 문화 교육의 구체적인 범위 설정
④ 언어와 문화가 통합된 학습 자료 개발
⑤ 문화 교육의 실증적 연구

(9) 교육 평가

기존 연구가 대학수학능력시험과 플렉스를 포함한 러시아어 검정시험, 토르플 등에 치중된 현상은 장점이자 동시에 단점이다. 권위 있는 러시아어 인증시험인 토르플과 한국 러시아어 검정시험에 대한 연구는 평가 분야 연구에서 중요한 위치를 차지한다. 한편, 해당 분야의 문제점은 러시아어 교육에 대한 일반적인 평가를 주제로 한 연구가 미흡하다는 점이다.

1980년대 중반 해당 분야는 단일 능력 가설에 대한 논쟁을 그만두고 의사소통 중심의 외국어 시험을 설계하는 과제에 초점을 맞추기 시작했다. 마이클 커넬과 메릴 스웨인의 의사소통 능력 모델(Canale and Swain, 1980)에 따라 라일 바크먼(Lyle Bachman)은 언어능력 모델을 제안했는데, 우선 언어능력을 조직적 능력과 화용적 능력으로 나누고, 이를 세분화해 각각

문법 능력과 담화 능력으로, 발화 수반 능력과 사회 언어능력으로 나누었다(Bachman, 1990). 또한, 라일 바크먼과 아드리안 파머(Adrian Palmer)는 의사소통 과정에서 전략적 언어능력(strategic competence), 즉 발화의 수사적 효과를 향상시킬 뿐만 아니라 소통의 단절을 보완하기 위해 의사소통 전략을 사용하는 능력의 중요성을 강조했다(Bachman and Palmer, 1981). 이들은 이 모델의 모든 요소, 특히 화용적·전략적 능력을 외국어 평가의 구성 요소와 응시자에게 요구되는 실제 수행 과정에 포함할 필요가 있다고 주장했다. 현재 교육 현장에서는 분리식 평가 방식이 우세한 편이며, 일부에서는 분리식 평가와 통합식 평가 유형을 절충한 입장을 보인다. 평가 분야 연구를 위한 향후 과제는 다음과 같다.

① 러시아어 평가에서 분리식 평가와 통합식 평가 방식의 비교연구
② 의사소통 능력 배양을 목표로 한 통합식 평가 방안 연구
③ 언어 기능 영역별 효율적인 평가방법론 연구
④ 의사소통의 실제 상황을 고려한 읽기와 쓰기, 읽기와 말하기의 통합형 평가 방식 연구
- 듣기 평가 영역: 듣기 평가의 가장 이상적인 모델은 말하기와 통합된 상호작용 형태의 듣기다. 더 나아가 인지 능력을 요구하고 의사소통적이며 진정성 있는 듣기 평가 유형을 개발해야 한다. 실제 의사소통 상황을 고려해 듣기에 말하기, 쓰기, 읽기를 결합한 통합적 평가에 대한 접근 방법을 지속적으로 연구해야 한다.
- 쓰기 평가 영역: 해당 영역에서는 읽기, 듣기 등을 결합한 통합성 과제(integrated task)를 개발해야 한다.
- 말하기 평가 영역: 세부적 말하기(intensive speaking), 반응적 말하기(response speaking), 구술 면접·토론 같은 상호작용적 말하기(inter-

active speaking), 확장적 말하기(extensive speaking), 지문 읽고 답변하기, 영화를 보고 말하기 등 다양한 평가 방식을 연구하고 실제 의사소통 상황에 부합하는 통합적 평가 방법으로 읽기와 말하기, 듣기와 말하기를 결합한 평가 방식을 연구해야 한다.

- 시험 방식 양상(TMF: Test Method Facets) 측면과 외국어 평가의 기본 원리 중 내용과 구성 요인 타당성 측면에서 러시아어 의사소통 능력 측정을 위한 평가 도구를 개발해야 한다.

(10) 교수법 및 온라인 교육 환경 구축

다른 분야에 비해 이 분야의 논문은 총 32편으로 연구 실적이 현저히 많다. 또한, 연구 주제도 다양하게 분포되어 러시아어 교육학 분야 발전에 기여한 바가 상당히 크다고 할 수 있다. 그림, 게임, 놀이, 노래, 광고, 드라마, 영화 등 시청각 자료와 멀티미디어를 활용한 교수법 연구는 교육 현장에 적용할 수 있는 실용적 가치가 높다. 더욱이 21세기 정보화 시대의 요구 조건에 부합한 웹 기반의 온라인 교육, 스마트폰과 QR 코드, 디지털 마인드맵, 스마트 러닝 등 정보 통신 기술을 활용한 교수법 연구는 이론적·실용적 가치가 상당히 크며, 그 효과 또한 상당히 클 것으로 기대한다.

향후 교수법 분야 과제는 언어 기능별 교수법인 듣기·읽기·쓰기·말하기 교수법, 문법 교수법, 어휘 교수법, 문화 교수법 등과 연계해 분야별로 실증적 연구를 보완해야 한다. 또한 ICT를 활용한 교육이 연구 차원에서만 머무를 것이 아니라 실제 교육 현장에 적용되어야 한다. 이는 선택의 문제가 아니라 필수적인 과제다. 더 나아가, 러시아어 학습자를 위한 코퍼스를 구축하고 활용하며, 러시아어 교육 웹사이트를 통해 교육에서 평가까지 수행할 수 있는 통합적 온라인 교육 환경을 구축하기 위한 연구가 지속적으로 진행되어야 한다.

(11) 교재 개발 및 분석

한국에서 러시아어 교육이 시작된 이래 러시아어 교재는 다양하게 개발된 편이라고 할 수 있다. 하지만 교재 분야 연구는 앞서 분석한 것처럼 총 4편으로 고등학교 러시아어 교과서 분석 3편, 대학 교재 분석 1편의 실적을 나타낸다. 이는 양적인 측면에서 미흡함을 보여주며 연구 주제 측면에서도 고등학교 교과서 분석에만 집중되는 문제점을 안고 있다. 따라서 향후 교재 분야에서 다음의 우선 과제를 해결해야 한다.

① 기존 교재 분석을 바탕으로 한국인을 위한 맞춤형 러시아어 교재 개발
② 교육과 학습 목적에 부합한 교재 개발 연구
③ 초급, 중급, 고급 단계별 교재 연구
④ 학습의 흥미와 관심을 유발할 수 있도록 다양한 학습 매체 개발
⑤ 언어와 문화를 통합한 교재 연구

(12) 교사교육론

해당 분야에 대한 연구는 이제 시작 단계다. 러시아어 교사 양성 방법, 한국의 러시아어 교원 양성 프로그램 개발, 러시아어 교사 양성을 위한 러시아와 공동연구 프로젝트 수행, 타 외국어 분야의 교원 양성 프로그램과의 비교·대조연구 등에서 시작해 해당 분야의 연구 토대를 마련해야 한다.

(13) 통번역 교육

21세기 글로벌 시대에 진입해 통번역의 사회적 역할과 기능의 중요성에 대한 관심이 지속적으로 증가하고 있다. 이 시점에서 우리에게 당면한 과제는 최적의 통번역 교육 환경 마련, 글로벌 수준의 통번역 전문가 양성, 해당 언어권의 사람과 문화와 소통할 수 있도록 최적의 통번역 교육 프로

그램과 콘텐츠 개발, 문화 간 커뮤니케이션을 위한 통번역 교육 교수법과 교재 개발 등이다.

통번역의 전문성과 특화성을 고려하면 통번역 교육이 전문 대학원에서 실행되어야 하는 것이 당연하다. 하지만 러시아어의 실용적인 교육 실행과 시장의 수요에 대응하기 위해 학부 차원에서도 통번역 교육을 활성화할 필요가 있다. 따라서 학부 차원의 통번역 교육을 위한 맞춤형 교수법과 교재 개발에 관심을 기울여야 한다. 또한, 통번역 교육을 위한 언어 클리닉과 이중 언어 사용 교육에 대한 방법론이 개발되어야 한다.

(14) 오류 분석 및 비교연구

오류 분석과 비교연구는 한국인 학습자를 위한 러시아어 교육방법론과 교재 개발의 기초가 되는 분야다. 먼저 오류 분석에 대해서는 모국어 간섭 현상으로 인한 오류 분석에 대해 연구가 이루어져야 한다. 비교연구 분야에서는 음성적, 어휘적, 조어론적, 형태론적, 통사론적, 문체론적, 화용론적인 측면 등 다양한 층위에서 한국어와 러시아어의 언어 체계를 비교하는 연구가 수행되어야 한다. 또한 문화적인 측면의 비교·대조연구에도 관심을 기울여야 한다.

(15) 융합연구

러시아어 교육학 연구의 지평을 넓히기 위해서는 언어학, 응용언어학, 언어심리학, 사회언어학, 교육학, 인지학, 문화인류학 등 인접 학문과의 융합연구를 시작해야 한다. 더 나아가 다른 외국어 교육방법론의 적용과 도입, 그리고 지역학, 정치학, 경제학을 비롯한 사회 과학과 컴퓨터 공학, 정보통신학 등 공학과의 학제 간 연구를 수반해야 한다. 해당 연구에서 얻은 결과와 융합 모델 등을 교육 현장에 실질적으로 도입해 러시아어 교육의 질을 제고하고 러시아어 교육의 저변을 확대할 수 있으며, 러시아어와 문화의 대중화에 기여할 수 있다.

4. 결론

한국 슬라브학 30주년을 맞이해 이 장에서는 그동안 이루어진 러시아어 교육의 연구 성과를 토대로 현황을 분석하고 고찰했으며, 이를 통해 러시아어 의사소통 능력 배양을 위한 교육학 분야의 향후 과제를 제시했다. 오늘날 한국 러시아어 교육학이 이론 연구, 다양한 교육 활동, 교수법과 교재 개발을 통해 기반을 다듬고 이를 바탕으로 발전 방향을 향해 앞으로 나아가고 있는 것은 대단히 고무적인 일이다. 그럼에도 러시아어 교육학 분야의 양적·질적 성장을 위해 해결해야 할 과제는 여전히 많이 남아 있다. 먼저, 러시아어 교육과 연구에 종사하는 사람이 의사소통 능력 배양을 위해 수행해야 할 과제가 무엇인지 구체적으로 설정해야 하고 모든 교육 영역과 요소를 하나의 목표 아래 조직해 연계하는 방안을 수립해야 한다. 이를 위해서는 무엇보다 교수법과 교재 개발이 중요하다.

러시아어 교육학 분야의 연구 현황을 개괄하면서 느낀 아쉬운 점은 교사 교육에 관한 연구가 부재하다는 사실이다. 효과적인 러시아어 교육과 교육의 질을 제고하기 위해서는, 모든 교육 분야가 그러하듯이, 교사의 역할이 매우 중요하다. 학습자의 요구와 상황의 변인에 유연하게 대응하면서 과학적이고 체계적인 교수법을 토대로 러시아어 교육을 담당할 교사 양성을 위한 연구가 선행되어야 한다는 것을 강조하고 싶다. 교사 변인은 교수-학습 변인만큼 중요하기 때문에 TESOL과 같은 영어 교육을 위한 교사 양성 프로그램을 벤치마킹해야 하며 해당 분야의 인력 양성과 연구를 위해 체계적인 지원이 필요하다.

특히 러시아어 교육의 미래를 위해서는 언어와 문화, 언어 능력과 문화 능력을 통합하는 통합 교육방법론을 적극적으로 개발해 실제 교육 현장에 적용해야 한다. 러시아어 교육에서 문화 교육 분야의 이론적인 측면에 대한 관심은 높은 편이나, 이론 연구를 실제 교육 현장에 적용해 그 효과를 분석하고 입증하는 실증적 연구는 미흡한 실정이다. 따라서 이론 연구가 실제로 적용되는 '이론에서 실제로'와 실질적인 교육 현장의 경험과 노하우가 이론화되는 '실제에서 이론으로'의 메커니즘이 구축되기를 기대한다.

1990년대 중반부터 '침체기'에 빠졌던 러시아어학계는 2000년대 중반부터 한국과 러시아 관계의 새로운 도약, 한·러 수교 25주년, 대규모 연계 사업(TSR-TKR 연계사업, 남북러 가스관사업, 극동 시베리아 개발사업, 우주 개발사업, 북극해 항로 개발사업 등) 실현, 한국과 중앙아시아와의 경제 협력 확대, 정보 통신 분야의 협력 증대(전자 정부, 전자관세시스템 구축 분야 등), '신실크로드사업'과 자원개발사업 참여, 자원외교정책 활성화, 유라시아 이니셔티브 등에 힘입어 활기를 찾고 있다. 이는 기업의 중앙아시아 진출 확대, 러시아어 전공자의 취업률 제고, 중앙아시아 관련 대형 프로젝트 수행, 러시아어 통번역 수요 증대, 러시아어 교육에 대한 관심 증대(러시아어 원어민의 통번역 교육에 대한 관심 증대도 포함) 등의 현상으로 나타나고 있다.

이같이 미약하지만 분명히 감지되고 있는 호조의 경향을 러시아어 교육과 연구의 '르네상스'로 만들기 위해서는 제도적인 지원과 구체적인 대책을 마련하고 이에 대한 실질적인 행동을 취해야 한다. 바야흐로 한국 러시아어 교육과 연구에 종사하는 전문가 사이에 지식과 경험 공유, 인적 교류, 국제적인 공조가 필요한 시점이다.

| 참고문헌 |

강정화. 2004. 「놀이와 게임을 통한 러시아어 듣기·말하기 능력 향상 방안에 관한 연구」. 한국외국어대학교 석사논문.

곽부모. 2013. 「한국어 장소·시간 기능 후치사와 러시아어 전치사의 대조」. ≪한국어 교육≫, 24권, 4호, 1~15쪽.

권순만. 2007. 「광고문구의 언어교수법적 가능성과 외국인 대상 러시아어 교육에서의 적용」. State Institute of Russian Language named after A.S. Pushkin 박사논문.

권영. 2009. 「한국 학생들의 언어문화 능력 배양을 위한 러시아어 호칭 교육」. Saint Petersburg state university 박사논문.

_____. 2015. 「영화 ≪Ирония судьбы, или С лёгким паром!≫을 활용한 러시아어 부름」. ≪슬라브학보≫, 30권, 2호, 1~26쪽.

김경은. 2004. 「고등학교 러시아어 교과서에 나타난 문화 내용 분석 연구」. 한국외국어대학교 석사논문.

김나정. 2006. 「대학교 러시아어 교재의 비교 분석」. 고려대학교 석사논문.

김명선. 2002. 「고등학교 러시아어 수업에서의 문학텍스트 지도방안에 관한 연구」. 한국외국어대학교 석사논문.

김미원. 2006. 「외국어 고등학교에서의 러시아 노래를 활용한 러시아어 교수법 연구」. 한국외국어대학교 석사논문.

김미진. 2001. 「고등학교에서 효과적인 러시아어 어휘 교수법 연구: 어휘 학습 시 능동적인 언어활동을 위한 시청각 자료의 활용을 중심으로」. 한국외국어대학교 석사논문.

김수현. 2005. 「고등학교 러시아어 교과서 주제별 어휘 분석」. 한국외국어대학교 석사논문.

김세일. 2003. 「Преподавание русского языка в Южной Корее-ВЧЕРА-СЕГОДНЯ-ЗАВТРА」. ≪슬라브학보≫, 18권, 2호, 415~428쪽.

_____. 2010. 「국내 러시아어 능력인정시험 현황 및 문제점 분석」. ≪노어노문학≫,

22권, 4호, 59~82쪽.

김윤정. 1998. 「고등학교에서 러시아 신문을 활용한 수업 방안에 관한 연구」. 한국외국어대학교 석사논문.

____. 2000. 「의사 소통능력 향상을 위한 고등학교의 러시아어 발음 지도에 관한 연구」. 한국외국어대학교 석사논문.

김은아. 2003. 「멀티미디어 활용을 통한 효과적인 러시아어 교육방안: 고등학생을 중심으로」. 한국외국어대학교 석사논문.

김은정. 2002. 「러시아 문화교육을 위한 멀티미디어 학습 프로그램 개발 연구」. 한국외국어대학교 석사논문.

김진규. 2011. 「〈러시아센터〉를 기반으로 한 효과적인 러시아어 교수법 연구」. ≪슬라브어연구≫, 16권, 2호, 415~434쪽.

김진원. 1995. 「노어노문교육, 언어훈련과 전공과정의 이원화로」. ≪대학교육≫, 76권, 90~94쪽.

김태진. 2010. 「멀티미디어 학습(연습문제) 프로그램을 활용한 러시아어 교육: Hot Potatoes 프로그램 분석과 활용을 중심으로」. ≪노어노문학≫, 22권, 3호, 40~70쪽.

____. 2014. 「스마트폰과 QR 코드를 활용한 러시아어 수업 모델」. ≪노어노문학≫, 26권, 2호, 3~34쪽.

김현택. 2002. 「한국 러시아어 교육의 현황과 과제: 제2외국어 교육을 중심으로」. ≪교원교육≫, 18권, 1호, 142~157쪽.

____. 2003. 「러시아어 검정시험(FLEX) 문항개발을 위한 기초연구」. ≪슬라브연구≫, 19권, 2호, 241~273쪽.

____. 2011. 「러시아어 교육 20년, 그 회고와 전망」. ≪인문정책포럼≫, 8권, 64~67쪽.

____. 2015 「한국의 슬라브학, 지금 어디에 서 있는가?」. ≪지식의 지평≫, 18호, 226~246쪽.

계동준. 1997. 「학부제와 러시아어 전공 활성화 방안 연구」. ≪인문과학논문집≫, 23권, 63~76쪽.

____. 2000. 「전환기 노어노문학과의 전망과 과제」. ≪인문과학논문집≫, 29권, 275~287쪽.

문석우. 2005. 「한국의 고교 러시아어교과서 실태와 개선방안: 제6, 7차 교육과정의 러시아어」. ≪러시아어문학연구논집≫, 18권, 377~400쪽.

문성원. 2005. 「러시아의 문법 교육: 러시아 초·중등 교육에서 자국어 문법 교육」. ≪문법 교육≫, 2권, 133~180쪽.

박미야. 2009. 「고등학교 러시아어 검정교과서에 수록된 그림자료 분석」. 한국외국어대학교 석사논문.

박해동. 2003. 「러시아어 성·수·격 체계 지도방안 연구」. 한국외국어대학교 석사논문.

박소윤. 2000. 「협동학습을 통한 외국어 학습능력 향상 방안 연구: 고등학교 러시아어 '읽기'교육을 중심으로」. 한국외국어대학교 석사논문.

방교영. 2003. 「번역수주현황 분석을 통한 교육방법론 연구: 한노·노한 번역을 중심으로」. ≪슬라브연구≫, 19권, 2호, 275~285쪽.

배혜성. 2001. 「고교 러시아어 교육의 읽기 지도 연구」. 한국외국어대학교 석사논문.

백경희. 2009. 「러시아어에서의 성의 표현과 소통의 문제」. ≪노어노문학≫, 21권, 1호, 49~71쪽.

서상범. 2011. 「교실수업에서 온라인기반 러시아어 교수법」. ≪동북아문화 연구≫, 29집, 75~88쪽.

서채희. 2004. 「러시아 초등학교 1학년 교과서 어휘 분석」. 한국외국어대학교 석사논문.

손영미. 2002. 「의사소통능력 배양을 위한 러시아어 교육방안 연구: 드라마 활동을 중심으로」. 한국외국어대학교 석사논문.

손혜경. 2000. 「고등학생 러시아어 작문에서 나타나는 오류분석 연구」. 한국외국어대학교 석사논문.

성종환. 2005. 「토르플과 러시아어 문법 교육」. ≪문법 교육≫, 2권, 181~210쪽.

_____. 2005. 「토르플 문제유형 및 평가 사례 분석」. ≪슬라브학보≫, 20권 1호, 1~25쪽.

손정아. 2003. 「고등학교 러시아어수업에서 효과적인 문화교육 방안: 의사소통 활동을 중심으로」. 한국외국어대학교 석사논문.

안미정. 2004. 「대학수학능력시험 러시아어 과목 문항 분석」. 한국외국어대학교 석사논문.

안병팔. 1995. 「노어 교육 체계의 목표와 과제에 관한 연구」. ≪서경대학교논문집≫, 23집, 155~175쪽.

_____. 2004. 「Типы когнитивных предпочтений и методика преподавания РКИ в Корейской аудитории」. ≪슬라브학보≫, 19권, 2호, 317~331쪽.

양철훈. 2005. 「러시아어 부정문 학습에 따른 의사소통능력 형성」. 한국외국어대학교 석사논문.

어건주. 2012. 「교육과정 변화에 따른 러시아어 문화 교육 내용 분석」. ≪비교문화연구≫, 29집, 479~501쪽.

우복남. 2006. 「외국어로서의 러시아어 교육과 은유」. ≪슬라브어연구≫, 11권, 301~320쪽.

유승남·야코블레프(Victor Iakovlev). 2000. 「한국인들의 러시아어 발음에 있어서 모국어의 간섭현상: 음운론적 오류분석」. ≪슬라브학보≫, 15권, 1호, 97~120쪽.

유정화. 2013. 「스마트러닝을 위한 러시아어교육 앱 탐색 연구」. ≪외국어교육≫, 20권, 4호, 365~389쪽.

유학수. 1997. 「외국인을 위한 러시아어교육의 어휘-의미, 문법의 제 문제: 외국인 학습자들이 범하는 오류의 유형별 분류를 바탕으로」. ≪교육논총≫, 13권, 99~125쪽.

윤숙영. 2003. 「고등학교 러시아어 I 교과서 분석: 구성체제, 언어재료, 의사소통기능 중심으로」. 한국외국어대학교 석사논문.

윤영해. 2006. 「러시아어 화자들의 중간언어 음운 연구」. 한국외국어대학교.

이명자. 2008. 「러시아 민속 텍스트의 텍스트다움과 교육적 효과」. ≪노어노문학≫, 20권, 1호, 83~107쪽.

이미혜. 2007. 「대학수학능력시험 러시아어 I 에 사용된 어휘와 문항유형 분석: 평가 활용을 중심으로」. 한국외국어대학교 석사논문.

이영숙. 2008. 「한국어와 러시아어의 자음 음소 및 변이음의 대조 분석」. 연세대학교 석사논문.

이영주. 2005. 「러시아어권 학습자를 위한 한·러 어순 대조 연구: 한국어의 이중주격 구문을 중심으로」. 한국외국어대학교 석사논문.

이은경. 2005. 「사진과 시 텍스트를 활용한 러시아어 작문 교수법」. ≪외국어 교육≫, 12권, 2호, 357~376쪽.

이은순. 2003. 「러시아어 양화 대명사 특성 연구: 교수 상의 문제점을 중심으로」. ≪외국어교육≫, 10권, 3호, 309~323쪽.

_____. 2013. 「러시아어 동사적 명사/동사 파생 명사의 특성: 교수법적 제안」. ≪외국어교육≫, 20권, 2호, 379~405쪽.

_____. 2015. 「러시아어 접두사/접미사 부가 상 형성 교수 방안 연구: 동사 어간의 위계 구조」. ≪외국어교육≫, 22권, 2호, 245~268쪽.

이재혁. 2012. 「Ситуативные задачи на занятиях РКИ」. ≪동북아문화연구≫, 30집, 565~579쪽.

_____. 2012. 「한국 학생들을 위한 외국어로서의 러시아어 수업에 있어서의 여러 상황적 과제」. ≪동북아문화연구≫, 30집, 565~579쪽.

이지연. 2008. 「교육공학 학습을 적용한 러시아어 교수 학습 방법 연구: 교수 매체를 중심으로」. 한국외국어대학교 석사논문.

이진희. 1999. 「한국 대학생의 러시아어 학습전략 연구」. ≪산업기술연구소보≫, 5집, 251~264쪽.

_____. 2001. 「러시아어 교육을 위한 비언어적 의사소통과 러시아문화 연구」. ≪산업기술연구소보≫, 7집, 203~227쪽.

임혜원. 2001. 「고등학교 러시아어 교육에서의 이동동사 지도에 관한 연구」. 한국외국어대학교 석사논문.

임홍수. 1990. 「한국인의 러시아어 발음교육에 관하여」. ≪노어노문학≫, 3권, 323~338쪽.

장영미. 1996. 「러시아어 독해 학습시 비편집 텍스트의 이용에 관한 연구: 의사 소통 접근법을 중심으로」. 한국외국어대학교 석사논문.

장정희. 2003. 「의미장 접근을 이용한 러시아어 어휘지도」. 한국외국어대학교 석사논문.

전수진. 2002. 「고등학교 러시아어 수업에서의 게임의 효과적 활용방안에 관한 연구」. 한국외국어대학교 석사논문.

전혜진. 1997. 「외국인의 러시아어 학습을 위한 능동적인 러시아어 문법」. ≪노어노문학≫, 9권, 209~226쪽.

_____. 2005. 「러시아어 말하기 교육의 이론과 실제」. ≪슬라브어연구≫, 10권, 407~421쪽.

_____. 2006. 「능동적인 언어활동을 위한 러시아어 읽기 교육」. ≪슬라브어연구≫, 11권, 337~349쪽.

_____. 2014. 「Тестирование знаний иностранного языка И ТРКИ」. ≪슬라브어연구≫, 19권, 1호, 39~57쪽.

정막래. 2012. 「Типичные графические ошибки студентов-Корейцев, изучающих Русский язык : с нулевого уровня до ТЭУ」. ≪슬라브어연구≫, 17권, 2호. 277~296쪽.

정막래·김진규. 2007. 「토르플(TORFL) 공인 2단계의 시험영역별 내용분석 및 난이도의 적정성에 관한 연구」. ≪슬라브어연구≫, 12권, 383~404쪽.

정수현. 2005. 「한국어 음운 간섭으로 인한 러시아어 발음 오류와 개선방안」. 한국외국어대학교.

정은상. 2007. 「발화에서 화자의 언어의향 반영과 응용에 대한 문제」. ≪노어노문학≫, 19권, 2호, 79~102쪽.

정지연. 2011. 「스토리텔링(Storytelling)을 활용한 러시아어 수업 모형 연구」. 한국외국어대학교 석사논문.

정진화. 2002. 「러시아어 호칭과 인사 에티켓 교육에 관한 연구」. 한국외국어대학교 석사논문.

조성연. 1997. 「의사소통능력 신장을 위한 러시아어 평가 문항 개발」. 한국외국어대학교 석사논문.

조은영. 2005. 「러시아 애니메이션 수업 연구」. 한국외국어대학교 석사논문.

주지선. 2003. 「그림을 활용한 효율적 러시아어 교육방안 연구」. 한국외국어대학교 석사논문.

채민정. 2007. 「이중언어 교육에서의 간섭현상: 한국어&러시아어를 중심으로」. 고려대학교 석사논문.

최은영. 2004. 「의사소통 능력 향상을 위한 러시아어 쓰기 지도 방안 연구」. 한국외국어대학교 석사논문.

최행규. 2007. 「디지털 마인드맵을 활용한 러시아어 어휘 및 문장 학습법 제안」. ≪멀티미디어 언어 교육≫, 10권, 3호, 221~235쪽.

_____. 2008. 「러시아어 학습을 위한 디지털 마인드맵의 활용」. ≪슬라브연구≫, 24 권, 1호, 243~267쪽.

하령혜. 2006. 「멀티미디어를 이용한 러시아어 발음교육 방안 연구: 파워포인트 실례 를 중심으로」. 조선대학교 석사논문.

하복녀. 2001. 「고등학교 러시아어 교육에서의 효과적인 문화교육 방안 연구」. 한국 외국어대학교 석사논문.

한만춘·쿨코바(R. Kulkova). 2004. 「Сопоставительный анализ выражений, характе рных для устной беседы на русском и корейском языках」. ≪슬라브어연 구≫, 8권, 409~436쪽.

허숙미. 2001. 「실험 분석에 따른 고등학생 러시아 억양 개선 방안」. 한국외국어대학 교 석사논문.

한진형. 2000. 「대화문을 이용한 러시아어 평가문항 개발 연구」. 한국외국어대학교 석사논문.

현원숙. 2002. 「주제별(로 분류한) 러-한 학습사전 편찬과 그 사용에 관한 언어 교수 법」. Almaty Abai State University 박사논문.

홍은아. 2005. 「고등학교 러시아어 교육에서의 러시아시 텍스트 활용 방안 연구」. 한 국외국어대학교 석사논문.

홍지연. 2006. 「고교 노어 수업의 효율적인 교육방안 연구: 멀티미디어를 포함한 시 청각 교육」. 한국외국어대학교 석사논문.

Anderson, Richard and David Pearson. 1984. "Schema-Theoretic View of Basic Processes in Reading Comprehension." *Technical Report*, No.306, pp. 255~291.

Bachman, Lyle. 1990. *Fundamental Considerations in Language Testing*. Oxford: Oxford University Press.

Bachman, Lyle and Palmer Adrian. 1982. "The Construct Validation of the FSI Oral Interview." *Language Learning*, Vol.31, No.1, pp. 67~86.

Canal, Michael and Merrill Swain. 1980. "Theoretical Bases of Communicative Approaches to Second Language Teaching and Testing." *Applied Lin-*

guistics, Vol.1, pp. 1~47.

Carver, Ronald. 1977-1978. "Toward A Theory of Reading Comprehension and rauding." _Reading Research Quarterly_, Vol.13, No.1, pp. 8~63.

Konstantin, Filadelfov. 2007. 「한국어 자음과 러시아어 자음의 발음 비교연구」. 우석대학교 석사논문.

Flower, Linda and John R. Hayes. 1981. "Cognitive Process Theory of Writing." _College composition and communication_. National Council of Teachers of English, Vol.32, No 4, pp. 365~387.

Goodman, Kenneth. 1987. "Reading: A Psycholinguistic Guessing Game." _Journal of the Reading Specialist_, Vol.6, pp. 126~135.

Hendon, Ursula. 1980. "Introducing Culture in Elementary College Language Classes." _Modern Language Journal_, Vol.64. No.2.

Hymes, Dell. 1972. "On Communicative Competence." In J. B. Pride and J. Holmes(eds.). _Sociolinguistics_. Harmondsworth: Penguin.

Leki, Ilona. 1995. "Coping Strategies of ESL Students in Writing Tasks Across the Curriculum." _TESOL Quarterly_. TESOL, Vol.29, No.2, pp. 235~260.

Natalya, Baranchikova. 2013. 「러시아어 중급 회화 교수법」. 부산외국어대학교 석사논문.

Pokholkova, Ekaterina. 2013. 「Teaching Translation and Intercultural Communication for Undergraduate Students in the Moscow State Linguistic University」. ≪중동유럽한국학회지≫, 14권, 137~146쪽.

Rumelhart, David. 1977. "Toward An Interactive Model of Reading." _Attention and Performance VI_. New Jersey: Lawrence Erlbaum.

Бакитгуль, Балгазин. 2011. 「Обучение русскому языку вне языковой среды」. ≪노어노문학≫, 23권, 4호, 3~12쪽.

Бакитгуль, Балгазина and Ким Се Иль. 2011. 「Веб-технологизация процесса обучения русскому языку как иностранному: реальность и перспектива」. ≪외국학연구≫, 17집, 191~204쪽.

В Д Яковлев, Сынк-Нам Ю. 2000. 「Интерференция в русской речи корейцев」.

≪슬라브어연구≫, 5권, 141~160쪽.

Божко В. А. 2011. 「Прецедентный текст на занятиях по развитию речи」. ≪노어노문학≫, 13권, 2호, 601~616쪽.

Быкова О. 2005. 「외국어와 외국문화 교육에 있어서 러시아와 한국의 이야기」. ≪러시아어문학연구논집≫, 18권.

Сауле, Бегалиева, Казабеева Виталия, Балгазина Бакитгуль and Токтарова Толкын. 2011. 「Формирование творческой активности студентов современными педагогическими технологиями при обучении русскому языку как иностранному」. ≪외국학연구≫, 17집, 173~190쪽.

Сивкова Т. Н. 2009. 「≪컬쳐쇼크≫에 대한 교육적 보호로서의 외국인 학생의≪문화적-언어적 적응≫」. ≪노어노문학≫, 21권, 4호, 165~190쪽.

Есина З. И. 2009. 「Особенности современной русской разговорной речи в аспекте обучения фонетике иностранных учащихся」. ≪노어노문학≫, 21권, 2호, 151~161쪽.

Филимонова, Елена. 2011. 「Формирование коммуникативной компетенции у корейских студентов через знакомство с русской фразеологией」. ≪노어노문학≫, 23권, 3호, 49~76쪽.

Филимонова Т. 2008. 「Учить языку и учить быть человеком」. ≪외국학연구≫, 12권, 1호, 133~147쪽.

Кулькова Р. А. 2009. 「Преподавание русского языка как иностранного в свете теории языковых изменений」. ≪슬라브어연구≫, 14권, 2호, 349~357쪽.

Кулькова Р. А and Хан Ман Чун. 2008. 「Тенденция к экономии языковых средств в Русской разговорной речи : в сопоставлении с Корейским языком」. ≪슬라브학보≫, 23권, 2호, 1~16쪽.

МинЧжи, Со. 2009. 「Сопоставление интонации вопроса в русском и корейском языках」. ≪노어노문학≫, 21권, 4호, 25~46쪽.

러시아 문화 연구 30년
연구와 번역으로 본 외연의 확장, 접점에서의 기대*

김상현(성균관대학교 러시아어문학과 부교수)

"문화는 오직 하나의 전체로서만 존재할 뿐이나"(하위징아, 2006).
"문화적 변화는 사회적 존재가 되기 위해 최선을 다하는 무수한 인간들의 개
별적인 행동 반응의 통계적 산물이다"(월슨, 2014).

1. 서론

"정치사나 경제사보다 문화사가 훨씬 더 주관적이다"라고 강하게 설파
한 문화사학자 요한 하위징아(Johan Huizinga)는, 문화는 결코 그 자체로
존재할 수 없으며 다른 분야 또는 학문과의 공존 속에서 바라볼 때 가치가
있다는 대전제를 피력한다. 나아가 그는 문화사가 "오직 그것이 더 심층적
이고, 보편적인 주제에 초점을 맞춰 탐구한다는 점에서만 가치가 있는 것"

---

* 이 글은 ≪노어노문학≫, 28권, 1호(2016)에 게재된 논문을 일부 수정한 것이다.

이라고 말한다(하위징아, 2006). 여기에서 '더 주관적이다' 또는 '가치가 있는 것'이라는 언변의 기저에는 어떤 담론이 깔려 있을까? 해당 인용문은 필자가 선택적 분석 기준과 상대적 가치성을 고려해 도출한 일종의 화두이자 문제 제기다. 이 장은 지난 30년 동안 한국 러시아학 분야 가운데 '문화' 영역의 연구사를 회고하는 작업의 일환이다. 필자는 우선 작업의 기준과 의미를 밝히며, 나아가 미래에 발전적인 기대를 가능하게 하는 연구 분야를 총체적으로 제시한다.

요한 하위징아의 의견에 따라 한국의 러시아 연구가 지나온 30년 세월을 풀이해보면 문화 영역은 다른 어떤 분과 학문과는 - 통상 학과목(discip-line)이라고 부르는 - 달리 타학문과의 연합체적인 성격을 가지고 있다. 또한, 그 연구사 검토에는 연구자의 주관적 선택과 판단 기준이 개입될 수밖에 없다. 이 같은 해석의 분명한 기준점은 문화가 다른 영역과 상호 침투를 가능하게 만드는 유기적인 특징을 가지고 있다는 것과 문화가 명확한 구분을 가능하게 하는 틀, 혼재를 막는 벽을 가질 수 없는 영역이라는 것에 기인한다.

필자는 요한 하위징아의 기본 전제와 효과적인 분석 단위 설정을 혼합해 문화 범주를 다음과 같이 8개 영역 - 문화(역사), 예술(회화), 구전문학, 민속, 연극 및 영화, 음악, 종교 문화(정교) 및 사상, 융복합(통섭) - 으로 광범위하게 구성했다. 역사는 엄연히 학문적으로 구별되어야 마땅하지만 여기에서는 필자의 선택적 관점에 따라 자세하게 선별했다. 이는 사료를 근거로 작성된 순수 역사학 관련 논문이 있는 반면, 문화적 맥락과 문화 요소에 근거해 역사적인 해석이 이루어진 논문이 있기 때문이다. 따라서 이들을 모두 문화 영역으로 포함했다. 일관성을 해치는 다소 중첩된 연구 결과와 영역 구분의 모호함이 완전히 해소되지는 않았으나 필자는 앞서 언급한 8개 영역을 최대한 철저히 분석하려고 노력했다. 예를 들어 '모스크바-제3로

마셜'에 대한 연구논문은 내용의 많은 부분을 문학과 문화에 할애해 그 범위가 순수 역사의 단위를 넘어 문화로 확장되어 있기 때문에 이를 문화 영역의 결과물로 산정했다.[1] 필자는 단순히 연구 자료의 제목만 파악해 자료를 분류하지 않고 모든 검색 결과를 꼼꼼하게 살폈다. 다시 말해 장기간에 걸친 연구를 통해 얻어진 결과가 이 글에 녹아 있다.

필자가 분석 대상에서 제외한 것은 각종 학술 행사, 포럼, 심포지엄에서 발표된 글과 기념식의 성격을 띠는 각종 문화 행사에서 소개되거나 읽힌 연설, 단문 형식의 전언이다. 이들 중에는 학술적인 성격을 띤 것도 상당수 포함되어 있지만, 그 분량과 영향력을 지속적 또는 장기적으로 볼 수 없어 분석 대상에 편입하지 않았다.[2]

또한, 분석 대상에서 제외한 것은 연구자의 전공 기반이 러시아어문학계가 아닌 경우다. 예를 들어 한국에 번역, 출간된 레나토 포지올리(Renato Poggioli)의 『아방가르드 예술론(Teoria dell'arte d'avanguardia)』과 같은 책은 통계 자료에 넣지 않았다. 또, 한국 미술사학자 윤난지의 『추상미술과 유토피아』와 『추상미술읽기』와 같은 경우도 상당한 분량이 소비에트 시기의 추상미술과 바실리 칸딘스키(Wassily Kandinsky), 카지미르 말레비치

---

1) 나아가 문화 영역을 지금과 같이 지나치다고 할 정도로 광범위한 것까지 포함하는 또 다른 이유는 한국노어노문학회 학회지의 편집 방향을 이루는 구성 요소를 반영한 것이다. ≪노어노문학≫ 어학·문학 섹션 마지막에는 문화 섹션이 따로 마련되어 있다. 필자는 학회지가 구분한 항목에 포함되어 있지 않은 여러 분과의 논문을 연구 자료로 이용해 데이터로 편입했으며, 이 같은 방식을 따라 문화 영역을 폭넓게 설정했다. 이는 가급적 많은 논문을 연구 대상으로 삼고 싶은 필자의 마음도 반영되어 있음을 밝힌다.
2) 이와 관련해 필자는 한·중앙아시아 문화 교류사에 대한 기사 정리를 시도한 바 있다. 이 같은 분석에 대한 시범적인 예로는 김상현(2014a)을 참고하기 바란다. 특히 해당 논문에 부록으로 들어가 있는 표는 '한·중앙아시아 문화 교류 목록과 주요 내용'을 담고 있으며, 일지 형식의 기록을 보여주고 있다. 아쉽게도 러시아에 국한한 유사 연구는 현재까지 존재하지 않는 것으로 알고 있다.

(Kazimir Malevich)의 작품 세계 비평에 할애되어 있지만 연구 대상에서는 제외했다. 에릭 홉스봄(Eric Hobsbawm)의 최근 번역작 『파열의 시대: 20세기 문화와 사회(Fractured times : culture and society in the twentieth century)』의 경우도 마찬가지다. 이 책은 제목에서 알 수 있듯이, 20세기 마지막 혁명이라고 할 수 있는 소비에트러시아 해체까지 대략 90여 년의 역사를 다루면서 그 대상에 서유럽 문화, 정치, 예술사를 포함한다. 책의 많은 지면에서 러시아의 상황이 다뤄지는데, 특히 제18장(예술과 권력)과 제19장(예술과 권력)은 이탈리아, 독일, 소비에트를 비교하면서 레닌과 스탈린 시기의 예술 특징을 훌륭하게 분석하고 있다. 하지만 이 문헌 역시 러시아 문화 연구 30년사에는 포함하지 않았는데, 그 이유와 배경은 앞서 언급한 바와 동일하다. 또한, 같은 맥락에 따라 석·박사학위논문에서도 기본적으로 러시아어문학 전공자의 논문이 아닌 것은 제외했다. 따라서 필자는 러시아 문화 연구에 관한 통계에 미미한 오차가 있다는 사실을 사전에 밝히는 바다.

이외에도 분석 대상에서 제외한 데이터는 주로 동영상과 음성 녹음 자료다. 따라서 인쇄 매체로 간행된 논문과 책을 위주로 한 '〈표 4-3〉 러시아 문화 분야 주요 업적 목록'에는 음악 CD, 영화, 다큐멘터리 DVD가 아울러 제외되어 있다.3)

---

3) 그럼에도 인용할 만한 가치가 있는 대표적인 예로는 다음과 같은 자료가 있다. 러시아 미술을 소개하는 DVD로, 총 3개의 시리즈로 구성된 라이브러리엔터테인먼트(2008a, 2008b, 2008c)는 매우 소중한 자료다. 또한, 음악 CD로는 러시아 민요 수록집 Various Artists(2002, 2004, 2007)가 유명하며 참고할 만하다.

2. 선행 연구: 러시아 문화 연구 30년사 데이터[4]

한국에서 러시아 문화 연구로 이름을 올릴 수 있는 학자는 과연 몇 명에 이를까? 학회마다 상이한 데이터를 보유하고 있지만 한국 러시아어문학 연구를 대표하는 학회인 한국슬라브·유라시아학회(1985년 한국슬라브학회로 창립 후 2015년 현재의 명칭으로 변경), 한국노어노문학회(1988년 창립), 한국러시아문학회(1989년 창립)가 발행한 학회원 주소록에 따르면 한국 러시아어문학 관련 학자는 약 300명 이상에 이른다. 이들 학회가 작성한 회원 명부에는 중복해 기재된 이름이 상당수 있으며, 대학원 재학생도 포함되어 있는 경우가 있기 때문에 엄격한 재조사가 필요하다. 게다가 각 명부에는 학자의 전공이 정확하게 기재되어 있지 않아 필자가 데이터 수집을 위해 러시아 문화 전공자를 엄밀하게 구분해내는 것은 사실상 거의 불가능한 일이었다. 따라서 러시아 문화 연구를 위해 필자가 알고 있는 최대한의 정보, 객관적인 지식, 데이터에 의존할 수밖에 없었음을 미리 밝힌다. 이 장에서 한국의 러시아 문화 연구 현황 분석을 위해 필자가 시도한 세 가지 접근 방법(학술지 분석, 단행본 분석, 학위논문 분석) 역시 필자가 알고 있는 가장 최근의 정보를 총동원한 결과다. 나아가, 앞서 문화 범주를 8개 영역으

---

4) 이 데이터는 2015년 12월 11일 한국외대 러시아연구소가 주관한 학술 행사인 '한국 슬라브학 30년: 성과·성찰·도약'에서 발표된 것으로 12월 이전의 자료에 기초하고 있다. 따라서 이 장에 나오는 데이터에는 앞서 언급한 학술지 5종의 겨울호 정보가 누락되어 있다. 즉, 데이터상의 미미한 오차가 있음을 사전에 밝힌다. 총 누적 논문 수는 3445편보다 많으며, 문화 관련 논문 편수도 약간의 수정이 불가피하다. 마찬가지로 단행본과 학위논문 수에서도 소량의 차이가 발생할 수 있다. 예를 들어 논문 발표일인 2015년 12월 11일 이후와 12월 말일 사이 번역되어 출간된 솔로몬 볼코프(Solomon Volkov)의 『권력과 예술가들(Romanov riches)』은 총 데이터에는 포함되어 있지 않지만 독자의 이해를 돕기 위해 이후에 나오는 〈표 4-3〉에는 포함했다.

로 구분한 것을 엄밀하게 러시아 문화만 독보적·예외적으로 연구한 사례라고 할 수 없으며, 타 학문과의 상호 연관성을 아울러 고려했다는 점을 재차 강조하는 바다.

1) 학술지 분석

한국 러시아어문학 관련 연구 학술지는 총 5종이다. 1982년 가장 먼저 창간된 한국외대 러시아연구소의 ≪슬라브硏究≫, 1988년 창간된 한국슬라브학회의 ≪슬라브학보≫, 한국노어노문학회의 ≪노어노문학≫, 1992년부터 발간하기 시작한 서울대 러시아연구소의 ≪러시아연구≫, 마지막으로 1995년에 등장한 ≪러시아어문학연구논집≫이 있다. 최초로 발간된 ≪슬라브硏究≫는 원래 소련 및 동구문제연구소에서 발행된 것으로 엄밀히 말하면 지역학 기반의 성격을 강하게 띠고 있었다. 따라서 초창기에 문학과 문화 관련 논문은 거의 없었다고 해야 옳다. 이에 따라 문학과 어학 주제를 처음부터 고려해 발간한 학회지는 한국노어노문학회의 ≪노어노문학≫이라는 사실에 이론의 여지는 없을 것이다.

〈표 4-1〉을 살펴보면 1992년 창간되어 2015년 1호 기준 통권 25권을 발간한 ≪러시아연구≫에서 총 391편의 논문 중 문화(역사) 관련 논문은 총 108건으로 28.3%의 비율을 나타낸다. 이는 ≪러시아연구≫가 분석 대상이 된 학회지 중에서 가장 많은 문화 논문이 게재된 학회지라는 사실을 가리킨다.

문화 범주에 속한 8개 영역을 주제로 다룬 논문이 수록된 비율을 가장 높은 순서대로 열거하면 ≪러시아연구≫(28.3%) → ≪러시아어문학연구논집≫(17.5%) → ≪슬라브硏究≫(10.6%) → ≪노어노문학≫(10.4%) → ≪슬라브학보≫(7.75%) 순이다. 이 같은 통계는 ≪러시아연구≫가 정통한

<표 4-1> 한국 러시아어문학 관련 연구 학술지

학술지명	이미지	권수	누적 편수/ 문화 관련 논문 건수	비율(%)
≪슬라브研究≫ (1982)		제31권 (2015)	508편/54건	10.6
≪슬라브학보≫ (1988)		제30권 (2015)	890편/69건	7.75
≪노어노문학≫ (1988)		제27권 (2015, 27권 3호까지)	1009편/105건	10.4
≪러시아연구≫ (1992)		제25권 (2015, 1호까지)	391편/108건	28.3
≪러시아어문학 연구논집≫ (1995)		제50권 (2015)	647편/113건	17.5

역사 논문이 상대적으로 많이 게재되는 학술지이기 때문에 문화 영역의 통섭적 내용을 포함한 관련 논문이 상대적으로 많이 나타나는 자연스러운 결과라고 할 수 있다. 같은 맥락에서 ≪슬라브학보≫의 경우 문화 관련 연구논문의 수치가 낮은 것은 해당 학회지가 사회과학 성격의 논문이 상대적으로 많이 게재되기 때문이라고 해석할 수 있다.

한편, 1988년 발간을 시작해 2002년 제14권 2호부터 공식적으로 문화 섹션을 개설한 ≪노어노문학≫은 최근 상승세를 나타내고 있지만 문화(역사) 관련 연구논문 게재 건수는 그리 높지 않다. 해당 학회지는 2015년 3호 기준으로 총 게재 논문이 1009편이며, 이 가운데 문화 관련 논문은 총 105건으로 10.4%의 비율을 나타낸다.

즉, 앞서 언급한 학술지 5종의 누적 논문 수는 총 3445편이며 이 가운데 문화 관련 논문은 449건으로 전체에서 13%의 비율을 차지한다.

2) 단행본 분석

서점 (주)교보문고 웹사이트에서 '러시아'를 검색하면 총 1만 8522건의 결과가 나타난다. 이 중에 어학 교재를 의미하는 '외국어(443건)'가 가장 많은 비율을 차지하며 '역사·문화'는 가장 낮은 179건의 수치를 나타낸다.

〈표 4-2〉를 살펴보면 8개 영역으로 구분된 단행본 연구서(저서, 번역서)는 총 81권에 달하며, 이를 다시 저서와 번역서로 나눠 살펴보면 전체 81권에서 번역서는 총 34권을 차지해 전체 비율의 41.9%에 달하는 것을 알 수 있다. 단행본 연구서 수(81권)는 앞서 언급한 교보문고 검색 결과인 179권에 비하면 절반에 달하는 적은 수치다. 그럼에도 필자가 정리한 지난 30년 동안 한국에서 발행된 러시아 문화(필자가 설정한 8개 주제 영역) 분야의 주요 업적 목록(〈표 4-3〉)이 가지는 의미는 한국의 러시아 문화 연구자가 성

〈표 4-2〉 영역별 러시아 문화 관련 단행본 연구서 현황

구분	문화 역사	구전 문학	민속	예술 (회화)	종교 문화 (정교) 및 사상	여행 (관광)	연극 영화	음악	융복합 (통섭)
연구서 수	45	5	5	7	7	3	6	1	2
번역서 수	21	3	2	1	4	0	2	1	0

주: 총 연구서 수는 번역서 수를 포함하고 있는 수치다.
자료: (주)교보문고 웹사이트에서 검색한 결과를 바탕으로 작성.

취한 연구 결과와 직결된다는 사실뿐만 아니라, 추천할 만한 수작만 선별했다는 사실에 기인한다. 또한, 이는 필자가 직접 전수조사를 진행한 결과이기 때문에 인터넷에서 검색한 자료보다 더욱 직접적이고 세밀한 정보라고 할 수 있다.

앞서 언급했듯이 이 목록은 연구자의 주관적인 판단과 통섭의 관점에 따른 문화적 안목을 기초로 작성했기 때문에 판단하는 데 서로 다른 해석이 발생할 여지가 있다. 또한, 누락된 문헌이 있을 가능성과 이에 따라 수정이 필요한 측면이 발생할 수도 있다. 하지만 앞서 밝힌 분석 기준에 따라 목록에 나오는 문헌은 가장 훌륭하고 추천할 만한 자료임이 분명하다. 목록 작성 기준은 저자 이름의 자모순이며, 저자가 3명 이상인 문헌 또는 다수의 역자가 등재된 문헌은 첫 번째 저자 이름으로 간략하게 재정리했음을 밝힌다.

또 다른 작성 기준으로는 러시아 원저자의 한국어 표기에 관한 것이다. 이를테면 블라디미르 프로프(Vladimir Propp)의 경우 출판사 표기 방식에 따라 쁘로쁘 또는 프로프 등으로 상이하게 기재되어 있지만 이는 동일 인물을 가리킨다. 전문 연구자는 해당 저작의 원저자를 쉽게 알아볼 수 있기 때문에 큰 문제가 되지는 않을 것이다. 이는 순전히 한국어표기법상의 난제라는 점을 밝히며 이상의 설명은 생략한다.

<표 4-3> 러시아 문화 분야 주요 업적 목록

영역	저자	옮긴이	발행 연도	제목
문화 역사 (45권)	강윤희 외		2009	『현대 러시아 문화 연구』
	강인욱		2015	『유라시아 역사기행』
	김수환		2014	『책에 따라 살기: 유리 로트만과 러시아 문화』
	김진영 외		2015	『현대 러시아의 이해』
	김혁 외		2013	『러시아인문가이드』
	김현택 외		2008	『붉은 광장의 아이스링크: 문화로 읽는 오늘의 러시아』
	김현택 외		2015	『사바틴에서 푸시킨까지』
	김혜진		2013	『원시림 속 부상하는 산업기지, 코미공화국』
	로트만, 유리 M	김성일 방일권	2011	『러시아 문화에 관한 담론 1, 2』
		김수환	2013	『문화와 폭발』
	라자놉스키, 니콜라스 V · 마크 D. 스타인버그	조호연	2011	『러시아의 역사 상·하』
	르블랑, 로널드	조주관	2015	『음식과 성: 도스토옙스키와 톨스토이』
	르제프스키, 니콜라스	최진석 김태연 박선영	2011	『러시아문화사강의: 키예프루시로부터 포스트소비에트까지』
	리치먼드, 예일	이윤선	2004	『우리가 몰랐던 러시아, 러시아인』
	요네하라 마리	박연정	2011	『러시아 통신』
		김옥희	2013	『언어 감각 기르기』
	메딘스키, 블라디미르	방교영	2011	『러시아와 그 적들 그리고 거짓말』
	메토시안, 메리	장실 외	1998	『러시아 문화 세미나』
	박태성		1998	『역사 속의 러시아 문화』

방일권		2004	『상트페테르부르크』
벌린, 이사야	조준래	2008	『러시아 사상가』
	강주헌	2010	『고슴도치와 여우: 우리는 톨스토이를 무엇이라 부르는가』
볼코프, 솔로몬	이대우 백경희	2015	『권력과 예술가들』
빌링턴, 제임스	류한수	2015	『이콘과 도끼: 해석위주의 러시아 문화사』
석영중		2013	『러시아문학의 맛있는 코드: 푸슈킨에서 솔제니친까지』
송준서		2012	『프스코프 주 이야기: 변방의 요새에서 북서 러시아의 관문으로』
슐긴 외	김정훈 외	2002	『러시아문화사』
스타이츠, 리차드	한국외대 러시아 문화 연구회	2000	『현대 러시아 문화 세미나』
	김남섭	2008	『러시아의 민중문화: 20세기 러시아의 연예와 사회』
앤서니, 데이비드 W.	공원국	2015	『말, 바퀴, 언어』
이덕형		2001	『러시아문화예술: 천년의 울림』
		2010a	『러시아문화예술의 천년』
		2010b	『이콘과 아방가르드: 초월적 성스러움의 문화적 표상』
이창주		2014	『러시아 역사문화탐방』
엡쉬테인, 미하일	조준래	2009	『미래 이후의 미래』
웰렉, 르네 외	문석우	2014	『러시아어 문화와 아방가르드』
정정원		2013	『러시아 언어문화』
파이지스, 올란도	채계병	2005	『나타샤댄스』

			2010	『유토피아의 환영』
	한양대학교 아태지역 연구센터 (러시아·유라시아 연구사업단)		2011	『유라시아의 생활양식과 정체성』
			2012	『해체와 노스탤지어: 포스트소비에트 문화와 소비에트 유산』
			2013a	『러시아제국과 소비에트: 이념·종교·혁명』
			2013b	『루시로부터 러시아로: 고대 러시아 문화와 종교』
			2015	『소비에트 제국의 문화역학: 지배와 저항사이』
	허승철·이항재·이득재		1998	『러시아문화의 이해』
구전문학 (5권)	김경태		2006	『차스뚜시까: 러시아민요 모음집』
	김규종		2011	『소련 초기 보드빌 연구』
	쁘로쁘, 블라디미르	어건주	2013	『민담형태론』
		이종진	2005	『러시아 민담 연구』
		정막래	2010	『희극성과 웃음』
민속 (5권)	김상현		2009	『소비에트러시아의 민속과 사회이야기』
			2014	『러시아의 전통 혼례 문화와 민속』
	푸를렙스키, 사바	김상현	2011	『러시아인의 삶, 농노의 수기로 읽다』
	톨스토이, 니키타	김민수	2014	『언어와 민족문화 1, 2』
	한국외국어대학교 러시아연구소 HK연구사업단		2015	『러시아 추콧카반도 원주민 축치족 신화 』
예술 회화 (7권)	김은희		2014	『그림으로 읽는 러시아: 러시아 문화와 조우하다』
	이장욱		2005	『혁명과 모더니즘: 러시아의 시와 미학』
	이주현		2006	『눈과 피의 나라 러시아 미술』
	이지연		2015	『러시아 아방가르드, 불가능을 그리다』
	이진숙		2009	『위대한 유토피아의 꿈: 러시아 미술사』
			2015	『시대를 훔친 미술』
	조토프, A.	이건수	1996	『러시아 미술사』

종교 문화 정교 및 사상 (7권)	박영은		2015	『러시아문화와 우주철학. 진화와 상생의 열린 소통을 위한 통합의 인문학』
	석영중		2005	『러시아정교: 역사·신학·예술』
	스몰란스끼	정막래	2010	『러시아정교와 음식문화』
	장실		2010	『이콘과 문학』
	페도토프, 게오르기	김상현	2008	『러시아 종교 사상사 1』
	플로롭스키, 게오르기	허선화	2012	『러시아 신학의 여정』
	호먀코프, 알렉세이		2010	『교회는 하나다: 서구 신앙 고백에 대한 정교 그리스도인의 몇 마디』
여행 관광 (3권)	서병용		2015	『이지 러시아: 모스크바 상트페테르부르크』
	승효상 외		2010	『북위 50도 예술여행』
	오규원		2014	『장미와 마뜨료시카』
연극 영화 (6권)	길레스피, 데이비드	라승도	2015	『러시아 영화: 문학적 기억과 미학적 전통』
	라승도		2015	『영화로 보는 오늘의 러시아: 시네마트료시카』
	에이젠슈테인, 세르게이	홍상우	2007	『몽타주』
	전정옥		2013	『현대 러시아 연극 연출가론』
	정미숙		2006	『이야기 속의 이야기: 러시아 애니메이션』
	홍상우		2008	『세계 영화 기행』
음악 (1권)	무소르그스키		2001	『러시아악파』
융복합 통섭 (2권)	석영중·박이문·복거일		2012	『인문학자 과학기술을 탐하다』
	석영중		2011	『뇌를 훔친 소설가』

<표 4-4> 연대별 도서 목록 현황

구분	1980년대	1990년대	2000년대	2010년대
발간 건수	1	4	24	54

<표 4-5> 지원 사업별 연구 현황

구분	HK 연구 결과	연구재단 후원 결과
발간 건수	15건	11건

　　필자가 직접 추천한 양질의 도서 목록을 연대별로 재구성하면 〈표 4-4〉
와 같다. 이를 통해 러시아 문화 관련 도서는 2000년대에 진입해 그 수가
비약적으로 증가한 사실을 알 수 있다. 특히 최근 2010년대는 10년 전의
성과보다 무려 2배가 넘는 결과를 보여주고 있다. 이는 젊은 학자를 중심
으로 연구 폭이 급상승하고 있는 현상이 반영된 결과다. 이와 같은 기록은
2007년 11월부터 한국연구재단이 '인문한국지원사업'이라는 이름으로 진
행한 실질적인 후원이 만든 긍정적인 결과임이 분명하다. 〈표 4-5〉에서
극명하게 드러나듯이 재단의 지원을 받아 출판된, 즉 연구소 간행물로서
사사 표기가 되어 있는 형태의 연구물은 총 15건이다. 반면 한국연구재단
의 명저 번역, 인문저술지원 또는 각종 개인 연구 후원 명목으로 재정적인
지원을 받아 수행된 연구물은 총 11건이다. 두 항목을 합치면 총 26건으
로, 이는 2000년대 이후 발행된 단행본 총 78권 중에서 33.3%의 비율을 차
지한다. 이 같은 수치는 소장 학자의 약진과 연구소 사업의 결과가 재정적
인 후원에 힘입어 긍정적인 반응을 보인 것으로 해석할 수 있다.[5]

---

5) 이와 함께 반드시 고려해야 하는 점은 인문한국지원사업이 시작되기 한 해 전인 2006
　　년에는 엄청난 '인문학 위기'가 논의되며 학계가 집단 성토와 반성의 시간으로 점철되

3) 학위논문 분석

한국교육학술정보원 데이터베이스에서 키워드 '러시아'를 검색하면 총 3만 8899건의 결과가 나타난다. 이 중에서 학위논문은 4795건(12.3%), 국내 학술지 논문은 1만 1931건(30.6%), 연구 보고서6)는 841(2.1%)건으로 집계된다(〈표 4-6〉).

〈표 4-6〉 러시아 관련 연구물 현황

검색 키워드	러시아	문화 ('러시아' 결과 내 검색)
학위논문	4,795(12.3%)	1,021(21.2%)
국내 학술지 논문	11,931(30.6%)	1,909(16%)
연구 보고서	841(2.1%)	245(29.1%)

주: 이 결과는 각 항목에서 표제어 '러시아'를 포함한 모든 자료를 반영한 수치다.
자료: 한국교육학술정보원(riss4u.net) 데이터베이스의 검색 결과를 바탕으로 작성.

었다는 사실이다. 그 예가 2006년 9월 25일 전국 인문대학장단이 발표한 '인문학주간'이다. 이 선언식에서 이어령이 인문학 위기를 재앙(pest)에 비유한 것은 탁월한 경종이자 인문학 위기 담론의 중요한 시발점 역할을 해냈다고 할 수 있다. 그는 "인문학을 모든 학문과 정치, 경제, 사회, 기술 분야의 수원지로 이해하고, 이 수원지가 마르면 정치, 경제, 사회, 기술이 재앙으로 변한다"라고 경고한 바 있다(신승환, 2010).

6) 여기에서 '연구 보고서'라는 항목은 한국연구재단에서 시행하는 각종 연구 후원 프로그램(인문저술지원사업, 중견학자지원사업, 시간강사지원사업, 개인기초 및 토대사업 등)에 선정되어 일정한 연구 기간이 종료된 후에 발표되는 개인 연구물(KCI 게재 논문) 및 기타 결과물(DB 구축, 단행본, 정부보고문서)을 일컫는다. 이 외에 경제·인문사회연구회(http://www.nrcs.re.kr/), 포스코청암재단에서 시행하는 아시아인문사회연구지원사업(http://www.postf.org/ko/main.do) 등에서도 러시아 문화 관련 보고서가 간혹 공개된다.

이를 다시 세분화해 대분류(러시아) → 중분류(문화)로 검색하면 또 다른 결과가 나타난다. 〈표 4-6〉을 살펴보면 '러시아' 결과 내에서 다시 '문화'로 검색했을 때 연구 보고서가 가장 높은 결과를 보이고 있으며, 오히려 국내 학술지 논문에서는 제목에 '문화'가 포함되어 있는 경우가 16%에 불과하다는 것을 알 수 있다. 앞서 〈표 4-1〉에 나오는 주요 학술지 5종에 대한 분석에서도 나타나듯이, '문화' 관련 주제를 가장 많이 다루는 ≪러시아연구≫에 기초한다고 해도 이 수치는 30%를 넘지 않는 28.3%에 불과하다. 즉, 한국에서 러시아 문화를 연구한 학위논문뿐만 아니라, 국내 학술지에서도 그 비율은 전체 대비 25%를 결코 넘지 않고 있다.

필자가 학위논문 영역에서 다루지 않은 것은 최초의 학위논문 작성자가 이후에 어떤 연구를 진행했는지, 단행본이나 역서를 출간했는지, 학위를 취득한 이후 본인의 전공을 지속적으로 발전시켜 연구자의 삶을 살고 있는지에 대한 후속 통계자료다. 본래 "학위논문이 중요한 이유는 그것이 앞으로 수년 동안 이어질 하나의 유형을 결정하기 때문이다"라는 말처럼, 최초의 학위논문과 이후의 연구에서 발견할 수 있는 주제의 연결성은 한국의 학문적 토양에 근거한 학문 특성과 현주소를 가늠하게 하는 중요한 기준이 될 수 있다(카우프만, 2011). 하지만 이는 또 다른 주요 연구 대상이 될 수 있기 때문에 여기에서는 깊게 다루지 않았다.

3. 외연의 확장과 접점에서의 기대

지난 30년 동안 한국에서 이루어진 '문화' 연구의 경향에서 가장 두드러지는 특징은 필자가 선택적으로 구별하고 획정한 연구 주제의 다변화다. 즉, 앞서 상술한 분과 학문 8개를 논하는 주요한 기초 서적이 번역되었고 이에 따라 연구 범위와 주제가 상당한 다양성과 깊이를 보이기 시작했다.

앞서 나온 단행본 검색 결과 외에 연구논문의 경우를 들어 정리해보면 뚜렷한 특징 하나를 감지할 수 있다. 즉, 일반적으로 문화 연구는 인문학의 주요 분과 중 하나로 시의성과는 다소 떨어져 진행되어왔다고 단언할 수 있다. 이는 문화 연구가 연구 트렌드에 쉽게 요동치며 시류에 편승하기보다는 개별 연구자의 역량과 관심사에 깊은 영향을 받기 때문이다. 경제, 정치, 사회적 이슈는 정부와 외교 상황의 변동에 따라 지나치게 빨리 흡수 또는 영향을 받는다. 따라서 이에 따른 연구 주제(사회과학 범위) 역시 일정한 흐름을 형성하는 것이 사실이다. 반면, 문학을 포함한 문화 영역에서는 시의성에 민감한 주제가 따로 발견되지 않았다. 대신에 순수한 인문학적인 깊이와 내용의 주제가 다변화해 연구 폭과 깊이가 심화했다. 즉, '외연의 확장'이 분명하게 이루어지고 있음을 감지할 수 있다.

또 하나 주목할 점은 한국에서 러시아 문화 연구가 취해야 할 방향성 모색과 검토에 대한 문제다. 일찍이 에른스트 카시러(Ernst Cassirer)는 "문화가 조화롭게 발전되는 자기완결적인 전체가 아니라, 가장 격렬한 내적인 긴장과 대립으로 채워져 있음을 인정해야 한다"라고 설파했다. 그는 바로 이 같은 이유로 "문화는 변증법적이고 실로 드라마틱하다"라고 짧게 요약하고 있다(카시러, 2009). 그의 주장은 기존 러시아 문화 연구, 특히 고전에 가까운 주요 저작에 대한 한국의 번역 실태를 상기시킨다. 문화 자체의 생리가 내적으로 끊임없이, 변증법적으로 갈등과 총합의 단계를 거쳐 발전되듯이, 이에 대한 연구물 번역서 역시 어떤 '잘 만들어진 신화 또는 공산품'과 같은 자기완결적인 무엇으로 간주되어서는 안 된다. 문화와 마찬가지로 특정 분야의 고전으로 간주되는 주요 저작은 지속적 토론, 선별적 인용, 비판적 수용이라는 단계 속에서 논의되어야 한다. 이들을 단순히 탁월한 연구물로 취급하기에 앞서 문화를 유기체적 생리로 이해하는 연구 태도를 견지해야 한다. 따라서 기본적인 작동 원리로 "수용과 배제"가 역할을 하는, 즉 "특정한 기준이나 원칙을 결정"하는 것으로서 캐논(canon)을 정립할 필요가 있다.[7] 이후 자세히 논의하겠지만 이는 러시아 문화 연구사에서 분명하게 추출하고 분석할 수 있는 연구 단위로 부상하고 있으며 동시에 우리의 연구 자세를 규정할 수 있는 중요한 잣대가 된다.

일찍이 기호학자 유리 로트만은 『문화와 폭발(Культура и взрыв)』(2013)에서, 서유럽에서 점진적인 시간 발전과 느린 역사 진행을 선호하는 것을 빗대어 러시아식의 "정부의 개입을 통한 최고도의 압축된 시기 동안 역사의 공간을 순간적으로 뛰어넘는다"라는 생각을 개진한 바 있다. 나아가 그는 역사적인 선례로 표트르 대제(Pyotr I)의 "유럽을 좇아 그를 추월한다"와 스탈린식의 "4년 만에 5개년 계획 달성"이라는 슬로건을 들려준다(로트만, 2014).

이에 견주어 지난 30년 동안 한국의 러시아학계가 이룬 괄목할 만한 연구 성과를 돌이켜볼 때 가장 중요한 성과는 앞서 언급한 문화 분야의 기초를 이루는 중요한 걸작이 번역서로 출간된 일과 연구 영역의 저변이 확대되고 자리매김하게 된 것이다. 여전히 많은 학문 분야에 번역이 필요한 고전이 남아 있지만 지금까지 이룬 결실만으로도 실로 경이롭다고 할 수 있다. 연구 영역의 확대는 뚜렷한 현상이다. 영화, 민속, 종교 등 다양한 문화 영역의 연구서 출판은 우리 학문의 역량이 다변화하고 심층적으로 발전하는 과정을 입증하기에 충분하다.

---

7) 역사적으로 "캐논은 돌을 가지런히 쌓아올리기 위해 벽돌공이 사용하던 자"였다. 이후 인문학과 문화학의 역사적 연속성 속에서 '특정한 기준이나 원칙을 결정'하는 힘으로 비유되어 확대, 사용되기 시작했다(뵈메·셰르페, 2008).

4. 우리에게 필요한 연구: 깊이와 통섭, 분석과 상상력

최근 10여 년 동안 러시아 출판계에서 눈에 띄게 두드러진 현상은 크게 ① 영미권 우수 학술 도서 러시아어 번역, ② 러시아 학자의 일상사 분야 집필과 해외 도서 번역, ③ 러시아성 또는 러시아 정체성을 조명하는 러시아 내의 꾸준한 연구, 특히 러시아문화부 장관이자 교수 출신 학자 블라디미르 메딘스키(Vladimir Medinsky)의 탁월한 연구 업적으로 압축된다. 이중에 우리의 연구 주제와 직결되는 것은 두 번째와 세 번째 현상이다.

러시아 일상사는 주로 도시 모스크바를 둘러싼 도시사회학과 일반인의 삶에 대한 심층 분석을 다룬다. 출판된 책의 제목만 살펴봐도 엄청난 지적 호기심과 상상력, 사료에의 관심을 불러일으킨다. 선술집, 도시 행상인의 삶, 수도 외곽의 건축 설계, 지방 유지의 오락 생활, 농민의 일상사, 귀족의 대저택에서 벌어지는 특징적인 유흥 생활, 차스투쉬카(chastushka), 짜르(tsar) 가문의 대관식과 혼례식 등에 이르기까지 그 연구 범위와 주제는 실로 다양하다. 무엇보다 관심을 끄는 점은 바로 러시아 내에서도 이러한 연구가 1991년 소연방 해체 이후 최근의 포스트 소비에트 공간에서 러시아 정체성을 새롭게 부각하기 위해 시행하기 시작한 정부 차원의 도약적 정책과 결코 무관하지 않다는 사실이다.

같은 맥락으로 최근 5년 사이 블라디미르 메딘스키의 저작은 정치학은 물론이고 분야를 초월해 스테디셀러 반열에 올랐다. 그가 쓴 『러시아의 신화(Мифы о России)』 시리즈는 15권 이상 발간되었는데 주로 통사적 입장에서 러시아 농민이 유지해온 역사적 오명, 이를테면 주벽, 노예 의식, 속물근성 등을 분석한다.[8] 이 책의 큰 강점은 러시아를 둘러싼 오해와 왜곡

---

8) 블라디미르 메딘스키의 저작에 대해서는 152~153쪽의 부록을 참고하기 바란다.

된 역사, 특히 서방에서 만들어져 유포된 음해성 기사 등의 출처와 비과학적인 생산 과정을 바로 잡기 위한 다분히 애국적이고 사회과학적인 접근 방법이다. 한국에는 그의 초기 저작 중에서 흥미 있는 읽을거리를 편집한 한 권의 책이 소개된 바 있다(메딘스키, 2011).

러시아 국제관계대학 정치학과 교수이자 신진 학자로 손꼽히는 그의 저작이 지니는 공헌과 가치를 정리해볼 필요가 있다. 첫째, 책의 내용 대부분이 정치학과 역사와 관련하고 있지만 문화와 기타 영역에 관심을 가진 사람에게도 큰 암시를 주며 상상력을 자극한다는 점이다. 둘째, 역사와 정체성에 대한 오류와 왜곡을 바로 잡기 위한 그의 노력과 학술적 대응이다. 그가 언급하는 사료 이용 방식과 분석 유형은 역사학계의 반감과 불충분한 자료에 기인한 해석의 상이성을 초래할 우려를 가진다. 그럼에도 분명 러시아 역사, 정체성에 대한 오류와 왜곡을 바로 잡기 위한 그의 노력과 학술적 대응은 본받아야 할 충분한 가치가 있다. 셋째, 그의 저작이 러시아의 과거와 현실에 대한 재조명의 필요성을 꾸준히 독려한다는 점이다. 이러한 독서 방식과 자극이 누적될 경우 러시아 문화 영역이 진보를 이루고 비교적 관점을 유지하는 데 큰 도움이 될 것이다. 넷째, 연구방법론과 관련해서 그는 여타의 관련 학문과의 경계를 창조적으로 유인한다. 그의 문헌은 여러 학문 간의 비교연구가 보여줄 수 있는 창조적인 결과이자 훌륭한 예다. 이 같은 이유에 근거해 그의 저술이 향후 한국의 러시아 문화 연구 분야에서 결코 적지 않은 반향을 일으킬 것이라고 예측할 수 있다. 나아가, 우리 시각에서 그의 접근 방식이 확산될 필요성도 제기할 수 있을 것이다.

앞서 나온 〈표 4-3〉에서 다시 짚어볼 항목은 개인이 아니라 연구소와 같이 동일한 관심을 가진 집단과 소규모의 콜로키엄(colloquium) 형식의 학문장이 시도한 작업이다. 연구회가 일구어낸 작업 결과물은 개인의 이름보다는 집단의 정체성을 부각하는 차원에서 대표성을 띠는 이름이 저술 또

는 역자의 자리를 차지한다. 일례로 한국외대 러시아문화 연구회가 펴낸 역서 두 권이 여기에 해당된다.[9]

연구소 차원의 대형 프로젝트를 통해 발행된 연구 도서 시리즈 역시 학계에서 중요하게 기능하고 있다. 2007년에 시행되어 종료 시점까지 2년을 앞둔 HK프로젝트는 그동안 한국의 러시아 문화 연구 방면에서 괄목할 만한 연구 업적을 만드는 데 일조하는 환경을 제공했다. 대표적인 예가 2007년 11월 처음으로 이 사업을 시작한 한양대 아태지역연구센터의 러시아·유라시아연구사업단과 2년 후 합류한 한국외대 러시아연구소다. 거의 매년 발행되는 각종 연구 보고서, 학술 행사, 현지 방문 조사 보고서, 소속 연구원의 연구 업적 등은 타의 추종을 불허할 정도로 탄탄한 연구 입지를 구축하고 있다. 두 연구소에서 발행하는 도서 시리즈는 〈표 4-3〉에 포함되어 있다. 이를 통해 얼마나 많은 저작이 발간되고 있는지, 한국 사회에서 이룩하고 있는 학술적 역할이 얼마나 지대한지를 확인할 수 있다.

문화 연구의 가장 분명하고 직접적인 방식 중에 하나는 눈으로 보는 관

---

9) 이에 대한 가장 이른 시도는 필자의 기획으로 1998년 도서출판 미크로에서 출판된 『러시아 문화 세미나』(1998)이다. 2년 후 같은 출판사에서 유사한 제목의 문화 시리즈를 선보였는데, 이것이 『현대 러시아 문화 세미나』(2000)이다. 전자는 역사적인 맥락을 고려해 문화의 특정 면모를 살피는 논문 번역집 형태의 책이고, 후자는 1980년대 이후 구소련과 현대 러시아 문화를 다채롭게 분석한 책이다. 한국외대 러시아문화 연구회가 펴낸 첫 번역서는 러시아인의 전통 생활문화, 러시아의 종교 문화, 러시아 문화 속의 여성이라는 주요한 주제에 초점을 맞춰 주로 러시아의 기층문화와 농민 등 정신사 측면을 깊이 있게 다룬다. 두 번째 번역서는 1917년 이후 해빙기, 탈소비에트화, 현대 러시아 문제를 소비에트 문명사적 관점에서 기술한다. 문화 전반을 다룬 논문을 번역한 이들 책과 달리, 이후 이인영 교수의 대표 엮음 형태로 출판된 역서 『러시아기호학의 이해』(1993)는 문학 분야에서 같은 형식으로 간행된 최초의 논문 번역서에 해당된다. 총 10편의 번역 논문이 실린 이 책에는 유리 로트만, 글레프 우스펜스키(Gleb Uspensky), 드미트리 리하초프(Dmitry Likhachev) 등의 대표적인 글이 수록되어 있다.

찰, 즉 현지에서 행하는 직접 관찰이다. 현지 사정에 대한 이해는 반드시 현지에서만 확인할 수 있는 것은 아니다. 하지만 직접 관찰은 인터넷이나 다른 어떤 수단을 통해 얻을 수 있는 간접 경험과는 비교할 수 없을 정도로 중요하다. 따라서 오늘날 우리에게 현장 방문은 불가결한 연구 수행 방법이다. 그런데 이미 지난 과거의 기록은 어떻게 메꿀 수 있을까? 짧은 시간 또는 긴 시간 동안 러시아 땅을 밟고 체류하며 러시아에 대한 타자, 즉 외국인의 문화 연구 기록을 어떻게 얻고 연구에 어떻게 활용할 수 있을까? 이것이 바로 '직접 기록에 근거한 인상기 연구'에서 가능한 작업이다. 이 같은 인상기에는 여행기, 수기, 일기, 단순한 스케치 등이 포함될 수 있다.

실제로 이미 16세기에 진입해 러시아를 방문했거나 체류했던 외국인의 기록과 인상기가 출판되면서 인상기 연구는 하나의 학문 장르로 형성되었다. 이른바 여행기(travelogues)로 알려진 것이 여기에 해당하며 이는 과거에 동시대를 누릴 수 없는 모든 국외자에게 필수적인 참고 문헌으로 기능했다.[10] 따라서 이 분야에 대한 1차 사료를 확보하는 것은 현지 문화의 역사를 통시적으로 재구성하고 현대 문화를 이해하는 데 접목할 수 있는 대표적이고 안정적인 연구 방식이다. 'Россия глазами запада(서구의 눈에 비친 러시아)' 또는 'Образы россии(러시아의 여러 이미지)'와 같은 서명과 단어를 심심치 않게 발견하는 것은 이 주제가 이미 러시아에서도 상당한 주목을 끌었기 때문이다.

다른 무엇보다도 현지 직접 체험을 통한 연구 방식이 본질적으로 중요한 이유는 선입견이 배제된 원형으로서 문화 자료를 직접 목격하고, 이로

---

10) 이에 대해서는 Kim(2005), Cook(1959)을 참고하기 바란다. 이들 문헌은 16~19세기 동안 러시아를 방문 또는 체류한 외국인이 남긴 방대한 기록을 연구한 것으로 러시아 문화 연구의 귀중한 자료라고 할 수 있다.

써 타자의 왜곡된 시각에서 연구자 자신을 보호할 수 있다는 것이다. 굳이 탈식민주의이론이나 문화제국주의 담론을 언급할 필요 없이, 이는 학문적 독자성 구축과 서구중심주의 역사관 배척이라는 가장 근본적인 물음과 문제 제기에서 비롯된다. 2000년대 이후 본격적으로 성장한 한국의 러시아 문화 연구가 더 이상 영미를 중심으로 한 수작의 번역에 의존하지 않고, 현지 유학을 통한 후속세대 학자의 노고와 연구력에 기초한다면 우리는 충분히 학문적 독자성을 구축하는 동시에 서구중심주의 역사관을 배척할 수 있을 것이다. "현재란 과거를 형성하는 틀"이고 "시대마다 과거를 불러내는 나름의 장치"가 있다고 가정할 때 나름의 방식으로 선별하는, 즉 선택적 번역 작업은 논증에 가장 적합한 과거와의 소통 방식이다(일리치, 2013). 이는 특히 연구에 반드시 필요하다고 간주되는 본질적인 주제에 닿아 있는 원작일 경우에 적합하다. 이러한 맥락에서 필자가 산정한 추천작 81권 중에 41.9%(34권)를 차지하는 번역서는 여전히 학계에서 중요한 위치를 차지한다. 그럼에도 필자는 향후 번역의 전통과 축적된 유산을 넘어 한국인 연구자의 저술이 점차 증대될 날을 기대한다.[11]

---

11) 번역서의 축적과 연구 결과는 자연스럽게 저술이 탄생될 수 있는 맥락적 토대를 이룬다. 이런 이유로 인해 필자는 단행본 전체를 완역하는 일이 상당히 중요하고, 이것이 학문에서 가장 기초가 되는 작업이라고 생각한다. 또한, 외국학 연구 환경에서 필요한 작업 중 하나는 바로 편집된 역서, 즉 특정 주제를 다룬 논문을 엮어 한 권의 책으로 선보이는 것이다. 독자에게 소개가 꼭 필요한 소논문 형식의 글을 엄선해 역자 해제와 함께 선보인 형태가 한국에 결코 없지 않다.

5. 결론: 새로운 제안과 대안

"외국어를 공부하는 것은 곧 세계관을 하나 더 갖는 것이다"(요네하라 마리, 2013).
"러시아 작가들은 독자의 흥미를 위해 책을 만들기보다는 삶을 개조하려고 끊임없이 시도했다"(Cantor, 2014).

레이먼드 윌리엄스(Raymond Williams)에 따르면 "문화사는 특수한 역사들이 합쳐진 것 이상"인데, 이는 "문화사가 특히 관심을 두는 영역이 특수한 역사들 사이의 관계와 전체 사회 조직의 특수한 형태들이기 때문"이다. 이러한 입장에 따라 그에게 문화이론은 "전체적인 삶의 방식에 존재하는 요소들의 관계에 관한 연구"로 정의되며, 나아가 "문화의 분석은 이러한 관계들의 복합체인 사회 조직의 본질을 발견하려는 시도이다". 이러한 분석에서 핵심은 그가 지적한 대로 '패턴'의 발견이다. 그는 모든 문화 분석의 기초 작업으로 바로 이 패턴을 강조했으며 "모든 유용한 문화 분석은 특징적인 종류의 패턴을 발견하는 데서 시작된다"라는 견해를 보여준다. 이에 따라 문화를 분석하려는 연구자는 패턴 식별과 유기적인 분석을 위해 문화 이면에 존재하는 또 다른 작용 원리(mechanism)를 파악하는 일을 놓치지 말아야 한다. 레이먼드 윌리엄스는 이와 관련해 다음과 같이 진술한다. 즉, "일반적인 문화 분석이 염두에 두는 것은 바로 지금까지 별개로 고찰되던 활동들 사이의 예기치 않았던 동질성이나 상응 관계를 드러내주거나, 때로는 예기치 않았던 단절을 드러내주는 것이다"(윌리엄스, 2007).

이러한 연구 경향에 대한 해석을 기초로 해 잠정적으로 내릴 수 있는 결론은 다음과 같다. 일찍이 요한 하위징아가 주장했듯이 "문화사의 과제는 과감하게 일반적인 문제들이 뛰어들기 이전에 먼저 개별적인 대상들에 관한 형태학을 수행하는 것이다"(하위징아, 2006).

이보다 더욱 중요하게 살펴봐야 하는 것은 바로 "역사가 제기하는 물음은 한 시대 혹은 한 민족이 과거와 맞서는 정신적 입장이나 문화적 태도에 달려 있다"라는 태도다(하위징아, 2013). 우리는 '한국의 러시아 연구 학계에서 문화 연구가 왜 필요한가?'에 대한 답을 분명하게 갖추고 있어야 한다. 이는 정치적·역사적 환경, 특히 인문학적인 관심에 따른 연구 경향과 결코 무관할 수 없기 때문에 "과거에 맞서는 정신적 입장이나 문화적 태도"는 한국에서 이루어지는 러시아 문화 연구의 향방을 가늠할 수 있는 중요한 잣대가 될 것이다. 필자는 지금까지 살펴본 것에 기초해 러시아 문화 연구에 관한 학계의 과제를 다음과 같이 정리해본다.

첫째, 러시아의 학문 자세와 교육 방식을 연구해야 한다. 외래의 학문을 국문으로 연구해 우리의 환경과 토양에서 쉽게 이해될 수 있도록 하는 일은 단순히 연구자의 기준과 눈높이를 확정적으로 설정해 마련할 수 있는 것이 아니다. 무엇보다 근본적인 학습 대상, 즉 러시아에서 전통적·관습적으로 자국의 학문을 대하는 자세와 사용되고 있는 교육 방식을 연구할 필요가 있다. 러시아문학 교육을 구체적으로 살펴보면 러시아 학교에서 러시아문학 텍스트를 어떻게 대상화하고 교육하고 있는지 알 수 있다.

일례로 소비에트 학교에서 이반 투르게네프의 『사냥꾼의 수기(Записки охотника)』가 어떤 의도로 읽혀지는지를 파악해 섣부르고 편식주의적인 우리의 외국 문학 교육 실태에 경종을 울릴 수 있을 것이다(요네하라 마리, 2013). 요네하라 마리(米原万里)의 『언어 감각 기르기(言葉を育てる)』(2013)에 따르면 러시아에서는 "러시아 숲에서 자라나는 수목의 이름을 외우게 하기 위해서" 이반 투르게네프의 산문을 교재로 사용한다. 구석구석에 자라나는, 거의 학습되지 않은 생소한 수목의 이름을 쓰는 철두철미한 교육을 통해 소비에트 학생들은 어린 시절부터 자국의 고전문학에 익숙해질 뿐

만 아니라, 자연을 통해 학습 대상을 눈으로 직접 살필 수 있다.

둘째, 연구에 필요한 핵심 고전에 대해 더욱 깊고 광범위한 번역 목록을 설정하는 것이다. 연구자는 모든 연구에 앞서 이 같은 작업부터 시작해야 한다. 지난 25년의 세월 동안 각 학문의 기초 위에서 젊은 연구자들은 선도적인 연구를 수행해 그 기틀을 닦아놓았다. 그들은 역사, 문화, 민속, 영화, 예술 등 거의 모든 분야에서 연구의 맹아적 단계의 포문을 열어놓았다. 즉, 연구의 신호탄이 터진 셈이다. 이런 맥락에 따라 앞서 기술한 주요 저작에 대한 번역 작업은 학문의 현대화와 선도적 연구를 위해 가장 시급한 현안이다. 번역에 관한 외적인 지원이 없어도 더 많은 저작이 그 자체로 번역 작업의 동기가 되어야 한다. 번역된 학문과 주제에 대해 더 많은 독자가 깊은 관심을 갖도록 유도해야 하며, 이에 기초해 또 다른 연구 영역을 확대해야 한다. 바로 이 과정에서 번역의 기능은 핵심적이다.[12]

셋째, 번역과 관련해 또 하나 생각해볼 것은 바로 전문 통역사의 참여다. 이들의 경력과 통역 현장에서 겪은 수많은 사례와 경험담이 연구서에 녹아든다면 이는 학자의 연구에서 나타나는 현학적이고 도식적인 틀을 벗어나는, 즉 외연을 확장하는 결과를 가져올 것이다. 일본의 요네하라 마리와 같이 한국에서도 전문 통역사가 학술 서적은 물론이고 가벼운 회고록과 문화서를 집필할 수 있는 사회적인 성숙과 환경이 마련되어야 한다.

『언어 감각 기르기』에서 요네하라 마리는 "통역은 대체로 35세가 되어서야 제 역할을 할 수 있다"라고 말한다. 즉, "언어를 익히는 데 10년, 통역 기술을 익히는 데 10년이 걸린다"는 것이다(요네하라 마리, 2013).[13] 오늘

---

12) 이 같은 번역의 핵심적인 기능에도 불구하고 한국연구재단에서 시행하는 명저번역지원사업은 2016년부터 지원 규모를 대폭 삭감해 연구자의 연구 의욕을 감퇴시키고 있어 아쉬울 따름이다.

13) 그녀가 전해주는 작곡가 므스티슬라프 로스트로포비치(Mstislav Rostropovich)와의

날 최고 수준의 한·러 동시통역사의 연륜은 이미 10년을 넘어가고 있다. 이들의 보배 같은 통역 경험과 가까이에서 본 러시아인의 사고방식, 문화 양식을 들려주는 서적의 출간은 우리 환경에서 바랄 수 있는 가장 근사치의 희망이자 기대다.

요네하라 마리가 전하는 사실 중 놀라운 것은 크렘린 궁 대회의실에 설치된 동시통역 좌석(booth) 수다. 이전까지 필자는 동시통역 좌석이 얼마나 많이 있는지 알지 못했으며, 좌석 수가 함축하는 중요성에 대해서도 전혀 알 수 없었다. 국제연합(UN)에 있는 통시통역 좌석 수가 크렘린 궁의 숫자를 넘지 못한다는 그녀의 고백은 실로 놀랍게 다가오는 대목이었다. 크렘린 궁의 동시통역 좌석 수는 무려 38개라고 언급되어 있다. 그녀가 말하고자 하는 것은 단순히 좌석 수가 아니다. 본질적으로 강조하는 것은 "동시통역사를 양성해왔다는 문화적인 힘이 대단하다"라는 점이다(요네하라 마리, 2013).

넷째, 러시아 인문학에 대한 연구 결과를 수평적으로 보급하고 이에 대한 대중성을 확보할 필요성이 있다. 앤서니 기든스(Anthony Giddens)가 지적하고 있듯이 "전문성의 무한한 다원화"가 발생하는 오늘날 우리에게 절실히 필요한 것은 '인문학을 독점한 전문가' 인력을 늘리는 일보다 인문학의 고전적 유희와 깊이 있는 향유를 대중에게 수평적으로 공급하자는 취지에 대한 공감대를 형성하는 것이다(스펠마이어, 2008: 41에서 재인용). 다시 말해 특정 주제의 연구자 사이에서만 제한적으로 공감되고 소비되는 지식

일화는 어디에서도 들을 수 없는 흥미로운 이야기일 뿐만 아니라, 흔히 "재능은 신이 내려준 것으로 개인의 것이 아니라는 인식"이 러시아인 사이에 매우 굳게 자리 잡고 있음을 시사한다. 나아가 더욱 본질적인 것으로, 러시아인은 재능을 가진 사람에게 "열등감이 전혀 없다"라고 하는 강경하리만치 분명한 고견을 마주하게 한다(요네하라 마리, 2013).

유통 구조가 아니라, 대중적인 시선에서도 충분히 이해될 수 있도록 필력의 눈높이를 낮추는 일과 독자의 요구에 맞춰 집필된 대중인문서적을 출판하는 일이 필요하다.[14] 『언어 감각 기르기』에서 피력되었듯이 앞으로 우리가 보기를 희망하는 책은 전문 동시통역사의 경험과 연륜이 배어 있는, 통역을 통해 경험한 살아 있는 역사가 반영된 것이다. 가까이에서 본 러시아인의 사고방식, 특이한 행동양식 등이 서술된 흥미진진한 책을 접하고 싶은 것이 전문 연구자만의 욕심은 아닐 것이다.[15]

다섯째, 러시아 문화 영역의 기초를 더욱 단단하게 만들고, 이를 바탕으로 타 학문과 체계적이고 준비된 융합 또는 통섭을 추구해야 한다. 러시아 문화 연구의 30년 세월 동안 괄목할 만한 단행본 연구서와 번역서가 세상에 나왔다. 낯선 외국어로만 대하던 주요 저작이 한글로 옮겨져 즐거움과 반가움을 선사한다. 인접한 분과 학문에서 뜻하지 않게 얻는 지적인 접점과 신선한 영감은 연구 범위의 확대와 질적인 연구물이 증대하는 현상에

---

14) 하지만 제2차 세계대전 이후 독일, 미국 학계의 지울 수 없는 두 유형의 오류, 즉 '사변가'로서의 학자 교수와 '소크라테스적 에토스'에 충실한 토론식 질문형 강의자를 검토하면서 후자의 위신이 눈에 띄게 추락했다는 지적을 주의해야 한다(카우프만, 2011). 교수의 출판물을 강독 수준으로, 즉 무비판적으로 따라가는 강의 방식이 만연했던 제2차 세계대전 이후의 양상은 오늘날 한국 학계에서도 발견된다. 하지만 깊이 있는 천착 없이, 포퓰리즘(populism)에 휩쓸린 연구 역시 지향되어야한다. 앞서 필자가 언급한 대중 취향의 수평적인 지식 확산은 대중추수주의보다는 전문가 집단에서만 소비되는 지식의 좁은 문을 개방해 지식 공유의 차원에서 지적 높이와 범위를 낮추고 넓히자는 취지에 기인한 것이다. 대중과 호흡하고 사회와 공유할 수 있는 지식 공감대를 확대시키는 작업은 분명 지식인의 사명이기 때문이다.

15) 이런 의미에서 요네하라 마리의 또 다른 저작 『러시아 통신(ロシアは今日も荒れ模様)』(2011)은 가장 추천할 만하다. 일본에서 일·러 동시통역사로 명성을 얻은 그녀는 보리스 옐친(Boris Yeltsin)과 미하일 고르바초프의 통역을 전담한 경험을 지니고 있다. 이 책을 통해 상당히 흥미 있는 사실을 엿볼 수 있으며, 다른 어떤 역사학 또는 정치학 책에서 구할 수 없는 정보를 얻을 수 있다.

빛지고 있는 결과다. 연구의 외연이 넓어지는 현상이 결코 연구 세월이 물리적으로 확대되는 것에 비례한다고 말할 수 없기에, 그동안 학계가 보여준 연구가 지닌 연륜의 주름살은 그 자체로 아름답다. 이제 이 멋진 풍모를 보여주는 러시아 문화 연구의 밑바탕이 인접 학문의 활발한 연구 결과와 융합되고 한국의 창조적 목소리와 결합되어 훌륭한 연구 성과를 드러낼 차례다. 이를 위해서는 우선 타 학문과의 섣부른 융합 또는 통섭을 추구하기보다는 각 분야에 내려진 기초 작업의 뿌리를 더욱 깊고 넓게 만들어 단단한 근본을 확보해야 한다. 이것이 바탕이 되어야만 우리는 흥미로운 비교 연구의 결과로서 학문 사이의 교차점을 만나게 될 것이고, 학문을 추구하는 행위를 통해 즐길 수 있는 이 같은 유희의 지점에서 또 다른 연구 지평을 향한 비전을 품을 수 있다.

이러한 과정을 대표해 역사언어학과 문화학을 통섭하는 지평의 경계를 넓히고, 그 접경에서 마주하는 광범위한 연구물의 집적이 필요하다. 언어학이 단순히 순수 문법에 머무르고, 다른 분과 학문과 교류하지 않거나 호환적 지식을 확대하는 행위를 결여한다면 문화 연구에 기여할 수 있는 영역은 그만큼 작아질 것이다. 필자는 문화 또는 문명사의 전개와 특징적인 현상을 보편적인 언어 현상으로 풀이하고, 슬라브어권에서 갖는 독특한 문화 현상을 언어학적 분석의 틀로 포착하는 연구를 기대한다. 이에 관한 가장 모범적인 예로 최근 번역된 에밀 벤베니스트(Emile Benveniste)의 『인도유럽사회의 제도·문화·어휘연구1: 경제, 친족, 사회(Vocabulaire des institutions Indo-Europe' enne)』를 들 수 있는데, 슬라브어권에서도 이와 유사한 연구물이 나오기를 바란다. 러시아어로 쓰인 연구서이자 이 분야에서 가장 널리 알려진 고전으로는 러시아 문헌학자·기호학자인 블라디미르 토포로프와 프세볼로트 이바노프(Vsevolod Ivanov)가 공동 저술한 책 두 권이 있다. 이들 저작 또한 머지않아 한국에 번역되어 소개되기를 손꼽아 기다려본다(Иванов, Вяч. Вс. и Топоров, В.Н, 1965; Исследования в, 1974).[16]

여섯째, 무엇보다 인문학으로서 러시아 연구가 학계에서 정통성 있는 분야로 자리매김하고 독자적인 시각을 동반한 체계로 성장하기 위해서는 기존 연구의 체계화와 집대성이 필요하다. "학문은 지식을 체계화하며, 그에 필요한 고유한 방법론에 근거해 성립된다"라는 짧지만 핵심적인 문구는 학문 발전을 위해서는 선행 연구를 축적해 기초를 탄탄히 다져야 한다는 사실을 말해준다(신승환, 2010). 이와 함께 2000년대 이후 폭발적으로 늘어난 러시아 문화 연구에 관한 지식과 학적 체계를 독자적인 시각으로 내재화해 꼭 필요한 것을 선별하는 작업도 선행되어야 한다. 이들 작업이 선제적으로 행해지면 향후 필요한 연구 주제와 범위가 자연스럽게 설정될 것이다. 학문 발전을 위한 밑그림은 이것을 바탕으로 그릴 수 있다. 연구자는 "고유한 학적 패러다임"이 사회적으로 요구되는 시점을 간과하지 말아야 한다.

앞서 말했듯이 섣부른 학문 간 융합과 비교보다는 단일한 주제 속에서 깊이 있고 '통합적인 체계'를 잡아가는 것이 미래의 인문학 기초를 위해서 바람직한 일이다. 일찍이 스튜어트 홀(Stewart Hall)이 주장한 것처럼 "문화는 수렴의 장소"이기 때문에 시간이 흘러가면서 복합적인 연구가 뒤따르기 마련이다(스토리, 2000). 따라서 복합적인 연구에 앞서 개별 문화 현상과 문화 자료를 단위별로 깊이 있게 분석해 데이터를 축적해야 한다. 이는 관련 분야에서 번역이 필요한 목록 작성을 기점으로 시작할 수 있다. 이를 바탕으로 시류에 편승해 주제가 쉽게 변동되는 학문을 지양하고 기초 분야에서 심화할 수 있는 영역을 더욱 탐색하는 노력을 해야 한다.

---

16) 필자의 논의에 가장 근접한 연구로는 정정원(2013)이 아직까지는 유일하다.

옮김. 나남.

_____. 2014. 『문화와 폭발』. 김수환 옮김. 아카넷.

로트만(Yuri Lotman)·우스펜스키(Boris Uspensky)·리하초프(Dmitry Likhachev). 1993. 『러시아 기호학의 이해』. 김희숙 외 옮김. 민성사.

르블랑, 로널드(Ronald Leblanc). 2015. 『음식과 성: 도스토옙스키와 톨스토이』. 조주관 옮김. 그린비.

르제프스키, 니콜라스(Nicholas Rzhevsky). 2011. 『러시아문화사강의. 키예프루시로부터 포스트소비에트까지』. 최진석·김태연·박선영 옮김. 그린비.

리치먼드, 예일(Yale Richmond). 2004. 『우리가 몰랐던 러시아, 러시아인』. 이윤선 옮김. 일조각.

메딘스키, 블라디미르(Vladimir Medinsky). 2011. 『러시아와 그 적들. 그리고 거짓말』. 방교영 옮김. 한국외국어대학교 출판부.

메토시안, 메리(Mary Matossian). 1998. 『러시아 문화 세미나』. 장실 외 옮김. 미크로.

박영은. 2015. 『러시아문화와 우주철학. 진화와 상생의 열린 소통을 위한 통합의 인문학』. 민속원.

박태성. 1998. 『역사 속의 러시아 문화』. 부산외국어대학교 출판부.

방일권. 2004. 『상트페테르부르그』 살림.

벌린, 이사야(Isaiah Berlin). 2008. 『러시아 사상가』. 조준래 옮김. 생각의 나무.

_____. 2010. 『고슴도치와 여우 : 우리는 톨스토이를 무엇이라 부르는가』. 강주헌 옮김. 애플북스.

보고라스, 블라디미르(Vladimir Bogoras). 2015. 『축치족 신화』. 김민수·김연수 옮김. 한국외국어대학교 출판부.

볼코프, 솔로몬(Solomon Volkov). 2015. 『권력과 예술가들』. 이대우·백경희 옮김. 우물이 있는 집.

뵈메(Hartmut Böhme)·셰르페(Klaus Scherpe) 편저. 2008. 『문학과 문화학: 문화학적 실천을 위한 입장, 이론, 모델』. 오성균 외 옮김. 한울아카데미.

빌링턴, 제임스(James Billington). 2015. 『이콘과 도끼: 해석위주의 러시아 문화사』. 류한수 옮김. 한국문화사.

서병용. 2015. 『이지 러시아. 모스크바 상트페테르부르크』. 피그마리온.

석영중. 2005. 『러시아정교. 역사·신학·예술』. 고려대학교 출판부.

_____. 2011. 『뇌를 훔친 소설가』. 예담출판사.

_____. 2013. 『러시아문학의 맛있는 코드 : 푸슈킨에서 솔제니친까지』. 예담출판사.

석영중·박이문·복거일. 2012. 『인문학자 과학기술을 탐하다』. 고즈윈.

송준서. 2012. 『프스코프 주 이야기: 변방의 요새에서 북서 러시아의 관문으로』. 한국외국어대학교 출판부.

슐긴(В.С. Шульгин)·꼬쉬만(Л.В. Кошман)·제지나(М.Р. Зезина). 2002. 『러시아문화사』. 김정훈 외 옮김. 후마니타스.

스몰랸스끼(Б.Л Смолянский)·그리고로프(Ю.Г. Григоров). 2010. 『러시아정교와 음식문화』. 정막래 옮김. 명지출판사.

스타이츠, 리처드(Richard Stites). 2008. 『러시아의 민중문화: 20세기 러시아의 연예와 사회』. 김남섭 옮김. 한울아카데미.

_____. 2000. 『현대 러시아 문화 세미나』. 한국외국어대학교 러시아문화 연구회 옮김. 미크로.

스펠마이어, 커트(Kurt Spellmeyer). 2008. 『인문학의 즐거움』. 정연희 옮김. Human& Books.

승효상 외. 2010. 『북위 50도 예술여행』. Culturegraphics.

신승환. 2010. 『지금, 여기의 인문학』. 후마니타스.

앤서니, 데이비드(David Anthony). 『말, 바퀴, 언어』. 공원국 옮김. 에코리브르.

에이젠슈테인, 세르게이(Sergei Eisenstein). 2007. 『몽타주』. 홍상우 옮김. 경상대학교 출판부.

엡슈테인, 미하일(Michail Ėpštejn). 2009. 『미래 이후의 미래』. 조준래 옮김. 한울아카데미.

오규원. 2014. 『장미와 마뜨료시카』. 평민사.

요네하라 마리(米原万里). 2011. 『러시아 통신』. 박연정 옮김. 마음산책.

_____. 2013. 『언어 감각 기르기』. 김옥희 옮김. 마음산책.

웰렉, 르네(René Wellek) 외. 2014. 『러시아어 문화와 아방가르드』. 문석우 옮김. 예림기획.

윌리엄스, 레이먼드(Raymond Williams). 2007. 『기나긴 혁명』. 성은애 옮김. 문학동네.

윌슨, 에드워드(Edward Wilson). 2014. 『인간본성에 대하여』. 이한음 옮김. 싸이언스 북스.

음악세계 편집부. 2001. 『러시아악파』. 음악세계.

이덕형. 2001. 『러시아문화예술: 천년의 울림』. 성균관대학교 출판부.

_____. 2010a. 『러시아문화예술의 천년』. 생각의 나무.

_____. 2010b. 『이콘과 아방가르드: 초월적 성스러움의 문화적 표상』. 생각의 나무.

이문영. 2009. 「1990년 수교 이후 러시아 문화의 한국 수용 현황 연구」. ≪러시아연구≫, 19권, 1호, 119~142쪽.

이장욱. 2005. 『혁명과 모더니즘. 러시아의 시와 미학』. 랜덤하우스코리아.

이주현. 2006. 『눈과 피의 나라 러시아 미술』. 학고재.

이지연. 2015. 『러시아 아방가르드, 불가능을 그리다』. 한국외국어대학교 출판부.

이진숙. 2009. 『위대한 유토피아의 꿈: 러시아 미술사』. 민음사.

_____. 2015. 『시대를 훔친 미술』. 민음사.

이창주. 2014. 『러시아 역사문화탐방』. 우리시대.

일리치, 이반(Ivan Illich). 2013. 『과거의 거울에 비추어』. 권루시안 옮김. 느린걸음.

장실. 2010. 『이콘과 문학』. 한국외국어대학교 출판부.

전정옥. 2013. 『현대 러시아 연극 연출가론』. 연극과 연출.

정미숙. 2006. 『이야기 속의 이야기: 러시아 애니메이션』. 지성의 샘.

정정원. 2013. 『러시아 언어문화』. 한국문화사.

조토프, А.(Зотов А.). 1996. 『러시아 미술사』. 이건수 옮김. 동문선.

카시러, 에른스트(Ernst Cassirer). 2009. 『문화과학의 논리』. 박완규 옮김. 길.

카우프만, 월터(Walter Kaufmann). 2011. 『인문학의 미래』. 이은정 옮김. 동녘.

톨스토이, 니키타(Н. И. Толстой). 2014. 『언어와 민족문화 1,2』. 김민수 옮김. 한국문화사.

파이지스, 올랜도(Orlando Figes). 2005. 『나타샤댄스』. 채계병 옮김. 이카루스미디어.

페도토프, 게오르기(George Fedotov). 2008. 『러시아 종교 사상사 1』. 김상현 옮김. 지만지.

푸를렙스키, 사바(Savva Purlevskii). 2011. 『러시아인의 삶, 농노의 수기로 읽다』. 김상현 옮김. 민속원.

프로프, 블라디미르(Vladimir Propp). 2005. 『러시아 민담 연구』. 이종진 옮김. 한국 외국어대학교 출판부.

_____. 2010. 『희극성과 웃음』. 정막래 옮김. 나남.

_____. 2013. 『민담형태론』. 어건주 옮김. 지만지.

플로롭스키, 게오르기(Georges Florovsky). 2012. 『러시아 신학의 여정』. 허선화 옮김. 지만지.

하위징아, 요한(Johan Huizinga). 2006. 『문화사의 과제』. 김원수 옮김. 아모르문디.

_____. 2013. 『역사의 매력』. 이광주 옮김. 길.

한양대학교 아태지역연구센터 러시아·유라시아연구사업단. 2010. 『유토피아의 환영』. 한울아카데미.

_____. 2011. 『유라시아의 생활양식과 정체성』. 민속원.

_____. 2012. 『해체와 노스탤지어: 포스트소비에트 문화와 소비에트 유산』. 한국학 술정보.

_____. 2013a. 『러시아제국과 소비에트: 이념·종교·혁명』. 민속원.

_____. 2013b. 『루시로부터 러시아로: 고대 러시아 문화와 종교』. 민속원.

_____. 2015. 『소비에트 제국의 문화역학: 지배와 저항사이』. 민속원.

허승철·이항재·이득재. 1998. 『러시아문화의 이해』. 대한교과서.

호먀코프, 알렉세이(Aleksey Khomyakov). 2010. 『교회는 하나다: 서구 신앙 고백 에 대한 정교 그리스도인의 몇 마디』. 허선화 옮김. 지만지.

홀, 스튜어트(Stuart Hall). 2000. 「제2장: 문화 연구: 두 가지 패러다임」. 존 스토리 (John Storey). 『문화 연구란 무엇인가』. 백선기 옮김. 커뮤니케이션북스.

홍상우. 2008. 『세계 영화 기행』. 경상대학교 출판부.

Cook, John. 1959. _The Image of Russia in Western European Thought in the Seventeenth Century_. University of Minnesota.

Kim, Sang Hyun. 2005. 「Western Visitors' Views of Russia and the Russians: Origin, Bias and National Mythology during the 16th-19th Centuries」. ≪러 시아연구≫, 15권, 1호, 1~34쪽.

Иванов, Вячеслав and Топоров Владимир. 1965. _Славянские языковые моделиру ющие семиотические системы(Древний период)_. Москва: Наука.

_____. 1974. *Исследования в области славянских древносте*. Москва: Наука.

Кантор, Василий, Русская классика and или Бытие России. 2014. *Москва—Санкт —Петербург: Центр гуманитарных инициатив*. Университетская книга.

영상 및 음악 자료

라이브러리엔터테인먼트. 2008a. 러시아 미술: 고전주의(러시아 미술의 전환). 라이 브러리엔터테인먼트.

_____. 2008b. 러시아 미술: 인상파(격동의 러시아를 담다). 라이브러리엔터테인먼트.

_____. 2008c. 러시아 미술: 아르누보(러시아 미술의 새로운 진보). 라이브러리엔터 테인먼트.

Various Artists. 2002. 백만송이 장미: 한국인이 좋아하는 러시아 로망스 베스트. Aulos Media.

_____. 2004. 마마MAMA: 한국인이 좋아하는 러시아 로망스 베스트2. Aulos Media.

_____. 2007. 트로이카: 한국인이 좋아하는 러시아 로망스 베스트3. Aulos Media.

Vladimir Medinsky. 2010a. *Мифы о России: О русском пьянстве, лени и жест
окости*. Москва ОЛМА Медиа Групп.

_____. 2010b. *Мифы о России 2. О русской грязи и демократии*. Москва ОЛ
МА Медиа Групп.

_____. 2010c. *Мифы о России 3. О русской угрозе и 'тюрьме народов'*. Моск
ва ОЛМА Медиа Групп.

_____. 2010d. *Мифы о России 4: О русском воровстве и долготерпении*. Мос
ква ОЛМА Медиа Групп.

_____. 2010e. *Мифы о России 5: Откуда мифы берутся и кому они нужны?*.
Москва ОЛМА Медиа Групп.

_____. 2013. *Мифы о России*. Москва ОЛМА Медиа Групп.

_____. 2014a. *О русском пьянстве, лени и жестокости*. Москва ОЛМА Медиа
Групп.

_____. 2014b. *Мифы о России−3. О русском воровстве, душе и долготерпен
ии*. Москва ОЛМА Медиа Групп.

_____. 2015a. *О России−'тюрьме народов'*. Москва ОЛМА Медиа Групп.

_____. 2015b. *О русском воровстве и мздоимстве*. Москва ОЛМА Медиа Групп.

_____. 2015c. *О русском пьянстве, лени, дураках и дорогах*. Москва ОЛМА
Медиа Групп.

_____. 2015d. *О русской угрозе и секретном плане Петра I*. Москва ОЛМА
Медиа Групп.

_____. 2015e. *О русской демократии, грязи и 'тюрьме народов'*. Москва ОЛМ
А Медиа Групп.

_____. 2015f. *О жестокости русской истории и народном долготерпении*. Москва
ОЛМА Медиа Групп.

_____. 2015g. *О русской грязи и вековой технической отсталости*. Москва О

ЛМА Медиа Групп.

_____. 2015h. *О том, кто и когда сочинял мифы о России.* Москва ОЛМА М едиа Групп.

_____. 2015i. *Об "особом пути" и загадочной русской душе.* Москва ОЛМА Медиа Групп.

한국의 러시아 정치 연구
비판적 성찰과 도약을 위한 과제*

장세호(한국외국어대학교 러시아연구소 HK연구교수)

1. 서론

2015년은 한국슬라브학회가 창립된 지 만 30년이 되는 뜻깊은 해였다. 한국 슬라브학은 20세기 대결적인 국제정치 환경이라는 제약 때문에 적지 않은 곡절을 겪었으나 비교적 빠른 시간 동안 괄목할 만한 발전을 이루었다. 이 같은 발전에는 지역학(연구)의 태생적인 성격 때문에 사회과학 부문의 정치학이 많은 기여를 한 것이 사실이다. 어쩌면 한국 슬라브학과 러시아 정치 연구는 역동적 발전의 궤를 같이해 왔다고 할 수 있다.

이를 뒷받침하듯이 그동안 한국에서는 한국 슬라브학의 성과와 한계에 대한 다양한 학술적 논의가 진행되었다. 이들은 대체로 한국 슬라브학이 ① 초보적 관심기(1909~1953년), ② 제한적 관심기(1953~1960년), ③ 정책적 관심

---

* 이 글은, 학술대회 '한국 슬라브학 30년: 성과·성찰·도약(2015년 12월 11일 개최)'에서 발표되고 이후 ≪슬라브학보≫, 제32권, 1호(2016)에 게재된 필자의 논문 「2006~2015년 한국 러시아 정치 연구: 비판적 성찰과 도약을 위한 과제」를 수정한 것이다.

기(1970년대), ④ 정책적 성장기(1978~1985년), ⑤ 변혁적 부흥기(1986~1995년), ⑥ 안정적 발전 모색기(1996~2005년)를 거쳐 발전해온 것으로 평가한다(하용출, 1998; 박수헌·신범식, 2006).

즉, 한국 슬라브학은 1970년대 동서 냉전의 약화와 이에 수반한 정책적 수요에 따라 본격적인 성장을 위한 기본 동력을 확보하고, 1980년대 중반 이후 노태우 정부의 '북방정책'과 미국과 서방에서 유학 후 귀국한 제2세대 연구자 집단의 출현에 힘입어 역동적인 성장 도정에 올랐다. 이후 1990년대 중반부터 2000년대 중반까지 한·러 수교에 따른 러시아에 대한 관심 증대와 러시아에서 유학 후 귀국한 다수의 제3세대 연구자 집단이 등장함에 따라 이 학문은 양적·질적 측면에서 꾸준히 발전을 모색해온 것으로 평가되고 있다.

특히 한국 슬라브학의 발전은 1980년대 중반 이후부터 2000년대 중반까지 약 20년 동안 ① 연구 성과의 급속한 양적 증가, ② 연구 대상과 주제의 확대와 다양화, ③ 전문 연구 인력의 증대, ④ 연구 지역 범위의 다양화, ⑤ 현지조사연구의 활성화와 러시아어 1차 자료 활용 수준 제고, ⑥ 연구 방법의 심화와 다양화 측면에서 많은 성과를 축적한 것으로 평가받고 있다(정한구, 2004; 김학준, 2004; 박수헌·신범식, 2006).

하지만 현재 분석 시기 측면으로 보면 2000년대 중반 이후, 분석 대상 측면으로 보면 러시아 정치 부문에 특화된 연구는 찾아보기 어려운 상황이다. 따라서 이 장은 한국 슬라브학 발전사에 큰 전환점이자 상징적인 사건으로 평가되고 있는 한국슬라브학회 출범 30년에 즈음해 2000년대 중반 이후 한국에서의 러시아 정치 연구 현황을 냉철히 살펴보고 향후 발전을 위한 과제를 도출한다. 필자의 연구는 바로 이 점에서 학술적 차별성과 가치를 갖는다.

논지를 전개하기에 앞서 필자가 언급하는 '한국의 러시아 정치 연구'에서 '한국'은 다양한 의미 가운데 '한국에서', '한국 국적의 연구자가 행하는' 러시아 정치 분야에 대한 연구를 의미한다는 점을 밝힌다.

필자는 연구 목적을 달성하기 위해 기초적인 실증 분석 몇 가지를 이용한다. 우선 2006~2015년까지 주요 학술지에 게재된 논문에 대해 실증 분석을 수행한다. 분석 대상은 한국의 대표적인 슬라브학 학술지 ≪러시아연구≫, ≪슬라브연구≫, ≪슬라브학보≫, ≪중소연구≫와 대표적인 정치학 학술지 ≪국제정치논총≫, ≪한국정치학회보≫로 총 6종이다.[1] 다음 순서로 지난 10년 동안 한국에서 이루어진 러시아 정치 연구의 주요 분야와 세부 주제, 분석 범위에 따른 출판 논문 현황을 고찰하고 연구 방법의 측면에서 질적·양적연구, 단일·다수사례연구, 이론적 논의 유무에 대한 실증 분석을 시도한다. 특히 필자는 한국 슬라브학의 발전을 뒷받침하는 주요 표중으로 간주된 일련의 요소가 2000년대 중반 이후에도 여전히 유효한가 하는 문제의식, 즉 상기 언급된 표중 요소의 '현재적 타당성'에 주목해 분석을 수행한다.

이 연구는 분석하는 데 일부분 한계점을 가진다. 그것은 분석 대상에서 석·박사학위논문과 단행본이 배제된 점, 분석 대상으로 삼은 학술지가 앞서 언급한 학술지 6종에 국한된 점이다. 이는 무엇보다 분석에 할애되는 물리적인 시간상의 한계에 따른 사례 선택의 편의(selection bias)의 결과다. 필자는 분석을 위해 선별한 학술지가 갖는 일정한 '대표성'과 분석 대상이 되는 총 135편의 논문 '수'가 2006~2015년 동안 한국에서 이루어진 러시아 정치 연구의 대체적인 추이와 흐름을 파악하기 위한 '표본'으로서 충분한 의미가 있다고 생각한다. 따라서 이에 대한 독자의 너그러운 양해를 구하며 후속 연구를 통해 이 같은 한계를 극복할 수 있기를 기대한다.

---

1) 각 영역별 학술지 순서는 한글 자모순이다.

이 장은 크게 두 부분으로 구성된다. 먼저 한국의 러시아 정치 연구 현황과 문제점에 대한 분석이 이루어지며, 이를 바탕으로 이 분야의 과제와 대안을 모색한다. 구체적으로 제2절에서는 2006~2015년 동안 출판된 연구물과 연구 인력 수를 바탕으로 러시아 정치 연구의 주요 문제점을 도출한다. 이어 제3절에서는 해당 시기 동안 출판된 연구물에 활용된 연구 방법에 주목해 이 분야의 주요 문제점을 파악한다. 제4절에서는 앞서 분석된 주요 문제점을 해소하는 데 초점을 맞춰 이 분야의 발전을 위한 일련의 과제를 제시하고 제언을 덧붙인다. 마지막으로 제5절에서는 논의를 요약하고 총결한다.

2. 연구물과 전문 연구 인력 수에 대한 평가

〈표 5-1〉에서 나타나듯이 2006~2015년 동안 주요 학술지 6종에 출판된 러시아 정치 관련 논문은 총 135편이다. 그중 상대적으로 많은 수의 논문이 출판된 학술지는 ≪중소연구≫와 ≪슬라브학보≫이며, 반면 정치학 전문 학술지인 ≪한국정치학회보≫와 ≪국제정치논총≫에 게재된 논문 수는 상대적으로 적었다. 이는 한국의 러시아 정치 연구자가 자신의 연구 성과를 지역학 전문 학술지에 발표하는 것을 더 선호하고 있다는 사실을 나타낸다.[2]

〈표 5-2〉를 살펴보면 주요 학술지에 게재된 러시아 정치 연구논문 수는

---

[2] 이에 대한 정확한 이유를 파악하기는 어렵다. 다만, 한국의 러시아 정치 연구자가 학술지를 선호하는 데 고려하는 변수로 학술지 권위, 영향력과 함께 논문 게재 과정에서의 환경적 친숙함이라는 요인도 작용했을 것이라고 추정한다.

<표 5-1> 2006~2015년 주요 학술지별 러시아 정치 연구논문 현황

학술지명	편수	비율(%)
≪국제정치논총≫	16	11.9
≪러시아연구≫	11	8.1
≪슬라브연구≫	21	15.6
≪슬라브학보≫	35	25.9
≪중소연구≫	45	33.3
≪한국정치학회보≫	7	5.2
합계	135	100

<표 5-2> 2006~2015년 주제별 러시아 정치 연구논문 현황

구분	2006	2007	2008	2009	2010	2011	2012	2013	2014	2015	합계	비율
국내정치	9	10	9	3	4	5	2	7	5	3	57	42.2
대외정치	13	7	4	11	10	6	6	6	5	6	74	54.8
군사		1		1							2	1.5
기타	1			1							2	1.5
합계	23	18	13	16	14	11	8	13	10	9	135	100

자료: 박수헌·신범식(2006).

2006년 23편에서 2015년 12월 기준 9편으로 감소 추이를 나타내고 있다. 1996~2005년 동안의 연구논문 게재 현황(〈표 5-3〉)을 함께 고려하면 2000년대 초중반 러시아 정치 관련 연구물 게재 수가 정점을 기록한 후 점차 하락세를 보이는 것을 확인할 수 있다.[3]

주요 연구 분야 측면에서는 2006~2015년 동안 출판된 논문 135편 중에

---

3) 이와 관련해 필자가 활용한 1996~2005년까지의 러시아 정치 관련 게재 논문 수는 분석 대상으로 삼은 학술지 수가 다르기 때문에 정확한 비교를 위한 통계로는 적합하지 않다. 다만 그 추이를 확인하는 용도로 의미가 있다.

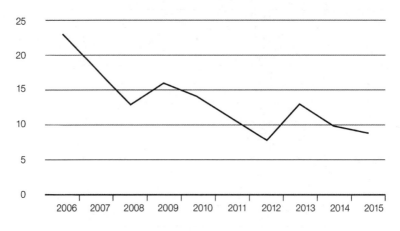

〈그림 5-1〉 2006~2015년 러시아 정치 연구논문 출판 추이

〈표 5-3〉 1996~2005년 러시아 정치 연구논문 현황

구분	1996	1997	1998	1999	2000	2001	2002	2003	2004	2005	합계	비율
국내정치	8	10	9	3	18	6	7	10	17	15	103	50.2
대외정치	7	5	9	6	10	6	14	10	14	12	93	45.4
군사	1	1		2	2	1	1	1			9	4.4
합계	16	16	18	11	30	13	22	21	31	27	205	100

〈표 5-4〉 2006~2015년 연구 분야별 출판 논문 현황

연구 분야	편수	비율(%)
국내정치	57	42.2
대외정치	74	54.8
군사	2	1.5
기타	2	1.5
합계	135	100

<표 5-5> 2006~2015년 세부 연구 주제별 논문 현황

세부 연구 주제	편수	비율(%)
정치사상/정치철학/정치이론/방법론	3	2.2
정치행정	3	2.2
민족/종교/환경/여성/인권/시민사회(운동)	13	9.6
정치학사/정치사/외교학사/외교사	4	3.0
정치경제/국제정치경제	17	12.6
정치사회/정치문화	4	3.0
의회/정당/선거	7	5.2
정치체제/정치변동	11	8.2
연방관계/지방정치/지방자치	7	5.2
국제관계/외교정책	51	37.8
국제기구/국제조직	5	3.7
군사/안보	2	1.5
권력 엘리트	8	5.9
기타	0	0
총합	135	100

주: 세부 연구 주제의 구분은 한국연구재단 국가과학기술표준분류표의 정치학 부문을 필자가
재구성한 것이다.

서 대외정치 관련 논문이 74편으로 54.8%, 국내정치 관련 논문이 57편으로 42.2%, 군사 관련 논문과 기타 논문이 각각 2편으로 1.5%를 기록했다 (〈표 5-4〉). 즉, 해당 시기에는 대외정치 관련 논문이 과반 이상의 비율을 기록하며 다수를 이루고 있다. 더불어 〈표 5-3〉과 〈표 5-4〉를 비교해보면 1996~2005년 동안 자리했던 국내정치 부문의 우위 구조가 2000년대 중반 이후 대외정치 부문의 우위 구조로 변한 사실을 알 수 있다.

세부 연구 주제별 논문 현황을 나타내는 〈표 5-5〉를 보면 지난 10년 동안 국제관계/외교정책 부문을 필두로 다양한 주제에 대한 연구가 진행되었다는 사실을 알 수 있다. 이 같은 통계는 연구 대상과 세부 연구 주제가

확대되고 다양화되었다는 기존 분석이 여전히 유효하다는 것을 보여준다. 특히 전통적으로 강세를 보여왔던 국제관계/외교정책과 정치체제/정치변동 부문 이외에도 정치경제/국제정치경제와 민족/종교/환경/여성/인권/시민사회(운동) 부문에 대한 연구물 비율이 증대하는 것은 긍정적으로 평가할 수 있다. 다만, 국제관계/외교정책 부문이 단일 부문으로서 과반 이상의 압도적인 비율을 차지하는 점과 정치사상/정치철학/정치이론/방법론 등 일부 부문이 그 중요성에 비해 연구물 수가 부족한 점은 개선될 필요가 있다.

2006~2015년 동안 주요 학술지에 게재된 135개 논문의 저자 수는 총 70명이다.[4] 이들 중에 만 45세 이하로서 신진 연구자로 분류할 수 있는 저자는 총 14명이며, 비율로는 전체에서 20%를 차지한다.[5] 또한, 이들 중에 정치학을 전공한 박사급 이상의 연구자 수는 단 7명으로 그 비율은 10%에 불과하다(2015년 12월 기준).[6]

지금까지 진행한 양적인 측면에서의 분석을 통해 다음과 같은 문제점 몇 가지를 지적할 수 있다. 첫째, 2006~2015년까지 주요 학술지에 게재된 논문의 연도별 수치를 고려할 때 연구논문 수는 완만한 감소 추이를 나타

---

[4] 이들의 명단은 다음과 같다. 강봉구, 강윤희, 강평기, 강현희, 고재남, 권세은, 기광서, 기연수, 김경민, 김광용, 김남섭, 김선래, 김성진, 김수한, 김연규, 김영진, 김유은, 김인성, 김정기, 김종헌, 김태연, 김혜진, 노경덕, 류진숙, 문수언, 문흥호, 박수헌, 박윤형, 박정민, 박정호, 박태성, 배정한, 백준기, 변원갑, 서동주, 송준서, 신동혁, 신범식, 양정훈, 엄구호, 연현식, 우준모, 우평균, 유세희, 유영미, 이경완, 이선우, 이성규, 이영형, 이용권, 이유신, 이홍섭, 임경훈, 임도빈, 장덕준, 장세호, 정세진, 정옥경, 제성훈, 조영관, 조정원, 주장환, 최아영, 최영진, 최태강, 한홍열, 현승수, 홍완석, 황동하, 황성우.

[5] 이들의 명단은 다음과 같다. 강평기, 강현희, 김수한, 김태연, 김혜진, 노경덕, 박정민, 이경완, 이선우, 이유신, 장세호, 제성훈, 조정원, 최아영.

[6] 이들의 명단은 다음과 같다. 강평기, 김태연, 박정민, 이선우, 이유신, 장세호, 제성훈.

내며, 이는 러시아 정치 부문의 전문 연구 인력 현황을 고려하면 추후 가속할 가능성이 크다. 특히 현재 연구물 수의 감소 현상을 상당 부분 완충하고 있는 제3세대 연구자의 학문적 생산성이 현격히 감소하는 시점에 도달할 경우 이러한 추이는 더욱 급속도로 진행될 것이며, 이에 따라 당연히 연구물 수는 심각하게 감소할 것이다.

둘째, 연구자 수의 심각한 감소 현상은 한국의 러시아 정치 연구가 발전하는 데 심각한 장애 요소가 될 것이다. 앞서 언급한 바와 같이 한국 슬라브학의 발전은 제2세대, 제3세대 연구자 집단의 등장과 같은 전문 연구 인력의 양적 팽창에 힘입은 바가 크다. 하지만 현재 러시아 정치 부문의 경우 제2~3세대 이후 학문후속세대가 급속하게 감소하고 있다. 실제로 지금까지 제3세대 이후의 연구자 집단은 '제4세대'와 같은 특정 용어로 개념화되지도 못하고 있는 수준이다. 더욱 심각한 점은 1970년생 이후 정치학 전공 박사급 연구자 중에서도 1980년생 이후 연구자는 단 1명으로 감소 폭이 더욱 커지고 있다는 것이다.

셋째, 대외정치 분야에서 특히 국제관계/외교정책 부문 연구물 비율이 지나치게 높은 점은 향후 정책지향적 연구 경향과 같은 연구 분야의 불균형 현상이 더욱 심화할 가능성을 나타낸다. 물론 국제관계/외교정책 부문 연구물이 상대적으로 높은 비율을 차지하는 현상을 지역학이 지닌 본질적인 한계로 인정할 수도 있다. 또한, 이러한 현상을 정책지향적 연구물 증대라는 추론으로 완전히 치환할 수 없다는 점도 분명하다. 하지만 1980년대 중반~2000년대 중반에 발생한 국제관계/외교정책 부문 연구물 감소 현상을 러시아 정치 연구의 질적 성장의 주요 이유로 파악한 점에 미루어보면 그 적실성이 더 이상 가치를 가지지 못한다는 것은 분명해보인다.

3. 연구 방법에 대한 평가

1990년대 중반~2000년대 초반 미국 비교정치학계의 지역연구와 비교
정치연구 사이에 방법론에 관한 논쟁이 뜨겁게 펼쳐졌다. 쟁점은 지역연
구와 비교정치연구가 갖는 각각의 학문적 의미와 기여에 관한 것이었다.
지역연구가 관찰 대상의 공간적 맥락이 갖는 고유성과 다양성을 강조하고
해당 지역에 대한 종합적인 지식 축적 측면에서 학문적 의미를 찾는 반면,
비교정치연구는 관찰 대상 사이의 일반성과 보편성을 강조하고 경험 검증
을 통한 이론적 일반화 측면에 학문적 의미를 부여한다(Bates, 1997; Kohli
et al., 1995; Harbeson and McClintock and Dubin, 2001; 임성호, 2007: 132
에서 재인용).

논쟁 과정에서 지역연구는 그 대부분이 정성적 연구로서 가설 검증에
한계를 가지기 때문에 방법에 관한 엄밀성을 결여한다는 비판을 받았다.
반면, 비교정치연구는 인과관계에 대한 과도한 일반화로 분석 대상을 자
의적으로 재단할 뿐만 아니라 심지어 왜곡할 수 있다는 점에서 비판을 받
았다(Bates, 1997; King and Keohane and Verba, 1994; Geertz, 1983; 임성호,
2007; 권혁용, 2012).

결국에는 지역연구와 비교정치연구 사이에 절충적 융합(eclectic synthe-
sis)이 필요하다는 의견이 대두되었다. 즉, 하나를 선택하는 것이 아니라
두 연구 모두를 행하는 분석적 절충 또는 혼합적 접근을 지향할 필요가 있
다는 것이다(Laitin, 2003; Brady and Collier, 2004; 권혁용, 2012).

그동안 러시아 정치 연구를 비롯한 지역정치연구는 대체로 연구 대상의
특수성, 사례연구, 정성연구, 자료중심 접근을 강조하는 '지역연구적 경향
성'을 강하게 나타냈다. 하지만 2000년대 이후 앞서 언급한 일련의 논쟁을
통해 미국 정치 연구를 중심으로 한 지역정치연구 다수는 연구 대상의 일

반성·보편성, 변수연구, 계량연구, 이론 중심 접근을 강조하는 '비교정치학적 경향성'을 점차 강화하는 추세다.

실제로 한국 정치 연구의 경우에도 최근 10여 년 동안 다양한 방법론적 논의와 논쟁을 통해 규범적(normative) 연구에서 실증적(positive)·과학적(scientific) 연구로, 서술(description)에서 인과적 설명(causal explanation)으로 전환하는 경향과 추이를 보이고 있다(권혁용, 2012).

물론 이러한 경향이 실증적·과학적 연구가 규범적 연구에 비해 방법적 적실성을 갖는다거나 인과적 설명이 서술에 비해 방법적으로 우월하다는 것을 의미하지 않는다. 오히려 지역연구와 비교정치연구의 한 부분으로서 지역정치연구가 갖는 양가적 특성 중 상대적으로 취약했던 비교정치학적 특성을 강화해 절충과 균형을 추구하는 것으로 이해할 필요가 있다.

1990년대 중반 이후 러시아 정치 연구에서도 방법론적 측면에서 나타난 변화에 대해 긍정적인 평가가 이루어졌다. 이를테면 비교정치학적 관점에서 러시아 사례를 분석하는 연구가 늘어나고, 러시아 사례를 다른 국가 사례와 직접 비교해 기존 이론에 대한 함의를 도출하려는 시도가 나타났다. 또한, 제3세대 연구자 가운데 미국이 아닌 다른 지역에서 수학한 이들이 미국식 방법 이외의 새로운 방법으로 연구를 진행해 연구 방법의 다양화에서 진전이 이루어지고, 연방 차원을 벗어나 다양한 지역에 대한 지방 차원의 연구가 증가해 연구 지역 범위가 확대되었다(박수헌·신범식, 2006).

지금까지의 논의를 바탕으로 이 절에서는 지역정치연구 일반의 방법론적 측면에서 나타나는 경향이 2006~2015년 사이의 러시아 정치 연구에서도 관찰되는지, 또는 2000년대 중반까지 러시아 정치 연구에서 나타난 긍정적인 변화 양상이 현재까지 지속되어 발전하고 있는지에 관해 몇 가지 지표를 이용한 실증 분석을 통해 파악해본다.

먼저, 〈표 5-6〉을 살펴보면 정성연구 비율(97.8%)이 압도적으로 높다는

〈표 5-6〉 2006~2015년 출판 논문의 정성/계량연구 현황

연구 방법	편수	비율(%)
정성(질적)연구	132	97.8
계량(양적)연구	3	2.2
합계	135	100

〈표 5-7〉 2006~2015년 출판 논문의 사례연구 유형 분포

연구 방법	편수	비율(%)
단일사례연구	128	94.8
(교차국가)다수사례연구	7	5.2
합계	135	100

사실을 알 수 있다. 지역정치연구물의 경우 대체로 계량연구 비율이 낮은 것이 사실이다. 하지만 특히 한국의 러시아 정치 연구물에서 그 비율은 훨씬 낮다는 점이 특징적이다. 예를 들어 ≪한국정치학회보≫에 게재된 논문의 경우 지난 20여 년 동안 정성/계량연구 비율이 약 8:2의 비율을 보였으며, 계량연구 비율은 꾸준한 증가세에 있다(권혁용, 2012). 다시 말해 한국 정치 연구물 대비 러시아 정치 연구물의 계량연구 비율은 대략 1/10에 불과한 수준이다.

다음으로, 〈표 5-7〉이 보여주는 바와 같이 사례연구 유형에서는 단일사례연구 비율(94.8%)이 압도적으로 높았다. 앞서 언급한 것처럼 2000년대 중반 이후 지역정치연구 분야에서도 이론의 일반화 또는 경험 검증의 일반화를 추구하는 비교연구, 특히 교차국가 다수사례연구가 꾸준히 증가하는 추세다. 이런 점을 고려할 때 한국의 러시아 정치 연구에서 다수사례연구가 차지하는 비율은 여전히 낮은 수준에 머물러 있다.

교차국가 다수사례연구에서는 비교국의 수가 모두 2개국이라는 점이

<표 5-8> 2006~2015년 출판 논문의 이론적 논의 유무 현황

연구 방법	편수	비율(%)
이론적 논의 제시	50	37.0
이론적 논의 미제시	85	63.0
합계	135	100

<표 5-9> 2006~2015년 출판 논문의 분석 지역 범위별 현황

분석 지역 범위	편수	비율(%)
연방 차원 연구	123	91.1
지방 차원 연구	12	8.9
합계	135	100

특징적이다. 논문을 비교대상국 기준으로 분류해보면 중국이 5편, 우크라이나와 한국이 각각 1편이다. 즉, 중국의 비율이 상대적으로 높다는 것을 알 수 있다. 특히 연구자의 국적을 고려할 경우 한국과의 적극적인 비교연구가 부족한 점이 눈에 띈다. 또한, 총 7편의 다수사례연구 중에 러시아의 비교대상국 전문 연구자와의 공동연구를 통한 논문은 단 2편에 불과하다.

또한, 2006~2015년 출판된 러시아 정치 관련 논문 가운데 구체적인 연구 방법을 제시한 논문은 차치하더라도 분석의 바탕이 되는 이론적 논의를 제시한 논문 수는 전체 논문의 약 1/3에 불과했다(<표 5-8>). 이러한 결과는 여전히 기존 연구(선행 연구)에 대한 기본적인 분석이나 이론적 논의 없이 현상에 대한 단순 기술에 머무는 경우가 많다는 사실을 나타낸다.

마지막으로 <표 5-9>는 러시아 정치 관련 연구물이 다룬 지역 범위를 나타낸다. 이에 따르면 연방 차원의 연구가 지방 차원의 연구와 비교해 약 9:1이라는 압도적 우위를 차지한다. 세부적으로는 총 12편의 지방 연구 가운데 북카프카스 5편, 모스크바 2편, 타타르스탄 1편, 연해주 2편, 지방 전체 2편을 기록해 북카프카스 지역에 대한 연구 비율이 상대적으로 높게 나타났다. 이러한 결과는 2006~2015년 동안의 러시아 정치 연구에서 1990년대 중반 이후 나타난 지방 차원의 연구 비율 증가 현상이 더 이상 유효하지 않다는 사실을 입증한다.

지금까지의 논의를 바탕으로 한국의 러시아 정치 연구에서 활용된 연구 방법에 대한 평가와 관련해 몇 가지 문제점을 지적해본다. 첫째, 그동안 한국에서 러시아 정치 관련 연구자 사이에 연구 방법과 관련한 논쟁이 사실상 부재했으며, 이러한 상황이 결국 이 분야의 질적인 발전을 제약하는 요소로 작용했다는 점이다. 실제로 지난 10년 동안의 러시아 정치 연구물 가운데 연구사 관련 논문에서 연구 방법에 대한 논의가 부분적으로 진행된 사례가 있으나 본격적인 연구 방법에 대한 학술적 성과는 사실상 전무한 상태라고 할 수 있다. 바로 이 같은 상황이 다양한 형태의 연구 방법에 관한 논쟁이 존재하는 미국의 정치 연구와 한국의 정치 연구 분야 사이에 선명하게 대비되는 점이다.

둘째, 연구물의 방법론적 전략 부재다. 앞서 살펴본 바와 같이, 한국의 러시아 정치 연구물은 연구 대상의 고유한 맥락과 특수성을 강조하고 단일 사례연구, 정성연구, 자료중심 연구를 특성으로 하는 '지적 경향성'이 강한 것으로 나타났다. 문제는 이 같은 경향성이 지나치게 편중되어 있다는 점이다. 이는 그동안 다른 지역정치연구 분야가 축적해온 전통적 '지역연구'의 토대 위에 '비교정치학적 특성'을 강화해 분석적 절충과 혼합적 접근을 추구하는 최근의 추이에 반하는 것이기도 하다. 물론 한국의 러시아 정치 연구에서 '비교정치학적 특성'을 지나치게 강조해 서구 이론을 무비판적으로 수용하거나 무분별하게 적용한 사례가 없는 것은 아니다. 다만, 한국의 경우 연구 방법의 '과잉'에 따른 문제보다는 연구 방법의 '빈곤'이나 '부재'가 더 큰 문제라고 할 수 있으며, 향후 장기적·거시적 발전을 위해 '지적 경향성'과 '비교정치학적 경향성' 사이의 균형은 반드시 필요하다.

셋째, '한국적 정체성' 모색이 요원하다는 점이다. 앞서 사례연구 유형 분석에서 잘 드러난 것처럼 그동안 이 분야의 연구에서 러시아 사례와 한국 사례 사이의 비교 작업은 극히 제한적이었다. 또한, 러시아에 관한 경험 분석을 통해 한국에 대한 시사점을 찾으려는 시도도 많지 않았다. 물론, 한국외대 러시아연구소의 인문한국지원사업 프로젝트인 '러시아 인문공간의 한국적 재구성' 사례에서 알 수 있듯이 '한국적 러시아 연구'의 필요성을 위한 노력이 전혀 없었던 것은 아니다. 실제로 해당 사업단은 이른바 한국적 재구성의 의미를 '한국에 필요한', '한국과 관련 있는', '한국만의 시각'으로 정의하고 이에 대한 방법론을 논의했다는 점에서 일정한 의미를 가진다. 다만, 이러한 방법적 논의가 구체적인 학술 성과로 귀결되지 못했다는 점 역시 분명한 사실이다.

4. 한국의 러시아 정치 연구 발전을 위한 과제와 제언

지금까지 우리는 2006~2015년 동안의 한국의 러시아 정치 연구 현황을 살펴보았다. 이를 통해 1980년대 중반 이후 나타난 한국 슬라브학과 러시아 정치 연구의 괄목할 만한 성장을 뒷받침해온 다수의 긍정적인 징후가 더 이상 효과적으로 작동하지 않는다는 사실을 확인할 수 있었다. 어쩌면 한국의 러시아 정치 연구는 그 주체들이 '현상 유지'라는 '착시 현상'에 빠져 있는 동안 이미 발전 동력을 상당 부분 상실하고 정체 또는 퇴조의 길에 접어들었는지도 모른다. 한국의 러시아 정치 연구는 이미 '위기'에 직면해 있다. 이에 효과적으로 대응하지 못하면 그동안 어렵게 축적해온 성과를 짧은 시간 동안에 상실하게 될지도 모른다. 따라서 한국의 러시아 정치 연구계가 더욱 적극적으로 대응해야 한다. 마지막으로, 필자는 이에 대한 몇 가지 과제를 제시하고 제언을 덧붙인다.

첫째, 러시아 정치 관련 연구자와 연구물 수 감소 추세가 계속되는 현상에 대한 대응책을 모색해야 한다. 연구자 수 감소에 대한 대응 방안은 학문 후속세대 양성 문제와 연결된다. 물론 이 문제에는 교수·연구원 충원 수, 주기 등과 같은 학문 시장의 현황이 결정적으로 영향을 미친다. 하지만 다른 인문학 부문과 비교해 사회과학 부문에서 특히 러시아 정치 연구 부문은 인적 수요가 비교적 꾸준하며 향후 늘어날 가능성이 크기 때문에 대학 일선에서 자신감을 가지고 학문후속세대를 발굴, 양성할 필요가 있다.

연구물 수 감소 문제와 관련해서는 연구 분야 측면에서 현재의 대외정치 분야의 우위 구조가 더욱 고착하고 심화할 가능성이 크다는 점에 주목할 필요가 있다. 더구나 전문 연구 인력의 규모가 갈수록 협소해지는 상황에 말미암아 한정된 러시아 정치 연구자가 정부의 정책적 수요에 대한 대응에만 주력하다 보면 긴 호흡의 학문 성과를 축적하는 것이 미흡해질 수밖에 없다. 또한, 이러한 상황은 학계가 양질의 정책지향적 연구물을 공급하는 데 근본적인 한계를 노정하는 악순환을 초래할 수도 있다. 즉, 우선 대외정책 생산의 측면에서 학계, 연구 기관, 정부가 담당해야 할 분명한 역할에 대한 논의가 필수적이다. 더불어, 정책적 수요와 별개로 다양한 부문에서 연구가 이루어질 수 있도록 주의 깊은 관심을 기울일 필요가 있다.[7]

---

7) 앞서 살펴본 바와 같이, 러시아 정치 분야의 연구자 수가 꾸준한 감소세를 보이는 상황에서 정부의 정책 수요에 대응하다 보면 자연스럽게 대외정책 분야의 연구물 비율이 증가할 수밖에 없다. 실제로 정부가 발주한 연구 용역을 수행하고, 그 결과를 논문으로 발표하는 사례가 적지 않다. 문제는 이러한 경우가 많아지면서 정책 수립의 기반이 되는 기초연구와 이론연구가 소홀해지고 있다는 점이다. 따라서 학술지 운용 또는 교수·연구원 충원 과정에서 이를 보완할 수 있는 다양한 제도적 방안이 모색되고 실행되어야 한다.

둘째, 한국에서 이루어지는 러시아 정치 연구의 향후 10년을 주도할 새로운 패러다임과 담론을 모색해야 한다. 지난 30여 년 동안의 괄목할 만한 성장에도 불구하고 사실 '그동안 우리 학계가 붙들고 천착해온 핵심 화두가 존재했는가, 그렇다면 그것은 과연 무엇인가'하는 질문에 쉽게 답하기는 어려워 보인다. 다시 말해 이제는 '한국의 러시아 정치 연구에서 새로운 패러다임과 담론의 제시'에 관한 문제에 답을 해야 한다. 예컨대 '푸틴체제의 본질과 미래', '러시아식 발전 경로에 대한 평가와 전망', '러시아의 아태 지역 진출과 역내 편입 시도에 대한 평가와 대응 전략' 등 일련의 연구 문제를 포괄적으로 묶어 담론화하려는 노력이 필요하다. 이 점에서 오랫동안 연구 역량을 축적해온 원로·중견 연구자의 역할이 중요하다. 이뿐만 아니라 이러한 노력의 구체화와 실현의 매개체로서 주요 대학에 현존하는 러시아 관련 연구소의 역할도 중요하다.

셋째, 러시아 정치 연구의 심화를 위한 연구 방법에 대한 논의와 논쟁을 활성화할 필요가 있다. 앞서 언급한 바와 같이 러시아 정치 연구는 지역연구의 일부이면서 동시에 비교정치학의 한 부분이기 때문에 어느 한쪽에 치우치기보다는 양자의 분석적 절충과 혼합적 접근을 시도하는 것이 매우 중요하다. 따라서 러시아 정치 현상의 구체적인 측면과 개별 사례의 특이성을 세밀히 관찰하고 풍부하게 기술하는 한편, 이를 비교정치학적 이론을 통해 해석함으로써 이론적 보편화·일반화의 가능성을 모색하려는 노력이 필요하다.

이를 위해서는 우선 중견 연구자가 거시적·장기적 관점에 따른 연구 방법에 관한 논의를 촉발하고 고양해야 한다. 더불어 HK 또는 SSK사업과 같은 중·장기 프로젝트에서 생산적 연구 방법에 대한 논의를 주요 과제로 설정하고 학술적 성과로 전환하려는 책임 의식이 필요하다.

앞서 언급했듯이 현재 러시아 정치 연구에서는 '연구 방법의 과잉'보다는 '연구 방법의 빈곤과 부재'가 더욱 심각한 문제다. 따라서 이를 개선하기 위해 적극적으로 노력할 필요가 있다. 이를테면 계량연구 증진을 위해 연구자가 사회과학(조사) 방법론 습득, 러시아 내 공개 자료 수집, 주요 여론조사 기관과의 공동 작업을 적극적으로 추진할 수 있다. 또한, 국내외 비교정치 학자와의 적극적인 공동연구도 장려해야 한다.

이뿐만 아니라 현재 매우 협소한 비율을 차지하는 교차국가 다수사례연구를 활성화하는 방안을 모색하는 일도 절실하다. 일단은 2~3개국에 대한 교차국가 비교연구를 시도하면서 소·중 범위의 이론화 작업을 지향하는 것이 현실적이다. 이를 위해 러시아를 포함한 해외의 러시아 정치 연구자, 유관 지역정치 연구자와의 적극적인 공동연구를 시도할 수 있다.

넷째, 러시아 연구의 '한국적 정체성' 확보 문제를 더욱 진지하게 고민해야 한다. '한국적 정체성' 확보는 본질적으로 연구자가 러시아 정치 현실을 얼마나 잘 드러내고 설명할 수 있는지에 관한 문제다. 사실 그동안 서구의 비교정치이론을 기계적·무비판적으로 적용하는 것이 러시아 현실을 임의로 재단하거나 왜곡할 수 있다는 비판이 적지 않았다. '한국적 러시아 연구'는 러시아 정치 현실을 우리의 경험과 시각에서 좀 더 정확하고 심층적으로 기술하거나 보편적인 틀을 통해 설명할 수 있는 가능성을 모색하는 작업이다. 따라서 우리는 '우리 안의 보편성'에 주목할 필요가 있다. 즉, 서구의 경험에 대한 '과잉 보편화', 비서구적 경험에 대한 '과잉 특수화'라는 지적 종속의 굴레를 넘어 한국적 특수성 속에 존재하는 일반적인 특성을 도출하고 이를 다른 사례에 적용해보려는 시도가 절실하다.

이를 위해 우선 한국 사례와 러시아 사례의 적극적인 비교를 통해 서구 이론을 보완하거나 수정하는 작업을 진행해야 한다. 이 같은 작업은 그 과정에서 새로운 보편화와 일반화의 가능성을 모색하는 방향으로 수행되어야 한다. 이와 함께 '문제의식의 한국화'도 고민해볼 필요가 있다. 즉, 러시아 정치의 역사적 경험이 갖는 특수성, 고유한 맥락이라는 씨줄과 한국 정치의 역사적 경험이 갖는 특수성, 고유한 맥락이라는 날줄이 상호 교차하는 지점을 끊임없이 모색할 때 '러시아 연구의 한국적 특성'이 부각되고 국제적 경쟁력을 가질 수 있다. 이를테면 한국의 민주주의 이행, 군사독재 정부의 등장과 몰락, 국가주도 경제발전 노선과 정치적 권위주의의 경향성 증대 사이의 상관관계, 제왕적 대통령과 행정부 우위 정치체제 등의 주제를 러시아 사례와 적극적으로 비교하는 연구를 시도할 수 있다.

이 밖에도 학술회의, 세미나 등 학술 행사의 내실을 단단히 하고 연구자 사이에 개념과 용어 사용의 통일성을 구축하기 위한 노력이 요구된다. 실제로 학술 행사 대부분이 철저한 기획 아래 준비되고 진행되기보다는 준비된 논문을 모아 적당한 주제를 붙여 운용되는 상황이다. 따라서 간결하게 연구 문제와 핵심 내용만을 발표하고 핵심 쟁점과 보완할 지점을 논의하는 실질적인 토론이 될 수 있도록 학술 행사의 진행 방식을 개선할 필요가 있다. 또한, 러시아 정치 연구의 활성화를 위해 연구자 사이에 발생하는 주요 개념, 용어의 번역과 사용에 관한 불일치성을 해소하기 위한 노력이 절실하다.

5. 결론

이 장을 이루는 필자의 연구는 한국슬라브·유라시아학회 창립 30주년에 즈음해 그동안 본격적으로 논의된 바 없었던 2000년대 중반 이후 한국의 러시아 정치 연구 현황을 파악하는 한편, 향후 발전을 위한 과제를 도출하기 위한 학술적 시도였다. 특히, 필자가 주목한 것은 그동안 한국 슬라브학의 역동적인 발전을 뒷받침하는 일련의 표증 요소가 현재에도 제대로 기능하는지의 작동 여부였다. 이를 위해 2006~2015년까지 주요 학술지 6종에 게재된 러시아 정치 연구물에 대해서 실증 분석을 진행했다.

요약하자면, 먼저 러시아 정치 관련 연구물과 연구 인력 수와 관련해 주요 학술지의 연도별 게재 논문 수와 저자 수는 모두 감소 추세를 나타냈다. 특히 러시아 정치 관련 전문 연구 인력의 감소 추세가 매우 가파른 형상을 보였는데, 이는 향후 연구물 수가 더욱 감소할 것이라는 점을 시사한다. 또한 세부적인 연구 주제 측면에서 국제관계/외교정책 부문 비율이 압도적으로 높았는데, 이는 향후 연구 분야 사이의 불균형 현상이 더욱 심화할 것을 우려하게 만드는 요소로 분석되었다.

연구 방법과 관련해 러시아 정치 연구 결과물은 지역연구가 가진 본질적인 특성에도 불구하고 정성연구 비율이 계량연구에 비해 지나치게 높았으며, 단일사례연구 비율이 다수사례연구에 비해 압도적으로 높은 것으로 파악되었다. 게다가, 분석의 바탕이 되는 이론적 논의가 부족한 경우가 적지 않았고 분석 범위에서 지방 차원 연구 비율이 연방 차원 연구에 비해 매우 낮은 것도 특징적이었다. 이러한 결과는 그동안 연구자 사이에 연구 방법과 관련한 논의와 논쟁이 미흡했기 때문인 것으로 분석되었다.

이러한 분석 결과는 그동안 러시아 정치 연구의 괄목할 만한 성장을 논리적으로 뒷받침한 주요 표중이 더 이상 효과적으로 기능하지 않는다는 사실을 보여주었다. 따라서 필자는 한국의 러시아 정치 연구계가 이미 '정체' 또는 '위기'에 직면해 있으며, 이에 대한 적극적인 대응책이 모색되어야 한다고 강조했다.

이를 위해 다음과 같은 세부 과제가 제시되었다. 첫째, 연구물 수, 연구자 수 감소에 대응하기 위해 대학 일선에서 더욱 적극적으로 학문후속세대를 발굴하고 양성해야 하며, 연구 주제 분야에서 대외정치·정책연구 우위 구조를 완화하고 다양한 주제의 심층적인 학술연구를 활성화하기 위한 진지한 노력이 필요하다는 것이다. 둘째, 장기적인 안목에 따라 한국의 러시아 정치 연구의 주요 문제를 포괄적으로 묶어 담론화하려는 새로운 패러다임 모색이 중요하다는 것이다. 셋째, 현재 한국의 러시아 정치 연구의 방법론적 '빈곤'과 '부재' 상황을 개선하기 위해 연구 방법에 대한 본격적 논의와 논쟁을 활성화하는 한편 계량연구, 다수사례연구, 지방 차원 연구를 장려할 수 있는 다양한 방안이 모색되어야 한다는 것이다. 넷째, 한국과 러시아 사례 비교를 통해 우리의 경험과 시각 속에서 러시아 정치 현실을 드러내고 설명하려는 '한국적 러시아 연구'가 절실하다는 것이다.

앞서 언급한 바 있지만 지난 30여 년 동안 한국 슬라브학, 특히 러시아 정치 연구는 비교적 짧은 시간 동안 눈부신 성취를 달성했다. 필자는, 모든 평가는 성과를 중심으로 해 오류와 한계를 극복하는 방식으로 이뤄져야 한다고 믿는다. 그렇게 해야만 과도한 낙관주의와 패배주의라는 양자의 편향을 극복하고 올바른 발전의 길을 모색할 수 있기 때문이다. 다만, 필자는 최근 10년 동안의 연구물에 대한 실증 분석을 수행하면서 최근 연구자들이 감각적으로 느낀 일련의 위험 요소가 자명한 현실로 드러난 것에 대해서 당혹감을 감출 수 없었다. 결국, 그동안 우리는 지난 성과에 도취되어 있었거나 학문 세계가 전반적으로 퇴조하는 상황 가운데 한국의 러시아 정치 연구라는 실재에서 자기 위안을 찾아왔던 것은 아닐까. 필자의 연구는 우리가 달성해온 성과를 부정하려는 시도가 결코 아니다. 오히려 우리 앞의 냉엄한 현실을 비판적으로 드러내어 향후 발전을 도모할 수 있는 의지와 동력의 단초를 찾기 위한 시도였기를 바란다.

| 참고문헌 |

강정인 외. 2003. 「1990년대 이후 한국 정치학과 발전방향」. 『한국 정치학회오십년
　　사』. 한국정치학회.

권혁용. 2012. 「한국의 정치학 연구: 1991-2010 ≪한국정치학회보≫ 분석」. ≪한국
　　정치학회보≫, 46집, 2호, 117~140쪽.

김학준. 2004. 「한국의 러시아 연구: 회고와 평가」. ≪중소연구≫, 27권, 4호,
　　237~251쪽.

김현택. 2015. 「한국의 슬라브학, 지금 어디에 서 있는가?」≪지식의 지평≫, 제18호,
　　226~246쪽.

류세희. 2004. 「≪중소연구≫와 한국의 중국, 러시아 연구 회고」. ≪중소연구≫, 27
　　권, 4호, 203~214쪽.

문수언. 2004. 「한국의 러시아 연구: ≪중소연구≫를 통하여 본 현황과 발전 전망」.
　　≪중소연구≫, 27권, 4호, 253~278.

박수헌·신범식. 2006. 「'제3세대' 이후 국내 러시아 연구의 현황과 과제: 사회과학을
　　중심으로」. ≪러시아연구≫, 16권, 2호, 319~353쪽.

양현수. 1996. 「한국의 러시아 연구 현황: 1990년대 정치학계의 성과」. 『한국 정치학
　　회 학술발표대회 자료집(1996-2010)』. 한국정치학회.

임성호. 2007. 「지역학의 일부인가 정치학의 핵심인가: 미국정치연구의 성격과 과제」.
　　≪미국학≫, 제30권, 149~177쪽.

전재성. 2007. 「한국 국제정치학의 향후 과제들」. ≪국제정치논총≫, 6집, 227~249쪽.

정한구. 1993. 「국내 러시아 연구의 현황과 과제: 사회과학 부문을 중심으로」≪슬라
　　브학보≫, 8권, 263~277쪽.

조희연. 2010. 『동원된 근대화: 박정희 개발동원체제의 정치사회적 이중성』. 후마니
　　타스.

하용출. 1998. 「소련·동구지역연구현황」. 이상협·권태환 엮음. 『한국의 지역연구:
　　현황과 과제』. 서울대학교 출판부.

한배호. 2003. 「한국 정치학 학사: 총론」. 『한국 정치학회오십년사』. 한국정치학회.

Bates, Robert. 1997. "Area Studies and the Discipline: A Useful Controversy?" *PS: Political Science&Politics*, Vol.30, No.2, pp. 166~169.

Brady, Henry and David Collier. 2004. *Rethinking Social Inquiry: Diverse Tools, Shared Standard.* Lanham, MD: Rowman&Littlefield.

Chang, Duck Joon. 2007. 「Russian Studies in Korea since the Mid-1990s: With Focus on Social Sciences」. ≪슬라브학보≫, 22권, 1호, 155~180쪽.

Greertz, Clifford. 1983. *Local Knowledge: Further Essays in Interpretive Anthropology.* New York: Basic Books.

Harbeson, John, Cynthia McClintock and Rachel Dubin. 2001. "Area Studies and the Discipline: Towards New Interconnections." *PS: Political Science& Politics*, Vol.34, No.4, pp. 787~788.

Kohli, Atul. et al. 1995. "The Role of Theory in Comparative Politics." *World Politics*, Vol.48, No.1, pp. 1~49.

King, Gary, Robert Keohane and Sidney Verba. 1994. *Designing Social Inquiry: Scientific Inference in Qualitative Research.* New Jersey: Princeton University Press.

Laitin, David. 2003. "The Perestroikan Challenge to Social Science." *Politics and Society*, Vol.31, No.1, pp. 163~184.

슬라브학 30년 회고와 전망
경제학 분야*

성원용(인천대학교 동북아국제통상학부 교수)

1. 서론

1985년 '한국슬라브학회' 창립을 계기로 한국 슬라브학은 새로운 전기를 시작했고, 이후 30여 년의 세월이 흘렀다. 하지만 오늘날 한국에서 '슬라브학'은 여전히 널리 알려진 학문 영역이 아니며 대중에게 낯설게 들리는 개념이다.[1] 그 이유는 무엇보다도 우리가 슬라브 문화권과 이를 알아가는 방식을 처음으로 접했을 당시 복잡했던 시대적 환경과 관련이 있다. 구한말 강대국이 '제국 러시아'에 대한 이미지를 강요하면서 형성된 인식(공로증, Russophobia)과 분단 이후 20세기 '냉전의 최전선'이었던 한국에서 이념의 대립과 적대라는 조건을 뚫고, 또 삶의 모든 것을 철저하게 '반공' 이데올로기로 재단하는 암울했던 시대적 환경에서 대중을 상대로 슬라

---

* 이 글은 학술회의 '한국 슬라브학 30년: 성과·성찰·도약(2015년 12월 11일 개최)'에서 발표한 논문을 부분적으로 수정한 것이다.
1) 한국 슬라브학 전반에 대한 진단과 평가는 김현택(2015)을 참고하기 바란다.

브 문화권에 대한 이해를 확장하고 심화하는 것은 원초적으로 불가능한 일이었을지도 모른다. 이러한 열악한 환경에서도 '슬라브학'의 존립이 가능할 수 있었다면, 그것은 오로지 두 경로를 통해 이루어졌을 것이다. 하나는, 학문 그 자체가 외부의 타자, 또는 한국을 지배하는 '학술 제국'의 주축에게서 철저히 외면당하거나 무의미한 것으로 평가되는 것이고 또 다른 하나는, '슬라브학'의 성과가 당대 통치 이념을 정당화하는 실용적인 교안으로 전락하는 것이다.

그렇다면 1991년 12월 소련이 해체되어 우리와 타자를 나누는 냉전 시대의 이념적 장벽이 사라지고 '자유민주주의'와 '시장자본주의'라는 언설이 글로벌 단위의 통일된 정향으로 인식되는 상황에서, 또한 슬라브 문화권에 대한 '자유로운' 사유가 가능한 상황에서도 여전히 '슬라브학'이 낯설게 느껴지는 이유는 무엇일까? 필자는 이러한 문제의식에서 출발해 지난 30년 동안 이루어진 한국에서의 '슬라브학', 특히 경제학 분야의 궤적을 돌아보고 그동안 이룬 성과와 한계를 짚어보면서 나름대로 그것에 대한 답을 찾아보고자 한다.

우선 본격적인 논의에 앞서 하나의 의문이 제기될 수 있다. 바로 '과연 슬라브학이란 무엇인가? 그것의 정체성을 어떻게 정의할 것인가?'라는 물음이다. 사실 이 같은 의문을 풀지 않고 그 범주의 하부 단위인 '경제학' 분야의 성과를 논한다는 것은 불가능하다. 실제로 이러한 문제 제기는 정당한 것이고 결코 피할 수 없는 논쟁적인 주제다. 무엇이 '슬라브학'이고, 또 그것은 어디까지를 공간적 연구 대상으로 설정하고 있는지를 규명하는 것은 이 분야의 모든 연구자가 가지는 책무이기도 하다.

하지만 필자가 맡은 역할은 '슬라브학 30년'이라는 출발 조건과 배경을 전제로 '경제학' 부문을 조망하는 것이다. 따라서 지금 그 전제 조건에 대해 본격적으로 문제 제기를 하는 것은 주제 범위는 물론이고 연구자의 역량을 넘어서는 것이다. 게다가 지금 여기에는 그것을 본격적으로 다룰 지면의 여유도 없다. 필자가 설정한 목적은 단순하고 소박한 것이다. 한국 연구자 상당수가 공감하고 잠정적으로 합의한 '슬라브학'이라는 범위 안에서 공간적으로는 구소련과 동구권 영역 안에서 발생하는 경제의 여러 문제, 또는 경제학을 한국 연구자가 어떻게 분석하고 조명해왔는지를 검토하는 것이다.

논의를 본격적으로 전개하기에 앞서 필자의 분석이 가진 한계를 고백할 필요가 있다. 우선 필자는 공간적 연구 대상으로서 동구권을 분석 대상에 포함하지 않았다. 통상적으로 '슬라브 문화권'이라고 정의되는 지역을 논한다면 연구 범위는 구소련을 넘어 '동구권'으로 확장하는 것이 옳다. 하지만 글의 목적이 연구 대상 설정 그 자체가 아니라 그것을 통한 '슬라브학', 또는 그 하위 범주로서 '경제학'에 대한 이해에 초점을 맞출 경우 분석 대상에 동구권 관련 자료를 포함해야 할 필요성은 상대적으로 작아진다.

여기에는 몇 가지 상황적인 요인이 존재한다. 하나는, 관심 영역을 동구권까지 확장해서 논의를 전개하기에는 몇 가지 어려움이 뒤따르기 때문이다. 또 다른 하나는, 심층적이고 밀도 있는 분석을 통해 그 결과를 제시하기에는 방대한 관련 자료에 대한 검토와 학습이 충분히 진행되지 않았기 때문이다.[2]

그 결과 필자의 분석은 마땅히 이루어져야 할 공간적 대상 전체에 대한 검토를 하지 못하고 있기 때문에 어느 측면에서는 비완결적이고 제한적인 성격을 갖고 있다. 다만 굳이 경제학 관점에서 구소련과 동구권을 분리하

---

2) 동구권을 '슬라브학' 분석의 연구 공간 중 하나로 위치 지을 수도 있지만, 독자적인 연구 대상으로 삼을 경우에는 '동유럽학'의 공간이 된다. 지난 시기 동안 진행된 동유럽학의 범위와 내용, 역사적 변천 과정에 대해서는 홍석우(2015), 이규영(1996, 1999)을 참고하기 바란다.

지 않고 이 지역을 하나의 대상으로 설정할 때 같은 선상에서 논의할 수 있는 공통의 요소가 더 많기 때문에 이에 충실하다면 동구권을 포함하지 않더라도 어느 정도의 경향성을 파악하는 데는 큰 문제가 없다는 것을 위안으로 삼고 싶다. 경제학 관점에서 보면 실제로 지난 30년의 '슬라브학' 역사는 '사회주의 행정명령 경제체제'에서 '시장경제체제'로 전환하는 과정과 긴밀하게 연관되어 있으며, 사실상 이것이 모든 경제 문제를 관통한다고 해도 과언이 아니다. 따라서 필자는 구소련이라는 '부분'에 대한 분석과 논의의 결과가 '슬라브학'이 설정하는 '전체' 공간을 바라보는 시각, 또는 관점에 치명적인 왜곡을 가져오지는 않을 것이라고 생각한다.

두 번째 한계는 연구 주제와 관련해 양적 분석을 진행하지 않은 것과 관련이 있다. 예를 들어 해마다 '슬라브학'을 다룬 경제학 분야의 학위논문이 어느 정도 증가해왔는지, 관련된 주제의 논문이나 단행본의 출간 횟수가 일정 기간 어떻게 바뀌어왔는지, 이들 문헌을 세부 연구 주제별로 나눠볼 때 연구자가 어떤 주제에 더 많은 관심과 노력을 기울였는지 등 다양한 양적 지표를 추출한 뒤 경향을 분석하는 방식을 취하지 않았다. 물론 이러한 양적 분석이 '슬라브학' 권역에 대한 연구자의 관심, 연구의 시대적 조류와 경향 등을 파악하는 데 실질적으로 도움이 되는 것은 분명하다. 그러나 향후 언급하겠지만 어디까지를 '슬라브학' 관련 분야의 학술지로 선택해 경제학 관련 자료를 추출할 것인지, 어떤 자료를 '슬라브학'의 고유한 범주로 설정할 것인지가 불명확하기 때문에 양적 지표의 평가에서 엄정성과 객관성에 대한 회의가 발생할 수밖에 없다. 따라서 연구 대상을 평가할 때 연구자 개인의 가치판단이 부분적으로 개입할 수밖에 없다는 것을 인정해야 하며 동시에 필자의 이론적·방법론적 선호, 주관적인 선호를 최대한 배제하고 그 정향을 읽어내는 것이 필요하다. 이에 따라 필자는 양적 지표를 단순하게 열거하는 것이 아니라, 전체적인 경향과 30년의 역사적 과정에서 드러난 일반적인 경향과 흐름을 제대로 보았는지, 그 성과와 한계를 평가하는 범주 설정이 올바른 것인지, 미래에 대한 비전 설정이 정확한 것인지를 내재적 관점에서 재조명하는 일이 더 바람직하다고 판단한다.

지금부터는 한국슬라브학회가 출범한 1985년 이후 소련 지역의 경제와 관련된 논의가 시기별로 어떻게 발전되어왔는지, 연구 현황에서 어떤 분야가 주로 다뤄지고 있는지, 전체적으로 어떤 분야를 향해 학문의 중심이 이동하고 있는지를 검토해본다.

2. 1985년 페레스트로이카 논쟁과 사회주의 문제

1985년부터 구소련 붕괴 시점까지 경제학 분야의 연구 주제는 주로 소련 사회주의체제의 개혁과 향후 전망에 집중되었다. 사실 '소련 사회주의 경제체제는 어디로 가고 있는가?'라는 질문은 결론적으로 다음 두 질문과 긴밀하게 연관된다. 하나는, 사회주의계획경제가 '작동하는' 경제체제로서 과연 언제까지 존립할 수 있을지에 대한 질문이다. 또 다른 하나는, 만일 사회주의 경제체제에 전면적인 '재건'과 '개혁'이 필요하다면[3] 과연 어떤 방향과 성격의 경제개혁을 추진해야 하는지에 대한 질문이다.

사실 이러한 질문은 비단 '슬라브학' 영역에만 국한된 것은 아니다. 이것은 사실상 당시 한국 사회과학계를 풍미한 지식 담론의 공론장에서 가장 중심적인 주제 중 하나였다.[4] 설사 연구자가 정치경제학자가 아니더라도

---

3) 러시아어의 '페레스트로이카' 개념 안에는 이에 대한 구상이 응축되어 있다.
4) 김수희(1987), 김수행(1988), 황태연(1988), 강정구(1990), 김영진(1990), 김윤자(1990, 1991), 박영호(1991a).

'사회주의계획경제의 운명'과 연관된 문제는 경제학자 대다수를 몰입시키는 매력적인 주제였다.

사회주의계획경제에 대한 태생적인 반감을 갖고 있든, 그것에 대한 막연한 환상 또는 이로부터 비롯된 '무지몽매한' 동경을 표출하든 간에 '과연 사회주의계획경제체제는 어디로 갈 것인가?'라는 주제를 놓고 많은 연구자들은 뜨겁고 치열하게 논쟁에 뛰어들었다. 미하일 고르바초프가 페레스트로이카를 소련 경제개혁의 중요 원칙으로 표방한 뒤, 동유럽과 소련 등 사회주의권에서의 계획경제체제는 공론장에서 무능, 비효율, 낭비 등과 동일한 개념으로 추락했다. 이같이 혹독한 비판 대상으로 전락한 계획경제체제에서 탈출구를 찾기 위한 개혁 주창자의 온갖 '실험'과 이에 저항하려는 대중의 몸부림은 전파를 타고 세계 각지에 보도되었고, 뒤이어 시시각각으로 악화되는 경제 상황 아래에서 민심이 동요하는 모습은 점차 눈앞에서 펼쳐지는, 한 편의 드라마와 같은 가공의 '현실'로 변모하고 말았다.

여기에서 관찰자가 누구인가와 어떤 학파에 속해 있는지는 중요하지 않았다. 어디에서 교육을 받았든, 어떤 문화적 배경에서 이 주제에 관심을 가졌든 간에 모든 이들에게 이 주제는 결정적이었다. 1985년 이후 소련의 '페레스트로이카'는 모든 이슈를 빨아들이는 블랙홀이 되었다. 시시각각 변하는 소련체제의 구체적인 실상이 더욱 생생하게 전달되는 과정에서 기존 현실에 대한 진단, 또는 그 미래에 대한 전망은 때때로 '오류'로 판명되거나 정반대로 뛰어난 의견이라는 칭송을 듣기도 했다. 그렇게 1980년대 후반까지 페레스트로이카는 당대 지식인의 사유 체계를 처음부터 끝까지 완전히 지배하고 말았다.

그렇다면 1985년 이후 왜 그토록 많은 이들이 열정적으로 '페레스트로이카' 논쟁에 참여하게 되었는가?25) 당시 소련의 '페레스트로이카'는 지구적 단위에서 커다란 관심을 불러일으키는 주제였다. 그런데 유독 한국에서 그에 대한 관심이 지대했던 것은 무엇 때문이었는가?

그것은 크게 보았을 때 다음과 같은 두 가지 이유로 정리할 수 있다.

첫째, '페레스트로이카'가 함축한 상징적 의미 때문이다. 이것은 소련 사회주의체제의 존립 가능성을 결정짓는 주제다. 이 문제를 어떻게 바라보고 해석하느냐에 따라 미래에 대한 전망이 달라질 수밖에 없다. 최소한 그 시점에는 소련을 어떻게 이해하고 해석할 것인가라는 문제가 바로 이 '페레스트로이카'에 응축되어 있었다. 이것이 어떠한 방향성을 가지고 전개되느냐에 따라 이해와 해석에 관한 정당성이 최종적으로 심판되었다.

둘째, '페레스트로이카'는 한국의 미래에 대한 비전과 긴밀하게 연관되었다. 사회주의체제 진영의 맹주인 소련의 향후 운명이 분단 상황의 극복과 통일 한반도 건설에 지대한 영향을 미친다는 통념을 넘어서[6] 당시 한국 사회의 변혁을 꿈꾸던 일부 세력에게 중대한 시사점을 던져주었기 때문이다. 당시 한국 정치경제학계 일부는 사회구성체 논쟁에 몰입했고(박현채, 1989), 이들은 한국 사회의 변혁과 관련해 현실적 대안으로 다종다양한 사회주의체제를 면밀하게 검토했다. 따라서 '페레스트로이카'로 집약되는 소련 사회주의계획경제체제의 역동적인 변혁 과정은 그러한 비전의 적실성 여부를 결정하는 판단의 준거로 작동하고 있었기 때문이다(오세철, 1992).

---

5) 서울사회과학연구소(1991)는 당시 소련의 상황을 정확하게 인식하고 사회주의 변혁과 건설, 개혁의 전 역사를 체계적으로 정리하는 작업을 제기한다.

6) 실상 한반도를 둘러싼 지정학적 환경의 급격한 변화는 이러저러한 형태로 한국의 대내외정책에 지대한 영향을 미친다. 1990년대 소련 붕괴·해체·몰락은 단지 냉전의 한 축이었던 소련이 지도 상에서 사라지는 것을 의미하는 것이 아니라 시장자본주의를 공간적으로 확대하고 '최후의 승자'로 승인된 시장 논리를 더욱 철저하게 심화하고 관철할 수 있는 물리적 토대의 구축을 의미한다. 1990년대 한국 사회에 광풍처럼 몰아닥친 '세계화'와 '신자유주의'도 어찌 보면 이러한 지정학적 환경의 변화에 따른 자연스러운 결과이자, 그것에 의해 가속화된 측면임을 결코 부인할 수 없다.

구체적으로 당시 한국 연구자의 사고 체계를 지배했던 문제의식에는 어떤 현안과 주제가 자리 잡고 있었는가?

연구의 절대적인 다수는 스탈린식 사회주의 아래 행정명령 경제체제의 실체를 검토하거나, 그것의 역사적 기원이 되는 1920년대 말 이래 산업화·집단화 과정을 현재적 관점에서 재조명하거나, 또는 소련 경제가 정상적으로 작동하지 못하는 원인을 다각도로 설명하는 것이었다. 일부는 왜 레닌을 비롯한 볼셰비키 혁명주의자들이 혁명 당시 기획한 사회주의 경제체제 원리를 일관되게 관철하지 못했는지, 애초 의도와 달리 그 원리가 끊임없이 변형되고 왜곡될 수밖에 없었는지를 규명하는 연구에 집중되었다.

이와 함께 당시 연구자들이 관심을 기울인 것은 페레스트로이카와 연계해 소련 경제체제의 개혁 방향이나 구체적인 프로그램을 소개하거나 설명하는 작업이었다. 이 연구는 부분적으로 정치경제학 관점에서 공식적인 '페레스트로이카' 이데올로기의 성격과 본질을 규명하는 데 집중했다. 한편으로는 1985년 이래 소련 사회에서 논의된 다양한 개혁 논쟁을 '르포' 형식에 담아 심층 보도하는 형태를 취하기도 했다. 이 때문에 당시 '페레스트로이카'에 대한 주장은 논쟁적인 형식을 취하기는 했지만 심층적인 분석을 결여하고 있었으며 다소 사변적인 방향으로 흐르기도 했다.

연구자 일부는 소련 사회주의체제의 문제가 스탈린주의에서 비롯되었다고 판단해 '레닌으로 돌아가자!'라는 구호 속에서 그가 최초 건설하려고 했던 사회주의경제 건설의 몇몇 테제를 검토하거나, '계획'과 '시장'을 결합하려 했던 1920년대 신경제정책(NEP) 시기의 '국가자본주의' 시장개혁 실험을 재검토하는 연구를 진행하기도 했으며,[7] '인간의 얼굴을 가진 자본주

---

7) 권희영(1992), 레닌(1991, 1992), 한정숙(1992). 이러한 문제의식은 지금까지 지속되고 있다. 논의의 지형은 주로 소련 사회주의의 붕괴를 어떤 시각으로 바라볼 것인가에

의'(박영호, 1991b)로의 변혁 가능성을 점검하기도 했다.

이 시기에 한국 연구자가 전체적으로 관심을 기울인 것은 '체제' 문제였다. 그것은 소련의 변화 과정과 일정 수준 궤도를 같이하는 것이었다. 이들은 '소련 내부의 이념적 갈등과 논쟁, 즉 무엇이 문제인가, 어디로 갈 것인가?'라는 화두 속에서 단계별로 진화한 개혁 과정을 관찰, 소개, 설명하는 데 모든 에너지를 집중했다. 이것은 단순히 표현해 ① 페레스트로이카란 무엇인가?, ② 시장사회주의는 가능한가?, ③ 어떻게 경제체제를 개혁할 것이며, 어떤 개혁 프로그램을 도입할 것인가? 등의 수순으로 발전되었다.

안타까운 점이라면 이러한 과정조차도 그다지 오래 지속되지 못했다는 것이다. 소련의 사회경제 상황이 날로 악화되고 미하일 고르바초프의 개혁 프로그램이 그 어떤 실질적인 성과도 가져오지 못하는 상황 속에서 결국 구소련은 몰락·해체·붕괴의 사태를 맞이했다. 한국 사회는 '슬라브학'의 깃발을 높이 치켜들고 전진하던 '소련에 대한 관심'을 일거에 중단해버리는 상황과 맞닥뜨리게 되었다.

하지만 소련의 몰락·해체·붕괴가 곧바로 학문적 쇠멸을 뜻하는 것은 아니었다. 다행인 것은 소련 해체 직전 1990년 9월 한·러 수교가 전격적으로 이루어져 소련 유학이라는 길이 새롭게 열렸다는 점이다. 이들이 과거 서구의 학문적 토양과 아카데미즘(academism)에서 양육된 전문가와는 다른 시각과 방법론을 이용해 '현실'을 관찰하고 체험함으로써 이를 학문으로 승화하는 계기를 확보한 것은 그나마 축복이라고 해석할 수 있다.

이것은 한국 '슬라브학'의 역사성을 평가하는 데 매우 중대한 의미를 갖는다. '타자성'을 드러내는 지역학 특성으로 인해 지금까지 이런저런 방식

대한 문제에 집중되어 있다. 이에 대해서는 박승호(2010), 백철현(2010), 최일봉(2005)을 참고하기 바란다.

으로 논의되었던 '소련(또는 러시아)'에 대한 해석을 비로소 우리의 시각으로 관찰하고 분석하는 계기를 확보했기 때문이다. 연구자의 교육 태생과 양육 환경만이 결정적인 요소는 아니다. 하지만 최소한 타인의 시선과 관점을 추종하거나 모방하지 않으며 살아 넘치는 '현장'에서 학문적인 판단을 위한 준거를 확보할 수 있게 되었다는 것은 새롭게 전진할 수 있는 진지를 구축한 것과 같다.

3. 1991년 체제전환 이후 시장경제 문제

소련 붕괴는 한국 슬라브학자, 특히 정치경제학자에게 큰 충격이었다. 1980년대에 이르러 사회주의계획경제체제가 더는 '안정적이지도 않고', '생존할 수도 없는' 체제라는 확신이 널리 확산되고 있었지만 이토록 쉽고 급작스럽게 소련의 몰락·해체·붕괴가 일어날 것이라고는 상상할 수 없었기 때문이다.

이 대목에서 한 가지 아쉬운 점이라면 한국 사회에서 소련 사회주의계획경제체제의 수립과 발전, 작동 방식 등에 대한 좀 더 밀도 있는 연구가 채 진행되기도 전에 '체제전환(system transformation)'이라는 새로운 시대적 환경을 맞닥뜨리게 되었다는 것이다. 이로써 과거 소련 사회주의계획경제체제에 대한 관심이 한순간에 사라지고, 모두가 마치 무엇인가에 홀린 것처럼 '시장', '시장경제', '시장개혁' 등 체제전환과 연관된 이행(transition) 문제에 몰입하게 되었다. 사실 대다수 서구와 마찬가지로 1990년대 한국 경제학계를 가장 뜨겁게 달구었던 이슈는 '이행' 논쟁이었다. 1990년까지 사회주의계획경제체제를 연구해왔던 한국 비교경제 연구자들은 체제이행 프로그램의 전략과 이행에 관한 실제 성과를 비교, 평가하는 연구로 자연스럽게 넘어갔다.

그렇다면 이 시기 한국 연구자는 어떤 주제에 주목했는가? 일차적으로는 이행 전략과 연관된 여러 주제 중에서 속도 문제, 즉 점진주의(gradualism)와 급진주의(radicalism)의 사상적 대립에서 어떤 전략을 취할 것인가 하는 문제에 초점이 맞춰졌다.[8] 동유럽에서 시작해 러시아로 이어지는 충격요법(shock therapy)의 논리적 구조에 기초한 거시경제개혁 프로그램의 세부 내용과 그것의 추진 과정을 설명하기도 했고(윤성학, 1995), 점진적 시장개혁과 급진적 시장개혁의 성공과 실패 사례를 국가별로 비교, 평가하기도 했다. 체제전환 과정에서 나타난 다양한 국가 사례는 국가 간 비교연구로 발전했는데, 주로 구소련(러시아)과 중국을 비교해 이행 전략(점진주의 혹은 급진주의) 성과를 비교, 평가하거나(이근, 1994; 장윤미, 2007) 동유럽을 포함한 다양한 체제전환국의 사례를 비교, 평가해 북한의 체제전환에 대한 전망과 시사점을 도출하는 연구로 진행되기도 했다(박형중, 1997; 박광작·박제훈·최신림, 2000).

이후 체제전환과 연관된 주제는 각 부문별로 세분화되었고, 이는 제기된 현실 문제와 당면한 과제에 맞춰 확장되었다. 시장개혁의 착수와 함께 소유권 전환 문제, 즉 국영기업의 탈국유화·민영화·사유화가 핵심 이슈로 등장했으며(김영진, 1998; 장덕준, 1997), 같은 맥락에 따라 농업 부문에서는 토지 사유화와 국영농장·집단농장의 구조개혁에 대해,[9] 주택 부문에서는 주택 사유화와 주택개혁에 대한 연구가 본격화되었다.[10] 소유권 전환과

---

8) 당시 이행과 관련된 학계의 논쟁은 너무 속도에 관한 문제에 집착한 것이 아닌가라는 평가를 받고 있다. 사실 속도를 강조하다 보니 이행 전략을 구성하는 자유화, 거시경제 안정화, 사유화 정책 중 어떤 것을 최우선적으로 선택하고 어떤 순서로 진행해야 하는지의 문제, 이행 직전 각국이 가진 다양한 초기 조건을 고려하는 문제는 경시되고 말았다.

9) 성원용(1996), 이상덕(1999), 김영옥(2003), 조영관(2006).

관련된 이슈는 경제이론 측면에서도 매우 흥미로운 주제였는데, 한국 사회에서 이것이 더욱 큰 주목을 받은 것은 '시장'의 요구가 있었기 때문이다. 간단하게 표현하자면, 군수산업의 민수 전환과 한국 자본의 투자 진출 문제가 상호 연계되어 있었기 때문이다(고상두, 1997; 엄구호, 1998).

이행 전략에 집중되었던 경제학 분야 연구는 이후 가격, 환율, 재정 등 체제전환국의 거시경제 불균형 문제와 연관된 주제로 확대되었다. 시장개혁에 반드시 동반되어야 하는 금융제도 문제(중앙은행의 독립성, 상업은행의 발전 등)에 관심이 모아졌으며,11) 체제전환과 함께 시작된 원시적 자본축적 과정, 그 과정에서 출현한 비즈니스 엘리트 집단의 형성 그리고 러시아식 과두재벌체제의 등장, 즉 금융산업그룹(FIGs)의 형성과 기업지배구조12) 등을 추적하는 연구가 체제전환 연구의 주된 흐름으로 형성되었다.

결론적으로 우리는 체제전환 연구로 급속하게 '전환'했던 당시 학계의 시대적 조류에 대해 어떠한 평가를 내려야 하는가?

경제학 분야에서 소련의 사회주의계획경제체제에 대한 관심을 불러일으킨 것은 비교경제체제론이었는데, 소련이 붕괴하면서 이 이론이 삼고 있는 비교 대상 자체가 사라지게 되었다. 따라서 정치경제학자 대다수가 '전환'과 '이행'에 몰입한 것에는 불가피한 측면이 존재한다고 할 수 있다. "과거의 비교경제체제론(comparative economic system)은 비교의 한 축을 구성했던 사회주의체제가 붕괴함에 따라 비교 대상인 실재(entity)가 사라지고, 뒤이어 이들 사회주의체제가 자신의 병립적(혹은 대립적) 비교 대상인 자본주의체제로 급격히 전환함에 따라 그 학문적 유용성을 의심받기 시

---

10) 엄구호(1996), 성원용(1998), 장덕준(2003), 김수한·조영관(2010).

11) 이석윤(1996), 권원순(1999), 한종만(1999), 김상원(2008), 김영식(2008), 조원호 (2009), 김상원(2010).

12) 조원호(2000), 이재유·이재영(2000), 이상준(2003), 이상준(2007).

작했다. 이러한 상황에서 어떻게 '생존'을 모색할 것인가는 1990년대 모든 비교경제학자(comparativist)의 공통된 도전이었다"(성원용, 2012). 한마디로 학문 연구 대상이 사라진 중대한 도전에 맞서 그 대상의 역동적 변화, 즉 체제전환 그 자체를 고유한 연구 영역으로 설정해 출현한 여러 경제 현상을 분석하는 '이행학(transitionology)'은 비교경제체제론에 새로운 활로를 여는 탈출구이자 새로운 지역연구의 방법론으로 해석될 수 있는 여지가 있다.13)

그럼에도 이 같은 '전환'은 우리의 학문 체계 전반에 깔린 심각한 문제점을 적나라하게 보여준다.

첫째, 체제전환이 막 시작되었던 당시 소련 사회주의체제를 분석하는 논의의 틀은 대체로 서구의 비교경제체제론이라는 방법론적 구조에 갇혀 있거나 영미 주류경제학에 일방적으로 의존하고 있었다. 이와 같이 어느하나에 편향된 분석 틀과 지식 체계에 일방적으로 의존하는 경우 지식 담론의 방법론적 틀을 공급하고 결정하는 원천인 서구가 판을 바꿀 때 '예속적인' 한국의 '지식중개상'이 다른 '지식 상품의 전시장'으로 신속하게 이동하는 것은 어찌 보면 자연스럽게 느껴지기도 한다. 이것이 피할 수 없는 상황적인 요인이었다면 어찌할 도리가 없다. 하지만 만일 이를 우리 학문 체계의 현주소를 적나라하게 드러내는 상징적인 사건으로 해석할 수 있다면 최소한 학문 주체성에 대한 진지한 고민이 뒤따라야 한다.

---

13) "기존의 정태적인 체제 비교보다는 사회주의계획경제의 자본주의시장경제로의 체제 전환 또는 이행이 중심 의제로 되면서 소위 이행학(transitionology)이 지역연구의 새로운 분야로 떠오르게 되었다. 동시에 같은 자본주의시장경제체제를 가지면서도 상이한 경제 성과를 나타내는 요인을 분석하면서 제도와 문화의 중요성을 강조하는 신제도학파 경제학과 문화경제학 등이 새롭게 지역연구의 방법론적 대안으로 자리를 잡게 되었다"(박제훈, 2001).

둘째, '전환'이라는 주제가 매우 절박한 과제이기는 하지만 연구자들이 이 주제로 급회전하게 된 상황에는 우리 학문 공동체의 조급성이 중요한 영향을 미쳤다. 또한, 소련 사회주의 연구에서 한국의 학문적 전통이 매우 일천하다는 점과 더불어 현재를 분석하고 미래를 조망하기 위한 역사를 돌아보는 안목과 여유가 부족한 점도 커다란 영향을 미쳤다. 이는 '낡은 것'은 쉽게 폐기하고 '새것'은 가히 맹목적으로, 또 경쟁적으로 전취하려는 조급증과 결코 무관하지 않다. 그 결과 어느 순간 모든 공론장에서 '소련에 대한 논의'는 '소련' 그 자체의 해체와 함께 사라지고 말았다.[14]

셋째, 한국 사회가 경제학을 순수 학문보다는 '실용적인 학문'으로 강력히 의식하는 상황에서,[15] 이미 시장경제로 급속한 이행이 진행되는 상황에서 소련이라는 구체제에 대한 논의는 무의미한 것이 되어버렸다. 연구자의 지식에 대한 욕망, 생산, 확산은 결코 '시장'과 무관할 수 없다. '노동시장'이 철저하게 자본에 예속된 상황에서 우리는 항상 변화하는 현실에 민첩하게 대응해야 한다. 즉, 연구자의 관심과 에너지가 '시장'으로의 전환에 집중된 것은 자본이 관심을 가진 '시장'에 주목해야만 연구비를 받을 수 있고, 출판 시장에서 대중의 관심을 불러일으킬 수 있기 때문이다. 따라서

14) 역사학에서는 어느 정도 '소련'과 관련된 주제의 연구 성과가 지속적으로 발표되었다. 하지만 '현실' 문제를 주로 다뤄왔던 학문 분야, 특히 경제학 분야에서 '소련' 관련 연구는 거의 찾아보기 어렵고, 관련 연구 대부분도 '지금 무엇이 일어나고 있는가?'라는 현안 중심의 이행기 관련 주제에 집중되었다.

15) 한국에서 경제학은 대중에게 '돈벌이 학문'으로 이해되고, 이에 관한 답을 제시해주어야만 하는 것으로 오해받고 있다. 그러나 사실 경제학은 '밥'을 어떻게 생산하고 어떻게 나누는지에 관한, 즉 '밥과 사람의 관계'를 따지는 학문이자 거기에 내재하는 사람과 사람의 관계를 해명하는 매우 '혁명적인' 학문이다(정운영, 1993). 하지만 안타깝게도 경제학자조차 이 사실을 망각하는 경우를 심심치 않게 볼 수 있으며, 그 결과 대중은 경제학자를 약삭빠르고 현실 변화에 민감하며 이득을 좇는 자로 표상하기도 한다.

이것은 불행한 현실이지만 연구자의 '생존'과 직결된 사안이기도 했다.

앞서 언급한 모든 한계를 고려하더라도 우리가 쉽게 '소련'을 기억에서 지워버리고, 새로운 체제인 시장으로의 '전환'에 몰입한 것에는 분명 문제가 있다. 현실의 변화를 진단하고 사회적 요구에 답할 책무를 갖고 있는 연구자로서 '전환' 문제에 몰두하는 것이 당연한 일이라고 변론할 수도 있겠지만 아쉽게도 그것은 너무 일면적으로 조급하게 이루어졌다. 서구 학계는 오랜 기간에 걸쳐 축적된 '제정러시아'와 '소련 사회주의'에 대한 종합적인 지식 체계 위에서 시장으로의 '전환' 문제를 주요 쟁점으로 다루었다. 이와 달리 우리는 지적 전통과 유산이 일천한 상황에서 '슬라브학'의 견고한 토대가 구축되기도 전에 서구의 주류 경제학계가 주도하는 '전환' 논쟁에 몰입해 학문적 관심을 협애한 영역에 축소시켰다. 우리는 이것을 비판적으로 돌아볼 필요가 있다.

4. 무엇을 할 것인가: 향후 과제를 중심으로

향후 '슬라브학' 발전과 관련해 경제학 분야에서는 어떤 반성과 노력이 필요한가? 지금까지 살펴본 경제학 분야의 주요 경향과 문제점을 기초로 삼아 향후 과제를 간략하게 정리해본다.

첫째, 경제학 분야의 학문후속세대를 육성하고 유능하고 의욕적인 차세대 연구자를 발굴해 학회 활동에 참여시킴으로써 학계에 생기를 불어넣는 방안을 찾아야 한다. 경제학 분야는 여타 분야에 비해 상대적으로 형편이 좀 나은 편이지만 신진 연구자를 찾아보기 어려운 현상은 대체로 동일하게 발생하고 있다. 전반적으로 한국 경제학 관련 학회에서 노령화 현상은 심각한 상황이다. 특히 '슬라브학' 영역에서 경제학 분야의 신진 연구자가 희소해지는 현상은 중대한 위협으로 받아들여야 한다. 물론, 상대적으로 과거에 비해 '학술 시장'에서 그 매력도와 선호도가 추락하고 이미 글로벌화 추세에 압도되어 '지역의 특수성'에 대한 이해가 평가절하되는 역학 구조 속에서 신진 연구자를 안정적으로 충원하는 일은 근본적인 한계를 가진다는 자조적인 변론도 있다. 하지만 모든 원인을 단순히 외부 환경 탓으로 돌리는 것에는 문제가 있다. 우선 '슬라브학' 전공자들이 이 문제를 타개해나가려는 적극적인 노력을 전개했는지부터 점검해봐야 한다. 현재의 이 같은 상황을 초래한 원인이 외부 환경의 급격한 변화와 학문 체계의 기형적 구조라면 '슬라브학' 자체에 대한 매력도를 제고할 수 있는, 그리하여 '시장'의 요구를 적극적으로 수용할 뿐만 아니라 이를 통해 지역에 특화된 인력 배출과 학문후속세대 육성이 선순환하는 구조개혁이 필요하다.[16]

둘째, 경제학 분야 연구가 영역의 다양성 측면에서 더욱 균형 감각을 갖춰 진행되어야 한다. '타자성'에 대한 관심은 나 자신에서부터 출발한다. 한국에서 러시아를 비롯한 구소련 지역에 대한 관심은 주로 무역·투자를 중심으로 한 한국과의 '경제 관계' 문제에 집중되는 경향이 있다.[17] 학문에 대한 현실의 요구가 '날것으로', '직접적으로' 표현되고 반영되는 부문이 경제 관계이기 때문에 연구자가 이 문제에 더욱 많은 관심과 역량을 집중하는 것은 이해할 수 있다. 하지만 한정된 인적자원이 이 문제에 과도하게 편입하면서 상대적으로 구소련 지역의 '경제' 그 자체가 제대로 조명되지 못하는 측면도 존재한다. 실제로 한국과의 경제 관계를 논하는 연구는 지역

---

16) 따라서 최근 외국어 교육의 중심축인 대학교의 인문대학이 지역학 중심으로 교과과정을 개편하는 것은 나름대로 큰 의미를 갖는다.

17) 대표적인 사례로 한국 대외경제정책연구원(KIEP)에서 출간된 연구논문을 들 수 있다. 최근 몇 년 동안 발표된 주요 성과는 정여천(2014), 제성훈 외(2014), 이재영 외(2010, 2012)와 같다.

적으로 한·러 경제 관계, 한·중앙아시아 경제 관계 등으로 구분되어 진행되고, 분야별로 무역·투자, 자원에너지, 교통·물류, 농업, 과학기술 협력 등으로 세분화되어 진행되었다. 더 나아가, 지방 연구의 경우 한국과의 관계를 고려해 극동 지역의 사회·경제 현황과 지역개발 프로그램을 집중적으로 분석하는 연구가 진행되었다. 반면, 구소련 지역의 '경제' 그 자체에 대한 연구는 거시경제지표를 시기별로 정리하는 수준 이상을 넘어서지 못하고 있다. 즉, 학문에서 재생산 구조의 왜곡과 함께 '축적' 구조의 취약성이 그대로 드러나고 있는 것이다. 따라서 가장 우선적으로는 국책 연구원에서 관련 분야의 전문 인력을 확충하는 노력이 필요하고, 이에 따라 구소련 지역의 '경제'에 대한 관심을 더욱 다양화하려는 노력이 필요하다. 이와 관련해 구소련 지역의 '경제사', '경제사상'과 관련된 고전을 지속적으로 번역하는 작업이 이루어져야 하며, 더불어 우리의 관점에서 이를 재해석하는 기초연구가 진행되어야 한다.[18]

셋째, '슬라브학' 연구자가 가지는 가치 체계와 인식론의 배경이 강점을 발휘할 수 있는 연구 영역을 찾고, 그 과정에서 이론적 패러다임의 전환을 모색하는 것이 필요하다. 그렇다면 무엇이 그 영역으로 될 수 있을까? '체제'가 소멸한 지금, 그것은 아마도 '문화'와 '제도' 영역이 될 것이다. 만일 경제체제를 협소하게 정의하지 않고 정치, 경제, 사회, 문화 전반에 걸친 일반적인 시스템으로 확대한다면 그들 간의 상호 복합적인 결합에 의해 규정되는 다원적 체제의 존립이 가능하다. 이에 따라 '삶의 질'을 규정하는 문화의 중요성이 특별히 강조되며, 그 문화는 각국의 전통·도덕·윤리·종교 등 정신적인 측면을 모두 포함하는 포괄적인 영역으로 정의된다. 이 경

---

18) 그동안 진행된 중요한 번역 성과로는 아니킨(1994), 노브(1998), 찌모쉬나(2006), 오슬룬드(2010), 레데네바(2013)가 있다.

우에 과연 '슬라브학' 대상 지역의 문화가 그들의 '경제'에 어떠한 영향을 미치고 있으며, 고유한 경제 문화가 과연 어떤 경제제도를 구축하도록 강제하는지를 비교연구하는 것은 흥미로운 주제이자 가치 있는 일이다.[19]

현재 경제학에서는 국가 간 체제를 '계획 대 시장'이라는 구조 가운데 단순 비교하는 방법론에서 탈피해 비교제도분석(comparative institutional analysis)으로 관심 영역의 전환을 모색하고 있다. "이러한 흐름은 사회주의 체제 붕괴에 따라 일원론적, 이원론적, 삼원론적 체제비교의 유용성이 사라진 현실을 어쩔 수 없이 받아들여야만 했던 패배주의적 무기력증에서 벗어나 체제의 성격과 특징은 제도의 다양성을 통해 구현된다는 관점에서 보다 공세적으로 다원주의로의 전환을 시도하는 흐름과 맥락을 같이한다. 이렇게 경제체제론에서 연구 대상의 초점이 변화하고 있는 현상은 경제학계 내부에서 제도의 진화적인 형성과 그 비교에 주목하려는 경향과도 결코 무관할 수 없다"(성원용, 2012).

탈냉전 시대에는 '사회주의 대 자본주의'의 경쟁 구도가 아니라 '자본주의체제 간의 경쟁'이 비교연구의 중심 주제가 된다. 시장체제 간 비교 분석이 가능할 뿐만 아니라 필수적이라는 사고는 단일한 시장경제 시스템을 전제하는 신고전파 패러다임을 극복하려는 측면에서 방법론적 정당성을 갖는다. "탈냉전 시기의 비교경제체제론은 시장과 계획이라는 이분법적 구도에서 벗어나 '시장'만을 그 논의의 지평으로 삼고 있지만, 여기에서 간과하지 말아야 할 중요한 점은 시장으로의 전환(또는 수렴)이라는 단선적 정향을 즉자적으로 수용하는 것이 아니라 '시장' 그 자체에 대한 보다 근원적인 문제를 제기한다는 것이다. 특히 프리드리히 하이에크(Friedrich Hayek)

---

19) 필자는 이러한 측면에서 '경제 문화(economic culture)'에 대한 연구가 러시아 경제 연구의 중요한 방향이 되어야 한다고 주장한 바 있다(성원용, 2004).

의 지식, 시장, 자생적 질서 등에 관한 사고에 주목해 현실에 존재하는 균형 시장이란 결코 자명한 존재가 아니며, 시장 그 자체의 상태를 다시 문제로 삼아 시장이라는 자생적 질서 그 자체의 형성 과정과 그와 관련된 제도의 연구에 초점을 맞추고 있다. 그런 맥락에서 시장의 진화적 형성과정과 이에 기초한 시장경제체제의 동태적 변화를 비교하는 연구가 새로운 과제로 부각된다"(성원용, 2012). 한마디로 슬라브학 전공의 경제학자가 문화와 제도 영역을 더욱 심층적으로 탐구해야 할 이유가 존재하는 것이며, 그것이 사실상 '이행' 논쟁에서 주도권을 빼앗아간 '주류경제학의 침입자'와 차별화된 '지역학 연구자'가 헌신할 수 있는 학문적 기여라고 생각한다.

넷째, 한국 사회의 담론 경쟁에 더욱 적극적으로 참여해야 한다. 세계화와 신자유주의의 담론이 한국 사회에 광풍처럼 몰아칠 때, 과연 한국은 어떠한 입장을 견지해야 하는지 고민할 때 구소련 국가 사례를 살피는 것은 의미 있는 일이다. '자본주의의 다양성' 테제를 집중적으로 조명할 때 러시아를 비롯한 체제전환국의 '국가자본주의(state capitalism)'에 대한 분석은 국가와 시장의 관계를 재설정하는 데 매우 중대한 요소가 될 수 있다. 동유럽, 소련 등 사회주의권 국가의 전환에 대한 연구 성과는 가까운 시기에 도래할지도 모르는 북한 사회의 체제전환 개혁과 통일 과정에 중대한 시사점을 제공할 것이다. 따라서 '슬라브학' 관점에서 한국 사회의 미래 담론을 주도할 수 있는 역량을 키워나가야 한다.

다섯째, '한국적 슬라브학'이라고 칭할 수 있는 지적 전통을 확립하려는 노력이 필요하다. 이것은 흔히 말하는 '학문 주체화의 모색'을 의미하는데, 이른바 '지적 식민주의'의 풍토를 극복하는 것이다. '동토의 제국'을 넘나들 수 없었던 과거 냉전 시기라면 모르겠지만 연구 대상 지역에서 자유로운 현지조사가 가능한 탈냉전 시기인 오늘날에는 인식 틀을 자유롭게 해방하는 것이 필요하다. 서구에 길들여진 사고 틀을 깨어 우리가 발 딛고 있는

'특수한' 현실(남북 분단국가, 제국에 둘러싸인 반도 국가 등)에서 세계사적 보편성을 읽어낼 수는 없는 것인지, 지나온 과거의 역사와 경제 발전의 경험에서 세계경제체제를 재해석해 미래상 설정을 위한 창조적인 개념과 이론은 없는 것인지를 진지하게 고민해야 한다.

| 참고문헌 |

강정구. 1990. 「벼랑에 선 페레스트로이카: 유고슬라비아의 자주관리제」. ≪경제와
사회≫, 5권, 107~130쪽.

고상두. 1997. 「러시아 군수산업의 민수전환」. ≪슬라브학보≫, 12권, 1호, 157~177쪽.

권희영. 1992. 「1920년대 사회주의 건설에 대한 부하린적 대안의 문제」. ≪러시아연
구≫, 2권, 97~115쪽.

김상원. 2008. 「러시아 은행제도의 개혁」. ≪비교경제연구≫, 15권, 2호, 77~111쪽.

_____. 2010. 「체제전환기 국가의 중앙은행 독립성 비교연구: 러시아, 체코, 폴란드
를 중심으로」. ≪국제지역연구≫, 14권, 2호, 499~523쪽.

김수한·조영관. 2010. 「중국과 러시아의 주택 사유화와 주택개혁 비교연구」. ≪중소
연구≫, 34권, 1호, 137~178쪽.

김수행. 1988. 「페레스트로이카의 방향과 그 역사적 의미」. ≪사회경제평론≫, 1호,
237~252쪽.

김영식. 2008. 「옐친 시기의 러시아 인플레이션의 생성배경과 기타 거시경제지표의
상관관계 분석」. ≪중소연구≫, 31권, 4호, 239~265쪽.

김영옥. 2003. 「체제전환기 러시아의 소유권 논쟁: 소유권개념에 대한 역사적 이해를
바탕으로」. ≪슬라브학보≫, 18권, 2호, 273~301쪽.

김영진. 1990. 「소련의 경제개혁과 페레스트로이카」. ≪경제와 사회≫, 5권, 45~81쪽.

_____. 1998. 「체제전환의 논리와 사유화의 경제적 귀결: 러시아의 경우를 중심으로」.
≪슬라브학보≫, 13권, 2호, 177~215쪽.

김윤자. 1990. 「뻬레스뜨로이까와 사회주의 경제이론」. ≪사회경제평론≫, 2호, 132~187쪽.

_____. 1991. 「사회주의적 시장이론: 페레스트로이카 교과서에 대한 검토」. ≪현상
과 인식≫, 15권, 3호, 158~183쪽.

김현택. 2015. 「한국의 슬라브학, 지금 어디에 서 있는가?」. ≪지식의 지평≫, 18호,
226~246쪽.

노브, 알렉(Alec Nove). 1998. 『소련경제사』. 김남섭 옮김. 창작과비평사.

레닌, 블라디미르(Vladimir Lenin). 1991. 『신경제정책(NEP)론』. 백승욱 옮김. 새길.

레데네바, 알레나(Alena Ledeneva). 2013. 『러시아를 움직이는 힘: 정치와 비즈니스에서의 비공식 관행』. 이상준 외 옮김. 한울아카데미.

박광작·박제훈·최신림. 2000. 「이행기경제의 체제전환유형의 북한적용 유용성 비교연구: 독일, 중국, 러시아의 경우」. ≪비교경제연구≫, 7권, 2호, 33~72쪽.

박영호. 1991a. 「페레스트로이카와 社會主義 經濟理論에 관한 批判的 考察」. ≪경제학연구≫, 39집, 2호, 495~509쪽.

_____. 1991b. 「인간의 얼굴을 가진 자본주의로의 변혁은 가능한가?」. ≪철학과 현실≫, 9호, 60~70쪽.

박승호. 2010. 「1920년대 초 소련의 '노동조합 논쟁'과 이행기 국가 문제」. ≪마르크스주의 연구≫, 7권, 4호, 163~187쪽.

박현채. 1989. 『한국 사회구성체 논쟁 1』. 죽산.

박형중. 1997. 「구소련, 동유럽과 중국의 경제체제전환의 비교: 북한의 체제전환과 통일한국 건설을 위한 교훈」. ≪유럽연구≫, 5권, 1호, 131~154쪽.

백철현. 2010. 「쏘련 사회주의의 붕괴-계획과 시장의 문제를 중심으로」. ≪노동사회과학≫, 3호, 128~176쪽.

서울사회과학연구소. 1991. 『사회주의의 이론·역사·현실』. 민맥.

성원용. 1996. 「현대 러시아의 농업개혁과 농업구조의 변화」. ≪슬라브학보≫, 14권 1호, 379~419쪽.

_____. 1998. 「러시아 주택부문의 개혁과 주거환경의 변화」. ≪공간과 사회≫, 10호, 131~158쪽.

_____. 2004. 「러시아경제 연구로 가는 길: 경제체제론에서 경제문화론으로의 전환을 모색하며」. ≪비교경제연구≫, 11권, 2호, 135~167쪽.

_____. 2012. 「한국의 비교경제연구 20년: 회고와 전망」. ≪비교경제연구≫, 19권, 1호, 191~220쪽.

아니킨, 안드레이(Andrei Anikin). 1994. 『러시아 사상가들. 18~19세기 러시아 사회·경제사상』. 김익희 옮김. 나남.

엄구호. 1996. 「러시아의 주택정책: 평등과 능률의 딜레마」. ≪세계지역연구논총≫, 9권, 85~112쪽.

_____. 1998. 「러시아 국영기업의 민영화와 한국의 참여 방안」. ≪중소연구≫, 22권,

4호, 197~225쪽.

오세철. 1992. 「사회주의권의 변화와 한국 사회변혁운동의 전망」. ≪현상과 인식≫, 16권, 1·2호, 102~123쪽.

오슬룬드, 안데쉬(Anders Åslund). 2010. 『러시아의 자본주의 혁명』. 이웅현·윤영미 옮김. 전략과 문화.

윤성학. 1995. 「러시아의 경제개혁: 가이다르노믹스의 정치경제학」. ≪러시아연구≫, 5권, 121~160쪽.

이규영. 1996. 「한국의 동유럽연구 현황: 연구정향의 새로운 모색을 위하여」. 『한국 정치학의 성찰과 전망』. 한국정치학회.

_____. 1999. 「지역개념으로서의 '동유럽': 의미와 문제점」. ≪한독사회과학논총≫, 9권, 65~92쪽.

이근. 1994. 「왜 구소련은 실패했고 중국은 성공하였는가?: 초기경제개혁 과정의 비교」. ≪러시아연구≫, 4권, 305~326쪽.

이상덕. 1999. 「러시아 협동농장의 개혁과 사유화」. ≪한국협동조합연구≫, 17권, 1호, 157~177쪽.

이상준. 2003. 「사유화이후 러시아 기업지배구조와 기업간 관계의 변화와 연속성」. ≪슬라브학보≫, 18권, 2호, 303~333쪽.

_____. 2007. 「금융위기 이후 러시아 금융산업그룹의 변화」. ≪슬라브학보≫, 22권, 1호, 133~154쪽.

이석윤. 1996. 「전환기 러시아 중앙은행의 통화신용정책의 변화」. ≪슬라브학보≫, 11권, 1호, 245~262쪽.

이재영 외. 2010. 『한·러 극동 지역 경제협력 20년: 새로운 비전과 실현방안』. 대외 경제정책연구원.

이재영 외. 2012. 『러시아의 해외직접투자 패턴과 한국의 투자 유치 확대방안』. 대외 경제정책연구원.

이진경. 1989. 『사회구성체론과 사회과학방법론』. 아침.

장덕준. 1997. 「러시아 초기 사유화의 정치적 성격: 내부자 사유화의 배경을 중심으로」. ≪슬라브학보≫, 12권, 2호, 387~428쪽.

_____. 2003. 「러시아의 주택 사유화와 주택개혁의 전개」. ≪중소연구≫, 27권 1호,

123~164쪽.

장윤미. 2007. 「개혁 개방에 관한 비교사회주의 연구: 중국과 러시아의 체제전환」. ≪한국과 국제정치≫, 23권 4호, 139~177쪽.

정여천. 2014. 『신북방 경제협력의 필요성과 추진 방향』. 대외경제정책연구원.

제성훈 외. 2014. 『러시아의 극동·바이칼 지역 개발과 한국의 대응방안』. 대외경제 정책연구원.

조영관. 2006. 「러시아 토지 사유화의 전개과정: 토지법을 중심으로」. ≪슬라브학보≫, 21권, 1호, 299~325쪽.

조원호. 2000. 「'금융-산업그룹'의 생성과 러시아 산업조직의 변화에 관한 연구」. ≪슬라브학보≫, 15권, 2호, 381~408쪽.

_____. 2009. 「러시아 인플레이션 연구-중앙은행의 정책을 중심으로」. ≪슬라브연구≫, 25권, 2호, 119~143쪽.

찌모쉬나, 따찌야나(T. Timoshina). 2006. 『러시아 경제사』. 이재영 옮김. 한길사.

최일붕. 2005. 「1917~1928년 러시아: 혁명에서 반혁명으로: 소비에트러시아에서 스탈린주의 러시아로」. ≪마르크스주의 연구≫, 2권, 1호, 86~122쪽.

한정숙. 1992. 「НЭП기 소련의 농민경제와 콘드라티예프의 친(親)농민적 경제발전계획론」. ≪러시아연구≫, 1권, 119~153쪽.

한종만. 1999. 「러시아 인플레이션의 생성원인과 효과 그리고 방지책」. ≪중소연구≫, 23권, 1호, 123~150쪽.

홍석우. 2015. 「한국의 동유럽학: 평가와 전망」. 『한국 슬라브학 30년: 성과·성찰·도약』. 한국슬라브학회.

황태연. 1988. 「'더 많은 사회주의'로서의 소련 페레스트로이카: 그 전략의 과학적 기초 및 본질적 내용에 관하여」. ≪창작과 비평』≫, 16권, 3호, 274~307쪽.

온라인 자료

박제훈. 2011. "글로벌 지역전문가 육성해야." http://www.donga.com/docs/magazine/new_donga/200105/nd2001050950-11.html(검색일: 2016.3.26).

제7장
/
러시아 역사

한국의 러시아사 연구 동향과 향후 과제
1970년대 말~현재까지*

송준서(한국외국어대학교 러시아연구소 HK교수)

1. 서론

한국에서 슬라브학 연구가 본격적으로 시작된 지 30여 년을 맞이하는 이 시점에 한국 학계의 러시아사 연구 성과를 검토하는 일은 시의적절한 작업이라고 생각한다. 최근에는 해외 학계에서도 한국을 비롯한 중국, 일본 등 동아시아 국가의 러시아 연구에 관심을 보이고 있다. 일례로 2015년 독일의 저명한 학술지 ≪오스트오이로파(Osteuropa)≫는 한·중·일 3국의 러시아 연구 경향과 러시아와의 관계를 다룬 특집호를 발간했다.[1] 특집호 편집자는 소련 붕괴 이후 러시아와 동아시아 국가 관계가 역동적으로 변해

---

* 이 글은 독일 학술지 ≪오스트오이로파≫에 실린 필자의 논문 Song(2015) 중 러시아사 연구와 관련된 내용을 심화 확대한 것이다.

1) 이 특집호에는 '시대의 모습: 극동과 유럽의 동쪽(Zeichen der Zeit: Europas Osten in Fernost)'이라는 주제로 중국-러시아 관련 논문 7편, 일본-러시아 관련 3편, 한국-러시아 관련 논문 2편, 그 외 러시아-동아시아 관계 전반에 관한 논문 3편 등 총 15편의 논문이 게재되어 있다.

왔으며, 최근 이들 국가는 그 어느 때보다 활발한 교류와 협력을 추진하고 있음을 상기했다. 그리고 이렇게 급변하는 지정학적 역학 관계 속에서 서구 학계가 관심을 기울이지 않는 동안 한국을 비롯한 동아시아 국가의 러시아 전문가들이 러시아 연구에서 독자적인 시각을 발전시켜나가고 있다고 지적했다. 더 나아가, 서구 학계도 이제 러시아·동아시아의 국가 관계와 동아시아 국가의 러시아 연구 경향에 대해 관심을 가질 필요가 있음을 역설했다.

서구의 러시아학 연구자들이 동아시아의 러시아학 연구에 관심을 가지게 된 직접적인 계기는 앞서 언급한 동아시아 지역의 지정학적 변화, 즉 러시아의 '아시아로의 선회'와 러시아·동아시아 국가 간 긴밀해진 관계다. 지난 30여 년 동안 한국의 러시아사 연구 방향에 깊이 영향을 미친 요인 중 하나도 동아시아 지역의 지정학적 변화였다. 1986년 소련 공산당 서기장 미하일 고르바초프는 블라디보스토크 선언을 통해 소련이 태평양 국가임을 공언하면서 한국, 일본 등에 우호의 손짓을 보내기 시작했다.

이후 페레스트로이카, 글라스노스트 등으로 불리는 소련의 개혁·개방 정책은 한국에서 소련에 대한 관심을 크게 고조시켰고 1991년 소련의 붕괴는 한국의 러시아사 연구자에게 연구 주제 다변화, 심화를 위한 새로운 기반을 마련해주었다. 이 외에도 한차례 피비린내 나는 이데올로기 대립을 경험한 '분단국가'라는 한국의 특수한 상황 역시 러시아사 연구에 깊은 흔적을 남겼다. 이 장에서는 이러한 한국, 동아시아 지역의 지정학적 변화가 한국 러시아사 연구에 어떤 영향을 미쳤는지 살펴보고, 오늘날 한국 러시아사 연구 현황과 러시아사학계가 풀어나가야 할 과제를 논의하겠다.

필자는 이 글을 위해 러시아사를 포함한 러시아학 전반의 연구 성과를 분석한 선배 학자들의 논문을 참고했다. 특히 ≪역사학보(歷史學報)≫는 2년마다 한국 학자의 러시아사 연구 성과를 면밀히 검토한 특집을 발간해왔는데, 그 문헌은 많은 도움이 되었다. 필자는 러시아사 연구 성과의 분석 시점을 1970년대 말부터 오늘날까지로 설정했다. 다른 국가사와 비교해 러시아사의 경우 한국 학자의 독자적인 연구 성과가 상대적으로 늦게 나오기 시작했으며, 그 시점이 1970년대 말부터이기 때문이다.

한국 러시아사 연구 동향을 분석한 선행 연구와 필자의 분석 간 차이점은 기존의 연구 경향 분석에서 거의 언급되지 않거나 간과되었던 업적 중 주제, 연구 방법, 내용 측면에서 한국 러시아사 연구 발전에 일정 정도 기여한 연구 업적을 발굴하고 소개하려 했다는 점이다. 다만 지면의 한계 때문에 지난 30여 년 동안의 연구 업적을 꼼꼼히 다루는 것은 불가능했다. 혹여 필자가 누락한 연구 업적이 있다면 너그럽게 양해해주기를 바란다.

2. 태동기: 1970년대 말~1980년대 초반

동족상잔의 비극 6·25 전쟁 이후 오랜 기간 북한과 긴장 상태를 유지해온 한국에서 적어도 1991년 소련 붕괴가 일어나기 전까지 러시아사 연구는 정치적·이데올로기적 영향에서 벗어나기 어려웠다. 소련이 건재했던 때만 해도 한국 정부의 강력한 반공정책으로 인해 러시아(소련) 자료 입수, 연구 주제 선정 등에 많은 제약이 있었다. 이 같은 분위기 속에서 러시아사 연구의 활성화는 당연히 어려운 일이었다. 다만 1960년대 소련과 미국의 평화공존 가능성이 대두하고 중국과 소련의 국경 분쟁 같은 사회주의권 국가 간에 분열이 일어나면서 한국에서도 소련에 대한 관심이 증가했다(이명식, 1987).

이러한 분위기가 계속되면서 1972년에는 한국 대학 중 고려대와 서울대에 러시아사 강좌가 최초로 개설되었다(최갑수·이인호, 1986). 미국에서 러시아사를 전공한 이인호 교수가 고려대에서 강의를 시작하면서 본격적으로 제1세대 러시아 연구자에 의한 후학 양성이 시작되었다. 그 결과 1979년 고려대 전지용의 19세기 인민주의자 표트르 라브로프(Pyotr Lavrov)에 대한 연구와 1980년 서울대 임영상의 표도르 도스토옙스키의 서구관에 대한 석사학위논문이 발표되었다. 당시 일부 대학생 사이에서 사회주의와 러시아혁명에 대한 정치적·이데올로기적 관심이 서서히 고조되었으며, 이러한 관심이 젊은 학자와 학생으로 하여금 러시아사, 특히 혁명사에 관심을 갖게 하는 데 일조했던 것이다(최갑수·이인호, 1986). 이 같은 이유로 당시 러시아사에 대한 관심은 주로 러시아혁명 사상과 연관된 지성사 분야와 혁명 이전의 러시아 사회·경제 상황에 초점이 맞춰졌다.[2]

한국 러시아사 연구의 선구자 이인호 교수의 연구 성과는 역사학도뿐만 아니라 러시아어문학을 배우는 학생에게도 많은 관심을 불러일으켰다.[3] 1954년 한국외대에, 1973년 고려대에 노어노문학과가 개설되어 러시아어 문학을 배워온 학생들은 당시 러시아사에 대한 지식과 정보에 목말라 있는 상황이었다. 1980년대 초반 발표된 이인호 교수의 연구 성과는 이러한 러시아어문학도의 '갈증'을 어느 정도 해결해줄 수 있었다.[4]

지금까지 사학계에서는 1970년대 말부터 시작된 한국 러시아사 연구의 발전에 대해 주로 역사학 전공자의 연구 성과만 고찰해왔다. 하지만 러시

---

2) 예를 들어 이인호(1980), 베르자예프(1980), 한정숙(1983), 이정희(1983). 비록 소수이지만 예외적인 주제를 다룬 연구도 있다. 몽골의 러시아 지배가 러시아 정치 문화에 미친 영향을 분석한 기연수(1983), 정민희(1985), 이인호(1986)가 있다.

3) 이인호 교수의 초창기 대표적 저서와 역서로는 이인호(1980), 카르포비치(1977)가 있다. 카르포비치(1977)는 사실 1964년에 처음 번역되어 출간된 바 있는데, 1977년 판은 러시아혁명에 대한 당시 서방학자의 연구논문 3편을 마지막 부분에 추가했다.

4) 이 같은 상황에 대해서는 1980년대 초 당시 러시아문학도였던 김현택이 번역한 랴자놉스키(1982)의 역자 후기를 참조하기 바란다.

아사 전공자가 아닌 다른 분야의 전공자도 러시아사 연구 발전에 기여했다는 점은 간과할 수 없다. 그 예로 1982년 김현택이 출간한 『러시아의 역사(History of Russia)』를 들 수 있다. 이 책은 1977년 러시아계 미국 사학자 니콜라스 랴자놉스키(Nicholas Riasanovsky)가 출간한 러시아사 개설서 중 19세기와 소비에트 시기 부분을 번역한 것이다. 비록 번역서이지만 당시 한국에 처음으로 소비에트 시기에 대한 통사를 소개했다는 점에서 큰 의미를 지닌다. 이 외에도 1980년 영문학 이경식 교수가 펴낸 『러시아 지성사』를 들 수 있다. 제정러시아 말기와 소비에트 초기에 활동한 니콜라이 베르댜예프(Nikolai Berdyaev)의 사상을 소개한 이 책 역시 번역서이지만 이인호 교수의 러시아 혁명사, 지성사 연구와 함께 당시 혁명사에 많은 관심을 갖고 있던 한국 러시아사 연구자들이 소련 사회주의체제의 속성에 대해 더욱 깊이 이해할 수 있게 도왔다.

여기서 주목할 점은 반공을 국가 이념으로 상정한 정부 아래서 한국과 정치적·이데올로기적으로 대치하는 국가의 역사를 연구하는 것은 결코 쉽지 않았다는 것이다. 역사 연구를 위해서는 사료가 가장 중요한데, 1980년대 후반까지 1차 사료는 물론이고 소련에서 간행되는 2차 자료인 역사서, 학술지 등의 입수가 거의 불가능했기 때문이다. 또한, 러시아와 소련 역사에 대한 서방 학자의 최신 연구 성과물을 구하는 것도 수월하지 않았다.5) 따라서 소련의 개혁·개방정책, 한·러 수교가 이루어지는 1990년대

---

5) 1992년 여름, 필자의 지도 교수였던 임영상 교수가 서울대 러시아연구소에 영미권의 러시아사·소련사 관련 서적이 입수되었다는 정보를 얻고 한국외대 동구지역학과와 사학과의 러시아사 지도 학생들을 데리고 연구소를 방문해 필요한 책을 복사해온 사례가 있다. 서너 개의 책장에 1980년대 말부터 1990년대 초까지 영미권에서 출간된 2차 자료가 가득 꽂혀 있었는데, 당시로는 그 정도의 러시아사·소련사 관련 최신 자료를 소장한 대학 연구소가 많지 않았다. 기억에 남는 점은 연구소에 비치되어 있던 2차 자료 중에는 원본이 아닌 복사본도 상당히 있었다는 것이다.

<표 7-1> 한국 러시아학 연구논문 및 단행본 수

구분	1945~1970	1971~1975	1976~1980	1981~1985	합계
역사	3	3	3	13	22(3.7%)
사회·문화	2	1	11	12	26(4.4%)
경제	5	5	32	31	73(12.5%)
군사	13	7	24	35	79(13.5%)
정치	14	11	27	65	117(20.0%)
대외 관계	25	60	74	107	266(45.6%)
합계	62	87	171	263	583

주: 이 표에서 문학과 어학 부문은 제외되었다. 또한 석사학위논문, 외국 학자의 저서 번역물,
외국 학자가 한국 저널에 기고한 논문도 제외되었다.
자료: 정한구(1993).

이전까지 러시아사 연구는 타 학문 영역에 비해 미개척 분야로 남아 있었
다. 〈표 7-1〉을 살펴보면 1980년대 중반까지 러시아사에 대한 연구 성과
물 수가 타 분야와 비교해 월등히 적었음을 알 수 있다.

3. 첫 번째 전환점: 1980년대 중반~1990년대 초반

이렇게 시작된 한국 러시아사 연구는 1980년대 중반부터 전환기를 맞이
했는데, 이 시기부터 러시아사 연구 결과물이 양적으로 증대하기 시작했
다. 이러한 변화를 가져온 직접적인 요인은 소련 국내 정세의 변화다. 1985
년 서기장으로 취임한 미하일 고르바초프가 페레스트로이카, 글라스노스
트로 불리는 개혁·개방정책을 추진하면서 소련에 대한 전 세계의 관심이
고조되었다. 한국 학계에서도 이 같은 현상은 예외가 아니었다. 이에 더해
1981년 한국은 올림픽 개최지로 선정되었는데, 한국 정부는 소련과 동유

럽 국가의 참가를 유도하기 위해 소련 학자와 행정가를 각종 학술대회에 초청해 우호적인 분위기를 조성했다. 이 과정에서 한국 정부도 소련을 사회주의 종주국으로 바라보는 부정적인 시각에서 벗어나 국가적 사활이 걸린 서울 올림픽에 참가하는 우호국으로 바라보기 시작했다.[6]

올림픽 이후 한국 정부는 소련과의 수교를 목표로 한 '북방정책'을 추진하면서 소련 연구에 대한 지원을 늘려나갔다. 이 같은 분위기 변화 속에서 1980년대 말부터 한국 학자와 대학원생 사이에 러시아사에 대한 관심이 확산되기 시작했고, 그 결과 이들의 연구 성과물이 1980년대 말과 1990년대 초반에 쏟아져나오기 시작했다(김학준, 2003, 2004). 1991년 소련이 해체되고 강대국의 지위를 상실하면서 일반인 사이에서는 소련에 대한 관심이 서서히 줄어들기 시작했다. 반면 러시아사 연구자 사이에서는 그야말

---

6) 당시 필자가 실제로 경험한 사례는 소련에 대한 정부의 태도와 사회 분위기의 변화를 잘 나타낸다. 1988년 여름 필자는 군 복무 중이었는데, 어느 날 정신 교육을 진행하던 장교가 "이전에는 소련이 한국의 주적 중 하나였는데 요즘은 소련이 아니라 오히려 일본이 주적으로 간주되고 있다"라고 언급하면서 최근의 이 같은 주적의 변화에 무척 혼란스럽다는 견해를 밝힌 적이 있다. 당시 필자는 소련에 대한 한국 언론의 태도 변화도 몸소 경험했다. 1988년 7월 10일 필자는 KBS에서 방영한 로저 영(Roger Young) 감독의 〈수용소군도 군락(Gulag)〉(1985) ─ 영화는 미국 육상 선수가 소련 방문 중에 억울하게 스파이로 몰려 갖은 고초를 겪는다는 내용이다 ─ 이라는 냉전적 색채가 짙고 소련 사회를 암울하게 그린 미국 영화를 본 후, 한 일간지의 독자 의견란에 "올림픽 개최국에서 올림픽 참가국 중 하나인 소련에 대해 이데올로기적으로 상반되고 경쟁 관계에 있는 국가가 만든 영화를 방영한 것은 형평성을 잃은 처사"라는 내용의 의견을 가명(송주홍)으로 투고했다. 필자의 투고는 일주일도 안 되어 해당 일간지에 게재되었다(1988년 7월 16일 자의 ≪조선일보≫ 독자 의견란에 "편향된 미국작품 일방전달은 곤란"이라는 제목으로 게재). 이후 대략 두 달이 지나고 올림픽 개막식 2주 전 소련 선수단 제1진이 한국에 도착하는 날인 9월 3일이 되자 KBS는 미국 CBS가 제작한 다큐멘터리 〈모스크바의 7일간〉을 특집 프로그램으로 방송했는데, 그 내용은 두 달 전에 방영된 영화와는 정반대로 미하일 고르바초프의 개혁·개방정책 아래 밝고 활기찬 소련 사회의 모습을 보여주는 것이었다.

〈표 7-2〉 한국 연구자의 러시아사 연구논문 수

연도	연구논문 수	비고
1979~1986	13	
1986~1989	17	
1989~1992	32	
1992~1994	30	
1995~1997	25(26)	동유럽 포함
1998	24(40)	동유럽 포함
1999~2000	50	
2000~2002	17	
2003~2004	35(42)	
2005~2006	39	
2007~2008	48(59)	
2009~2010	63(72)	
2011~2012	68(87)	
2013~2014	75	

주: 괄호 안은 저서, 역서, 박사학위논문 등을 포함한 수치다.
자료: ≪역사학보≫에 게재된 연구 동향 분석 논문에서 밝힌 수치를 토대로 작성.

로 본격적인 연구의 붐이 불기 시작했다. 〈표 7-2〉를 보면 1979~1989년까지 10년 동안 발표된 논문 수보다 1989~1992년까지 3년 동안 발표된 논문 수가 두 편 더 웃돌 정도로 양적 성장을 이루었다.

연구 주제 측면에서 보면 1980년대 후반 한국 러시아사 연구자가 주로 다룬 주제는 러시아혁명, 19세기 말~20세기 초의 혁명적 인텔리겐치아(intelligentsia), 노동계급, 농민 문제 등에 관한 것이다. 그 예로 「플레하노프와 러시아 맑스주의의 이론적 기초」(이인호, 1987), 「1905년 뻬쩨르부르그 노동자 대표 소비에뜨의 성격」(박경옥, 1988), 「러시아혁명운동에 있어서 계급동맹의 문제」(한경수, 1988),[13] 러시아 인텔리겐치아에 대한 서방 학자의 연구논문을 번역 출간한 『러시아 인뗄리겐찌야 論』(임영상, 1987)을 들 수 있다.

한국 학자가 이러한 주제를 많이 다룬 것은 그들이 1980년대 당시 억압적인 군부 정권이 다스리고 있던 한국 사회를 20세기 초 러시아혁명 직전의 러시아 사회와 유사하게 보았으며 러시아혁명을 한국에서 사회변혁을 이루기 위한 일종의 실천적인 방법으로 보았기 때문이다(한정숙, 2007). 이 같은 맥락에서 제정러시아 말기의 공장노동자를 위한 의료복지제도의 열악함에 대해 분석한 이규식의 연구는 비록 혁명 운동 그 자체를 주제로 삼지는 않았지만, 당시 러시아 노동자의 열악한 노동환경과 복지환경을 한국 노동자의 노동환경과 비교해보기 위한 시도로 볼 수 있다는 점에서 러시아 사례에 한국 사회의 문제점을 투영해보려는 당시 한국 러시아사 연구자의 연구 풍토를 읽을 수 있다(이규식, 1990). 이와 함께 1980년대에 끊이지 않았던 한국 대학생의 대정부 투쟁과 사회개혁 운동의 분위기에서 제정러시아 시기 대학생의 정치 활동을 다룬 이정희의 논문과 대학의 자치 문제에 대한 박태성의 연구 또한 한국 현실에서 러시아사 연구자가 자연스럽게 관심을 갖게 된 주제였다.[14]

1987년에는 그동안 금서로 묶여 있던 카를 마르크스(Karl Marx)의 『자본론(Das Kapital)』 출판이 허락되었으며[15] 1988년을 전후해 블라디미르 레닌(Vladimir Lenin), 이오시프 스탈린(Iosif Stalin)의 저작이 봇물 터지듯 출판되었다.[16] 1980년대 후반 이 같은 출판계의 지각 변동은 당시 사회주의체제에 관해 호기심을 지녔던 젊은 연구자를 러시아 혁명사와 소비에트 체제의 건설 초기에 대한 연구로 자연스럽게 끌어들였다.[17] 1990년대 초

---

13) 해당 논문의 저자 본명은 한정숙이다(이인호, 1989).

14) 예를 들어 이정희(1986), 박태성(1988).

15) 《동아일보》(1987).

16) 예를 들어 레닌(1988a, 1988b, 1988c), 스탈린(1988).

의 혁명기에 집중되었던 관심이 소비에트 사회주의 건설기인 1920~1930년대로 이동한 이유는 혁명사, 지성사가 많이 연구되어 이후 시기로 관심이 옮겨간 것이기도 하면서 한편으로 1991년 소련 붕괴와 관련해 체제의 문제점과 체제 몰락의 실마리를 이 시기에서 찾으려는 시도로 볼 수 있다.

러시아혁명과 소비에트 사회주의체제에 대한 러시아사 연구자의 관심은 소비에트 사회주의체제가 몰락한 이후 한국에 민간 정부가 들어서고 민주화가 어느 정도 정착되는 1990년대 중반까지 계속되었다. 1989~1994년 동안 집필된 러시아사 관련 논문 60여 편 중에서 2/3 정도가 19세기 말부터 1920~1930년대에 이르는 시기의 혁명 운동과 소비에트 사회주의체제 건설에 관한 것이다.[18] 이러한 현상은 러시아혁명과 제정러시아 시기의 정치, 경제, 사회 상황에 대한 한국 연구자의 이해가 확장하고 심화했다는 것을 의미함과 동시에 러시아사 연구자의 관심이 혁명 전후 시기와 소비에트 초기에 편중되었다는 것을 뜻한다.

1990년대 초부터 연구 주제의 편중 현상은 서서히 극복되기 시작했다. 연구 주제 측면에서 이 시기 러시아사 연구의 가장 뚜렷한 특징은 바로 제정러시아의 교육, 종교 문제에 대한 연구가 처음으로 등장했다는 점이다. 예를 들어 박태성은 러시아 대학의 자치와 대학생의 정치 활동 등에 대한 연구를 확장해 소비에트 교육 이념과 교육사에 관한 연구 결과를 발표했고 (박태성, 1991~1992), 임영상은 제정러시아의 교회와 국가 관계, 러시아 정교의 특성에 관한 연구를 통해 당시까지 혁명사, 사상사에 편중되었던 러시아사 연구의 범위를 확장하는 데 기여했다(임영상, 1992b).

---

17) 소비에트체제의 건설 초기에 대한 연구로는 박원용(1991), 김남섭(1991), 송준서(1993)가 있다.

18) 임영상(1992a), 이정희(1995)의 분석을 토대로 계산한 수치다.

이 외에도 이 시기에 소련의 민족 문제와 고려인 문제에 대한 연구가 처음으로 시도된 것은 한국 러시아사 연구에 중요한 전환점을 이룬다. 민족 문제는 소련 해체의 근본적인 원인 중 하나라는 점에서 당시 중요한 주제로 등장했으며 이와 비슷한 맥락에서 소련 내 한인에 대해 관심을 갖는 연구자가 나타나기 시작했다. 한국과 러시아가 수교할 무렵에는 한국의 일간지에 사할린에 거주하는 고려인 동포의 기구한 운명에 대한 인터뷰 기사가 정기적으로 게재되었는데, 해방 이후 반세기 동안 거의 잊히다시피 한 소련 내 한인에 대한 일반인의 관심이 생겨난 시기도 이때 즈음이다. 당시 프랑스 유학을 마치고 귀국한 권희영은 한국 연구자 중 소련의 민족 문제와 소련 내 한인에 대해 처음으로 논문을 발표한 학자 중 한 명이었다(권희영, 1989a, 1989b, 1990).

지금까지 간과되었지만, 이 시기 러시아사 연구에서 또 하나 주목할 점은 소련 학자가 저술한 러시아 역사서가 한국에 처음으로 번역되어 나왔다는 점이다. 그 책은 1988년 기연수 교수가 번역 출간한 『러시아의 역사: 고대루시에서 볼쉐비끼 혁명까지(Страницы истории)』(스이로프, 1988)이다. 이 책의 원서는 1975년 소련에서 출판되었는데, 학문적 깊이를 지닌 역사서라기보다는 러시아어를 배우는 외국인을 위해 흥미 위주의 주제를 중심으로 엮은 것이다. 이 책은 마르크스주의 사관과 소비에트 이데올로기에 근거해 저술된 것으로 곳곳에 계급투쟁적 관점이 드러나 있다. 흥미로운 점은 1988년 서울 올림픽을 앞두고 이 책이 그동안 일반 독자에게 베일에 가려져 있던 19세기 이전의 러시아사를 소개해주는 교양서로 한국 굴지의 일간지 출판사에 의해 발간되었다는 사실이다. 이 같은 러시아 역사서 발간은 당시 소련에 대한 우호적인 분위기와 금서 해제 조치 등이 맞물려 가능했던 것이라고 추측할 수 있다. 이 책은 9세기 러시아의 건국부터 1917년 10월 혁명까지의 시기만을 다루고 있고 이후 소비에트 시기 역사는 다루고 있지 않다. 이는 역자가 책의 서문에 암시했듯이 당시에는 소련 학자가 기술한 소련 역사서가 출판될 수 있는 사회 분위기가 아니었기 때문이다(스이로프, 1988).

또한, 이 시기에는 앞서 밝혔듯이 1980년대 초와 마찬가지로 역사 전공자가 아니라 러시아문학, 소비에트정치학, 지역학 등의 연구자가 러시아사·소련사와 관련한 서구 학자의 최근 연구 성과를 번역해 출판함으로써 당시 연구자에게 균형 잡힌 시각과 참신한 정보를 제공하는 데 일조했다.[19] 당시 어두웠던 소련의 이미지를 개혁과 변화의 밝은 이미지로 바꾸어놓은 미하일 고르바초프의 인기와 함께 소련에 대한 관심이 높아지면서 타 학문 전공자 역시 소련 역사에 관심을 가져 중요한 책을 번역해 출판하였고, 이는 러시아사 전공자에게 큰 도움을 주었다.

이 시기 러시아사 분야 업적 중에서 학계의 주목을 받지 못한 성과 중 하나는 1980년대 중반부터 한국 학자가 러시아 역사서를 집필하기 시작했다는 점이다. 대표적인 예로 『소비에뜨 러시아史』(최숭, 1985), 『이야기 러시아사』(김경묵, 1990), 『러시아史』(김학준, 1991)를 들 수 있다.[20] 다만 이들 선구적인 역사서는 몇 가지 한계점을 지닌다. 예를 들어 최숭의 저서는 소련 시기에 편중되어 러시아혁명 이전의 시기는 지극히 간략하게 서술되어 있다. 반면 김학준의 저서는 러시아 최초 국가인 키예프 루시부터 책 발간 시점인 1991년까지의 러시아사를 다루고 있지만, 제정 시기와 소비에트 시기에 많은 지면을 할애하고 있으며 내용도 정치 지도자, 국가정책 등 주로 정치사에 초점을 맞춰 일반 대중문화, 일상생활 등에 대한 정보가 결여

---

19) 예를 들어 호스킹(1988), 노브(1989), 대니엘즈(1990), 피츠페트릭(1990), 라자놉스키 (1991).

20) 최숭의 저작은 1988년 5월 『소연방 70년사』라는 제목으로 수정되어 재판되었다.

되어 있다. 이에 비해 김경묵의 저서는 흥미로운 일화를 토대로 사회, 문화에 대한 내용을 포함한 러시아사 전반을 다루고 있지만 흥미 위주의 기술로 인해 역사적 근거가 모자란 내용이 간간이 눈에 띄는 점과 참고문헌이 없어 정보 출처가 분명하지 않다는 점이 아쉽다. 러시아사 비전문가가 집필한 저서는 주로 서양 문헌과 한국의 러시아사 관련 번역서를 참고하고 있다. 하지만 이러한 한계점에도 이 개설서들은 소련에 대한 관심이 고조되던 당시 한국 사회에서 러시아사에 대한 일반인과 대학생의 호기심을 충족시켜주는 데 일정 정도 기여했다.[21]

이 시기를 기점으로 러시아사를 배우려는 학문후속세대의 양성 조건도 더 나아졌다. 1988년 한국에서 러시아사 분야 최초로 박사학위논문(임영상, 1988)이 발표되었다. 즉, 해외에서 수학한 제1세대 러시아사 연구자(이인호 서울대 교수)에게서 수학한 제2세대 러시아사 전문가가 탄생한 것이다. 이로써 향후 한국에서 러시아사 연구와 학문후속세대 양성의 저변을 확대할 수 있는 더 나은 조건이 마련되었다.

이렇게 긍정적인 변화도 있었지만 러시아사 연구에서 문제점은 계속 남아 있었는데, 바로 자료 문제였다. 1980년대 말~1990년대 초부터는 미국의 소련 서적 전문 판매처인 '캄킨(Victor Kamkin Bookstore)'을 통해 우편으로 러시아어 자료나 서방 학자의 러시아사 연구서를 살 수 있게 되어 이전과 비교해 자료의 절대적인 궁핍에서 벗어난 것은 사실이다. 하지만 비용 면에서 자료 입수가 선별적·제한적으로 이루어질 수밖에 없었으며 이에 따른 자료 부족으로 러시아사 연구 경향의 총체적인 흐름을 파악하는

---

21) 김학준의 『러시아史』는 이후 2000년 증보 1판을 거쳐, 2005년 증보 2판이 간행되었고, 김경묵의 『이야기 러시아사』는 2004년 개정판을 내는 등 최초 출간 이후 10여 년이 지나서도 꾸준한 인기를 누렸다.

것이 쉽지 않았다.

한·러 수교 이후 한국 학생들이 러시아로 가서 러시아어 수업을 듣고 귀국 시 책을 구매해 오는 경우도 간혹 생기기 시작했다. 그럼에도 1990년대 초중반까지 러시아어 자료를 습득하는 일은 무척 제한적이었다. 이에 비해 서방 학자의 연구물을 습득하는 것은 용이했다. 그 결과 1992~1994년 시기의 러시아사 연구 동향을 고찰한 이정희 교수가 지적했듯이 당시까지만 해도 한국 러시아사 연구 대부분은 서방 학자의 연구물에 크게 의존했다(이정희, 1995). 이러한 경향은 1990년대 중반 무렵까지도 러시아사 연구의 주된 문제점 중 하나로 남아 있었다(민경현, 1998).

4. 두 번째 전환점: 1990년대 말~2000년대

1980년 중반 이후, 특히 서울 올림픽을 전후로 뜨거워진 러시아에 대한 관심은 한동안 지속되다 1990년대 중반부터 식기 시작했다. 이는 한국 러시아학 연구 경향에도 영향을 미쳤다. 당시 러시아는 한국이 자국의 경제를 도울 수 있는 충분한 능력을 지닌 국가가 아니라는 것을 깨닫고 실망한 반면, 한국은 소련 붕괴 이후 러시아가 겪고 있는 경제적 어려움과 혼란에 대해 실망했다. 이에 더해 1991년 한국이 제공한 경제협력차관 14억 7천 달러를 러시아가 제때 갚지 못하면서 양국 관계는 껄끄러워졌고, 이러한 상황에서 한국 정부와 기업의 러시아 진출 열기는 급속히 식어갔다. 또한 1995년 한국 정부가 한반도 문제를 해결하기 위한 회담을 러시아를 제외한 남한, 북한, 중국, 미국으로 이루어진 4자 회담으로 구성하면서 러시아는 크게 실망했으며 이후 양국의 관계는 더욱 소원해졌다(홍현익, 2000). 이러한 분위기에 더해 소련 붕괴 이후 진행된 러시아의 국제적 위상 추락으로 인해 여타 국가와 마찬가지로 한국 학자 사이에서도 러시아에 대한 관심이 급속히 식어갔다. 그 결과 1991~1994년 동안 발표된 러시아 관련 논문과 단행본 수는 1986~1990년 동안 발표된 연구물의 절반 수준으로 급감했다.[22]

1990년대 중반 역사학의 경우도 연구물 수는 줄었지만 다른 학문 분야만큼 급격히 감소한 것은 아니었다. 또한, 앞서 〈표 7-2〉에서 볼 수 있듯이 1990년대 중반 잠시 주춤했던 연구물 수는 1990년대 말~2000년대 초에 들어서서 배로 증가했다. 이렇게 당시 역사학 연구 성과가 꾸준히 지속된 것은 복합적인 요인이 작용한 결과였다. 그 주된 이유를 다음의 두 가지로 정리할 수 있다. 첫째, 주로 과거를 연구하는 학문적 특수성 때문에 역사학자는 사회과학 분야의 연구자보다 소련 붕괴, 러시아의 대외적 위상 추락 등 현실적인 변화에 큰 영향을 받지 않았다. 둘째, 다른 학문 영역에 비해 상대적으로 개척되지 않은 분야가 많았기 때문에 연구를 시도할 분야가 다양하게 남아 있었다. 다시 말해 초기에는 러시아사 연구자의 관심이 러시아혁명에 많이 치우쳤지만 소련 붕괴 이후 이 관심은 소비에트 이데올로기와 관련 없는 혁명 이전의 시기나 전통 문화와 신앙, 소수민족 문제 등으로 다양화되었다.[23] 이후 이것이 연구물의 양적 증가로 이어졌다.[24]

양적 측면 이외에 질적인 측면에서는 1990년대 중후반부터 한국 러시아사 연구는 중요한 장을 개척해나갔다. 이 시기 한국 러시아사학계의 주요

---

22) ≪동아일보≫(1996).

23) 예를 들어 황성우(1998), 황영삼(1998).

24) 이 시기 생산된 다양한 연구 성과와 연구 경향에 대해서는 한정숙(2007)을 참조하기 바란다. 저자는 연구자의 연령대, 학위 취득 국가 등을 기준으로 연구 경향의 유형화를 시도했는데, 이는 흥미로우면서도 무척 유의미한 시도라고 생각한다. 그러한 분류가 개발독재 시기 한국 사회의 특성과 소련 해체로 인한 대외정책 변화가 어떻게 한국 러시아사 연구에 영향을 미쳤는지를 보여주기 때문이다.

변화는 다음과 같이 요약할 수 있다.

첫째, 한국 러시아사학계에서도 러시아에서 학위를 받은 역사학자가 배출되었다는 점이다. 이들은 1990년대 초 급변한 한국과 러시아 관계의 수혜자라고 할 수 있다. 한·러 수교 이후 드디어 한국 러시아 역사학도에게도 러시아 유학의 길이 열렸다. 이때 러시아 유학을 떠난 이들이 1990년대 중후반부터 귀국해 연구 활동을 시작했다. 한국 최초로 러시아에서 역사학 박사학위를 취득한 사람은 1996년 게르첸 사범대학에서 「1890년부터 1904년 7월까지 러시아에서의 자유주의 운동의 형성」이라는 논문으로 학위를 취득한 조호연이다. 이후 러시아에서 역사학을 전공한 한국 학자 수가 늘어나기 시작했으며, 이에 따라 이전 시기와 비교해 러시아어에 능통한 연구자 수가 늘어났다. 이 또한 해당 시기에 이루어진 한국 러시아사학계의 새로운 변화다.

둘째, 한국 학자를 포함한 전 세계 러시아사학자에게 해당된 혜택이라고 할 수 있는 러시아 문서고의 개방을 기점으로 한국 연구자들이 문서고 자료를 바탕으로 한 연구 성과를 내놓기 시작했다. 이 같은 혜택의 대표적인 수혜자가 한·러 관계사 연구자다. 이들은 당시까지 한국에 알려지지 않았던 상당한 양의 러시아어 원사료를 번역해 소개했다. 특히 2008년부터 몇몇 한국 학자는 러시아 국립역사 문서국(РГИА), 대외정책 문서보관소(АВПРФ), 대통령 문서보관소(АПРФ)가 소장한 자료 중 1890~1980년 기간에 걸친 한국과 러시아 관계에 관한 수만 장 분량의 문서를 입수해 번역, 출판함으로써 한·러 관계사 연구의 양적 확대뿐만 아니라 질적 수준 고양에도 기여했다(김종헌, 2008; 박종효, 2010). 또한, 해당 연구와 관련해서 공백으로 남아 있던 러시아 거주 한인(고려인)의 디아스포라(Diaspora)에 대한 연구가 급증했다. 이를 위해 2000년대 초반부터 연구자가 러시아와 중앙아시아를 직접 방문해 고려인을 취재함으로써 그들의 생애사를 기술하는 구술사 방법을 한·러 관계사 연구에 도입했는데, 이것 역시 러시아사 연구의 방법 측면에서 참신한 변화였다.[25]

셋째, 문서고 개방과 러시아에서 출판된 2차 자료의 구매 용이성 같은 연구 환경의 변화는 러시아사 연구자의 연구 범위와 주제를 확대했다. 2000년대에 들어서 그동안 많은 연구가 이루어지지 않았던 19세기 이전 시기에 대한 연구물이 나왔다.[26] 또, 소비에트 시기에 대해서는 그동안 러시아혁명 시기부터 1930년대까지에 집중되었던 연구 시기가 드디어 제2차 세계대전부터 그 이후의 시기까지로,[27] 심지어 포스트 소비에트 시기까지 확장되었다. 지리적으로는 모스크바, 상트페테르부르크에 집중되었던 연구가 러시아 중부 흑토지대, 시베리아, 우크라이나, 프스코프, 캅카스, 코미 같은 변방 지역으로 확대되었다.[28]

넷째, 다양한 분야의 러시아 사학자 저작이 번역되기 시작했다. 당시 번역서의 경우 서방 연구자의 저서가 주를 이루었고 러시아 사학자가 집필한 저서의 경우 정치사 중심 또는 20세기 역사를 다룬 내용이 대부분이었다. 하지만 2000년대 중후반부터는 러시아 사학자가 집필한 경제사, 사회사, 문화사 등 다양한 분야의 저작이 번역되어 러시아학도뿐만 아니라 일반인들까지도 러시아사에 대한 이해의 폭을 넓힐 수 있었다.[29] 더욱이 주목할 점은 이 시기에 러시아 사학자가 집필한 러시아 통사가 번역되어 러시아인들이 자국의 역사를 어떻게 기술했는지에 대한 한국 연구자의 호기심을 어느 정도 해결할 수 있었다는 점이다.[30]

---

25) 예를 들어 임영상 외(2005).

26) 예를 들어 박지배(2005), 오두영(2005).

27) 예를 들어 고가영(2006), 송준서(2008), 신동혁(2009).

28) 예를 들어 양승조(2009), 구자정(2010), 김혜진(2012), 송준서(2012).

29) 예를 들어 찌모쉬나(2006), 클류쳅스키(2007).

이 같은 연구 환경의 변화는 한국 러시아사 연구자에게 또 하나의 중요한 변화를 가져왔다. 1990년대 중반까지만 해도 러시아 학자의 연구 성과가 한국 학자의 연구에 충분히 활용되지 못하는 점이 문제점으로 지적되었다. 하지만 2000년대 말부터 문서보관소 자료, 러시아어 자료 입수가 쉬워지면서 한국 학자는 러시아어 자료를 비롯한 다양한 자료를 적극 활용한 연구 성과를 한국 학술지뿐만 아니라 해외 저명 학술지에 게재하기 시작했다. 이를 통해 한국 러시아사 연구자가 국제적 담론 형성에 참여하기 시작한 것은 분명 한국 러시아사학계의 변화이자 도약이라고 할 수 있다.[31]

5. 향후 과제

1990년대 말 이후에 진행된 긍정적인 변화에도 불구하고 한국 러시아사학계가 해결해야 할 과제는 여전히 많이 남아 있다. 그 과제를 요약해보면 크게 세 가지로 ① 학문후속세대를 위한 교재 마련, ② 기본적인 원사료 구비, ③ 연구자 인식 전환이다.

우선 학문후속세대 양성과 관련한 과제에 대해 알아보겠다. 그동안 한국 러시아사 연구자는 학문후속세대를 위해 여러 노력을 해왔다. 많은 연구자가 저명한 외국 학자의 러시아사 개설서를 번역했으며,[32] 앞서 언급

---

30) 예를 들어 플라토노프(2009), 다닐로프·코술리나(2009). 다만 아쉬운 점은 후자의 경우 오역(특히 숫자의 단위)이 적잖이 눈에 띄고 지명 번역에서도 형용사형 어미를 그대로 표기한 경우가 있어 독자로 하여금 혼란을 불러일으킬 소지가 많다는 점이다. 이후 2015년 역자는 『새로운 러시아 역사』라는 이름으로 개칭해 출간한 제2판에서 제1판의 오역과 오타를 정정했다고 밝혔다.

31) 예를 들어 Jo(2009), Song(2010, 2015), Чжун(2010).

32) 예를 들어 톰슨(2004), 랴자놉스키·스타인버그(2011). 지금까지는 주로 서구 또는 러

했듯이 많은 수는 아니지만 한국 학자가 직접 개설서를 집필한 경우도 있다.[33) 다만 아쉬운 점은 아직 한국 학자가 집필한 개설서 중에 전 시기에 걸쳐 다양한 영역(정치, 사회, 경제, 문화, 예술, 외교 등)을 포괄적으로 소개하면서 국내외 학자의 최근 연구 성과를 반영하고, 더불어 논쟁이 되는 역사적인 사건에 대해서 단순한 설명을 제시하는 것이 아니라 다양한 해석을 곁들여 설명해 독자가 더욱 균형 잡힌 시각을 가질 수 있도록 도와주는 완성도 높은 개설서가 없다는 점이다.[34)

한국 학자가 집필한 러시아사 개설서가 굳이 필요한 이유는 무엇인가? 가장 중요한 이유 중 하나는 외국 학자가 집필한 개설서에는 한국과 러시아의 접점에 대한 서술을 찾아보기 어렵다는 것이다. 예를 들면 역사상 러시아와 한국의 첫 조우로 알려진 1650년대의 나선정벌, 19세기 중엽 러시아 전함 팔라다호의 거문도 정박, 한인의 러시아 이주와 정착, 조·러수호통상조약 체결, 아관파천, 20세기 초 러시아혁명운동에서 고려인의 역할, 1920년대 극동 지역 고려인의 삶, 1930년대 극동 지역 고려인의 중앙아시아로 강제 이송, 고려인 동포의 제2차 세계대전 참전과 전쟁 기간 동안의 영웅적 희생 및 후방에서의 노동, 북한 정부 수립과 소련의 역할, 1983년 KAL기 격추 사건 등에 대한 설명은 외국 학자의 개설서에는 없는 경우가 많다. 비록 이들 사건이 전체 러시아사에서 지엽적인 의미를 지닌다고 해도 우리에게는 매우 중요한 역사다.[35) 개설서를 통해 이러한 사건이 러시

시아 학자가 집필한 개설서가 번역되었는데, 최근 중국 학자가 집필한 러시아사 개설서가 처음으로 소개되었다. 그 예로 맥세계사편찬위원회(2015)를 참조하기 바란다.

33) 최근 한국 학자가 집필한 개설서로는 박태성(2009)이 있다.

34) 한국 학자가 쓴 심층적이고 종합적인 내용, 한국 사회의 관심사에 부합하는 내용을 담고 있는 개설서의 필요성은 앞서 한정숙(2007)에서 제기되었다.

35) 한국과 러시아의 접점에 대한 연구에서는 한국사 전공자와 고려인 관련 연구자가 기

아사에서 어떻게 자리매김되었는지를 보여주는 것은 학문후속세대를 위한 연구자의 책임이다.

학문후속세대 양성 측면에서 또 한 가지 중요한 것은 한글로 번역된 러시아사 사료집 편찬이다. 아직까지 한국에는 대학 수업 교재로 사용할 만한 한글로 번역된 러시아사 사료집이 없다. 물론 특정 시기 또는 주제와 관련한 사료를 번역하고 해제를 곁들인 저서가 출판된 사례는 있지만[36] 그 수는 극히 적다. 효과적인 수업 교재를 만들기 위해서는 키예프 루시부터 소비에트 또는 포스트 소비에트 시기에 이르기까지 러시아사 전체에 걸쳐 다양한 주제의 사료를 선별해 번역한 사료집 발간이 필요하다. 러시아사에 대한 학문후속세대의 관심을 불러일으키고 그들에게 러시아사에 대한 창의적이고 비판적인 시각을 갖도록 하기 위해서 이는 무척 중요한 과제라고 할 수 있다. 이 같은 중요성에도 아직까지 사료집 발간에 관한 시급성이 논의되지 않는 이유는 오늘날 한국 대학에서 매 학기 또는 매년 정기적으로 러시아사 강의가 단독으로 개설되는 경우가 극히 드문 것과 관련 있다. 따라서 당장에 러시아사 전체 시기를 아우르는 사료집 출판이 어렵다면 현실적인 대안으로 시기별 사료집을 번역해 출판해야 한다.

둘째, 원사료 구비 문제다. 위에서 언급했듯이 현재 한국에 한·러 관계 같은 특정 주제에 관한 문서고 자료는 상당량 확보되어 있으며 해당 사료 역시 꾸준히 번역되고 있다. 하지만 그 밖의 주제에 대한 문서고 자료나 특정 시기의 정기간행물(신문, 잡지, 학술지)과 같은 1차 사료는 여전히 개인적인 차원으로 구매해야 하는 상황이다. 예를 들어 한국 대학의 도서관 중

여한 바가 크다. 이러한 성과를 바탕으로 양국 접점의 역사적 의의를 정리한 최근 저작으로는 박노자 외(2011), 김현택 외(2015) 제1부가 있다.

36) 예를 들어 라지시체프(1987), 흐루치초프(2006), 푸를렙스키(2011).

에서 소비에트 시기에 발간된 대표적인 대중잡지 ≪아가뇨크(Огонёк)≫나 소련 공산당 기관지 ≪프라브다(Правда)≫의 완결본을 소장한 곳은 한 군데도 없다. 개인적 관심사가 다양하므로 문서고 자료는 현지에서 연구자가 개인적으로 입수할 수밖에 없다. 하지만 러시아사 연구자가 공통으로 활용할 수 있는 1차 사료 정기간행물은 대학 도서관이나 연구 기관이 갖춰야 한다. 이는 연구자의 시간과 경비를 절약해 연구 의욕을 고취할 뿐만 아니라 학문후속세대를 위한 '실습용'으로도 용이하게 활용할 수 있다. 최근에는 이러한 정기간행물을 온라인 데이터베이스, 마이크로 필름, CD 등의 형태로 만들어 판매하는 곳이 생겨났는데,[37] 연구자가 속한 대학 도서관이나 연구 기관이 이를 구매한 후 공동으로 활용하는 방안을 모색하는 것도 원사료 확보 문제를 어느 정도 극복하는 방법일 수 있다.

셋째, 역사 연구자의 인식 전환 문제다. 필자는 이 문제를 연구의 시의성과 연관해 설명하고자 한다. 기본적으로 역사는 과거에 일어난 사건을 고찰한다. 하지만 "나는 오늘 아침에 배달된 조간신문을 이해하기 위해서 역사를 공부한다"라고 저명한 역사가가 말했듯이 러시아사 연구자는 개인 연구를 오늘날의 러시아 정치, 경제, 사회, 문화 상황과 연결하려고 노력해야 한다. 외국과 마찬가지로 '인문학의 위기', '문학·사학·철학 기피 현상' 등의 수사가 많이 회자되는 요즘 한국에서 러시아사는 학문후속세대에게 매력적으로 보이지 않는 듯하다. 이 같은 상황을 초래한 원인에는 러시아사를 연구하고 가르치는 학자의 태도와도 일정 정도 연관이 있다. 필자는 18세기 러시아의 부패, 도덕적 타락 문제, 대조국전쟁에 대한 소비에트 정부의 전쟁 기억 활용 문제, 스탈린 시기 경제정책 등에 대한 논문을 집필하면서 현대 러시아의 부패 문제, 오늘날 러시아의 경제정책 문제, 푸틴 정부

---

37) 예를 들어 미국의 East View Information Services(www.eastview.com).

의 전쟁 기억 정치적 활용에 대한 언급으로 서론을 시작한 사례가 있다. 논문 심사자는 이에 대해 "지역학과 관련된 내용이니 줄이거나, 삭제하는 것이 나을 듯"하다거나 "논문의 내용과 관련이 없다"라고 평가했다. 하지만 필자는 러시아사 연구자에게 개인의 역사 연구를 오늘날 러시아의 문제와 연결 지어 출발해볼 것을 권한다. 이런 노력과 시도를 통해 러시아사 연구자가 학문후속세대에게 러시아사를 공부해야 하는 이유를 설득력 있게 설명할 수 있고 러시아사에 대한 관심을 유발할 수 있다.

마지막으로 또 하나 지적할 점은 러시아사 연구자가 타학문과의 접점을 찾기 위해 노력해야 한다는 것이다. 한국 러시아사 연구의 태동기인 1980년대 사학 전공 이외의 연구자가 러시아사에 관한 책을 발간했는데, 이러한 노력은 음양으로 한국 러시아사 연구자에게 도움을 주었다. 러시아사 학계도 인근의 어문학, 예술, 기술과학 등의 학문 분과와 공동연구를 수행할 수 있는 주제를 살펴 학제 간 협력을 도모해야 한다. 이는 러시아사 연구자가 새로운 주제로 연구의 지평을 넓힐 수 있는 방안이 될 것이다.[38]

---

38) 러시아사와 러시아문학 전공자가 협력한 성과로 로트만(2011)을 들 수 있다.

| 참고문헌 |

고가영. 2006. 「1960~1970년대 소련의 인권운동: 〈소련 인권보호 주도그룹〉의 활동
　　　을 중심으로」. ≪서양사론≫, 91호, 247~281쪽.

구자정. 2010. 「경계인으로서의 까자끼: 까자끼의 역사적 기원과 형성에 대한 소고」.
　　　≪러시아연구≫, 20권, 1호, 169~214쪽.

권희영. 1989a. 「소련사회주의와 소수민족주의」. ≪국제정치논총≫, 29집, 2호, 207
　　　~219쪽.

＿＿＿. 1989b. 「소련의 한인, 그 슬픈 역사와 오늘의 실태」. ≪사회와 사상≫,
　　　386~393쪽.

＿＿＿. 1990. 「소련의 부랴트와 한인에 있어서의 혁명과 내전, 1917~1923」. ≪서양
　　　사론≫, 34호, 99~119쪽.

기연수. 1983. 「러시아 專制政治의 起源」. 한국외국어대학교.

김경묵. 1990. 『이야기 러시아사』. 청아출판사.

김남섭. 1991. 「소련공산당과 농업집단화의 배경」. ≪서양사연구≫, 12집, 221~280쪽.

김종헌 외. 2008. 『러시아문서 번역집: 근대 한·러관계 연구』. 선인.

김학준. 1991. 『러시아史』. 대한교과서주식회사.

＿＿＿. 2003~2004. 「한국의 러시아 연구: 회고와 평가」. ≪中蘇硏究≫, 27권, 4호,
　　　237~251쪽.

김현택 외. 2015. 『사바틴에서 푸시킨까지: 한국 속 러시아 발자취 150년』. Huebooks.

김혜진. 2012. 「러시아 내 코미민족의 이주와 정착과정: 16세기~20세기 초」. ≪한국
　　　시베리아연구≫, 16권, 1호, 245~270쪽.

노브, 알렉(Alec Nove). 1989. 『소련경제사(1)』. 배왕규 옮김. 명지출판사.

다닐로프(Александр Данилов)·콘술리나(Людмила Косулина). 2009. 『러시아 역사』.
　　　문명식 옮김. 신아사.

＿＿＿. 2015. 『새로운 러시아 역사』. 문명식 옮김. 신아사.

대니엘즈, 로버트(Robert Daniels). 1990. 『스탈린 혁명』. 석영중 옮김. 신서원.

≪동아일보≫. 1987.8.28. "「禁書」기준 讀者 수준에 달렸다".

_____. 1996.4.15. "국내 러시아 관련 논문·단행본 정치분야 집중: 최근 열기 주춤".

랴자놉스키, 니콜라스(Nicholas Riasanovsky). 1982. 『러시아의 역사』. 김현택 옮김. 까치.

_____. 1991. 『러시아의 역사 I 고대~1800』. 이길주 옮김. 까치.

랴자놉스키(Nicholas Riasanovsky)·스타인버그(Mark Steinberg). 2011. 『러시아의 역사 상·하』. 조호연 옮김. 까치.

라지시체프, 알렉산드르(Aleksandr Radishchev). 1987. 『길: 성 페티스부르그로부터 모스크바까지의 여행기』. 김남일 옮김. 학민사.

로트만, 유리(Yuri Lotman). 2011. 『러시아 문화에 관한 담론: 러시아 귀족의 일상생활과 전통 18~19세기 초』. 김성일·방일권 옮김. 나남.

레닌, 블라디미르(Vladimir Lenin). 1988a. 『국가와 혁명』. 김영철 옮김. 논장.

_____. 1988b. 『제국주의론』. 남상일 옮김. 백산서당.

_____. 1988c. 『러시아에 있어서 자본주의의 발전 I: 대공업을 위한 국내시장의 형성 과정』. 김진수 옮김. 도서출판 태백.

민경현. 1998. 「러시아·동유럽」. ≪歷史學報≫, 159집, 327~340쪽.

맥세계사편찬위원회. 2015. 『러시아사』. 이정은 옮김. 느낌이있는 책.

박경옥. 1988. 「1905년 뻬쩨르부르그 노동자 대표 소비에뜨의 성격」. ≪서양사론≫, 31호, 1~43쪽.

박노자 외. 2011. 『러시아는 우리에게 무엇인가』. 신인문사.

박원용. 1991. 「소비예트권력 초기의 최고국민경제회의(Vesenkha): 1917년~1921년을 중심으로」. ≪서양사연구≫, 12집, 167~220쪽.

박종효. 2010. 『러시아연방 외무성 對韓정책 자료집 I, II』. 선인.

박지배. 2005. 「나폴레옹의 대륙봉쇄 체제와 러시아의 대영국 수출무역」. ≪러시아연구≫, 15권, 2호, 211~235쪽.

박태성. 1988. 「帝政 러시아의 大學과 自治」. ≪슬라브학보≫, 3권, 140~176쪽.

_____. 1991~1992. 「舊蘇聯의 敎育傳統: 사상적 측면을 중심으로」. ≪中蘇硏究≫, 42호, 131~162쪽.

_____. 2009. 『한눈에 보는 천년 러시아』. 부산외국어대학교 출판부.

베르댜예프, 니콜라이(Nikolai Berdyaev). 1980. 『러시아 知性史』. 이경식 옮김. 종

로서적.

송주홍. 1988.7.16. "편향된 미국작품 일방전달은 곤란." ≪조선일보≫.

송준서. 1993. 「소련 사회와 文化革命」. 한국외국어대학교.

_____. 2008. 「The Impact of World War 2 on the Formation of the Home-Front Identities」. ≪슬라브硏究≫, 24권, 2호, 65~93쪽.

_____. 2012. 「탈소비에트러시아 국경지방의 상징 만들기: 프스코프의 상징, 알렉산들 네프스키」. ≪서양사론≫, 112호, 217~245쪽.

스이로프, 세르게이(Sergei Syrov). 1988. 『러시아의 역사: 고대 루시에서 볼쉐비끼 혁명까지』. 기연수 옮김. 동아일보사.

스탈린, 이오시프(Iosif Stalin). 1988. 『스탈린 선집 1: 1905~1931』. 서중건 옮김. 전진.

신동혁. 2009. 「스탈린 종교정책, 1943~1948 : 러시아정교문제위원회 구성과 활동을 중심으로」. ≪슬라브학보≫, 24권, 4호, 371~398쪽.

양승조. 2009. 「19세기 후반 러시아 흑토지역 인구구조 분석: 보로네슈 주와 탐보프 주를 중심으로」. ≪슬라브학보≫, 24권, 2호, 299~329쪽.

오두영. 2005. 「이반 4세의 개혁: 연속성과 단절」. ≪역사문화 연구≫, 22집, 319~349쪽.

이규식. 1990. 「帝政 러시아에 있어서 공장노동자를 위한 의료혜택제와 그의 실상」. ≪슬라브학보≫, 5권, 125~140쪽.

이대근. 2002. 『해방후~1950년대의 경제: 工業化의 史的 背景 硏究』. 삼성경제연구소.

이명식. 1987. 「韓國에 있어서 蘇聯硏究의 實態 및 傾向과 展望」. ≪美蘇硏究≫, 1권, 149~194쪽.

이인호. 1980. 『러시아 지성사연구』. 지식산업사.

_____. 1986. 「V. V. Rozanov의 러시아 家族制度批判」. ≪서양사론≫, 25호, 37~61쪽.

_____. 1987. 「플레하노프(Georgii Plekhanov, 1856~1918)와 러시아 맑스주의의 理論的 基礎」. ≪인문과학논총≫, 19권, 141~163쪽.

_____. 1989. 「回顧와 展望(러시아)」. ≪歷史學報≫, 176~181쪽.

이정희. 1983. 「階級鬪爭의 관점에서 본 Soviet 共産黨과 農民의 관계(1925~1930)」. ≪서양사연구≫, 5집, 31~71쪽.

_____. 1986. 「러시아 청년, 대학생의 정치적 행동주의의 기원: 1855-1863」. ≪人文研究≫, 8집, 1호, 389~415쪽.

_____. 1995. 「러시아」. ≪歷史學報≫, 148호, 233~256쪽.

임영상. 1987. 『러시아 인뗄리겐짜야論』. 탐구당.

_____. 1988. 「K.D. 카벨린과 사회개혁: 1855-1861」. 서울대학교 박사논문.

_____. 1992a. 「러시아」. ≪歷史學報≫, 136호, 257~274쪽.

_____. 1992b. 「제정러시아의 교회와 국가」. ≪외대사학≫, 4호, 37~66쪽.

임영상 외. 2005. 『고려인 사회의 변화와 한민족』. 한국외국어대학교 출판부.

정민희. 1984. 「피이터大帝의 改革에 관한 연구」. ≪안동대학교 논문집≫, 6권, 181~194쪽.

정한구. 1993. 「국내 러시아 연구의 현황과 과제: 사회과학 부문을 중심으로」. ≪슬라브학보≫, 8권, 263~277쪽.

최갑수·이인호. 1986. 「프랑스·러시아」. ≪歷史學報≫, 112집, 154~163쪽.

최숭. 1985. 『소비에뜨 러시아史』. 슬라브硏究社.

카르포비치, 미하일(Karpovich Michael). 1977. 『帝政러시아: 1801~1917』. 이인호 옮김. 탐구당.

톰슨, 존(John Thompson). 2004. 『20세기 러시아 현대사』. 김남섭 옮김. 사회평론.

푸를렙스키, 사바(Savva Purlevskii). 2011. 『러시아인의 삶, 농노의 수기로 읽다: 러시아 농노 사바 푸를렙스키(1800~1868)의 수기』. 김상현 옮김. 민속원.

플라토노프, 세르게이(Sergey Platonov). 2009. 『러시아史 강의 1, 2』. 김남섭 옮김. 나남.

피츠페트릭, 쉴라(Sheila Fitzpatrick). 1990. 『러시아혁명(1917~1932)』. 김부기 옮김. 대왕사.

한경수. 1988. 『통일전선과 민주혁명 I』. 사계절.

한정숙. 1983. 「農奴制폐지후 러시아에 있어서 農民借地의 성격」. ≪서양사론≫, 24호, 95~135쪽.

_____. 2007. 「경원과 부정을 넘어 상호이해로: 한국 서양사학계의 러시아-동유럽 연구에 대한 성찰과 제언」. ≪서양사론≫, 95호, 405~448쪽.

호스킹, 제프리(Geoffrey Hosking). 1988. 『소련사』. 김영석 옮김. 홍성사.

홍현익. 2000. 「한·러 수교 10년의 평가와 전망: 경제 관계」. 한국정치학회 학술회의 발표문.

황성우. 1998. 「러시아 기독교 수용의 의미」. ≪러시아 지역연구≫, 2권, 1호, 349~373쪽.

황영삼. 1998. 「러시아 명절의 변천과 특성」. ≪슬라브硏究≫, 14권, 259~288쪽.

흐루시초프, 니키타(Nikita Khrushchev). 2006. 『개인숭배와 그 결과들에 대하여』. 박상철 옮김. 책세상.

Jo, Jun bae. 2009. "Dismantling Stalin's Fortress: Soviet Trade Unions in the Khrushchev Era." In Melani Ilic and Jeremy Smith(eds.). *Soviet State and Society under Nikita Khrushche V.* Routledge.

Song, Joon seo. 2010. "Rule of Inclusion: The Politics of Postwar Stalinist Care in Magnitogorsk, 1945-1953." *Journal of Social History*, Vol.43, No.3, pp. 663~680.

_____. 2015. "Russland aus südkoreanischer Sicht: Trends und Perspektiven der Forschung." *Osteuropa*, Vol.65, No.5~6, pp. 193~205.

Чжун, Се чжин. 2010. "Суфизм на северном кавказе в XIX веке." *Отечественная история*, No.6.

한국 동유럽학
평가와 전망

홍석우(한국외국어대학교 우크라이나어과 교수)

1. 서론: 동유럽학의 범위와 내용

한국에서 '동유럽' 혹은 '동유럽학'이라는 개념은 폭넓게 이해되고 사용되지 않는다. 이는 '동유럽학'이 한국에 소개된 지 오래되지 않았다는 사실과 관련한다. 이 학문은 지금도 발전과 정립의 과정을 밟아가는 중이다. 따라서 한국 동유럽학의 역사를 논하기 전에 어느 지역을 '동유럽'이라고 정의하는지를 설명하는 것이 우선일 것이다.

'동유럽'이라는 용어는 서유럽에 대응하는 지리적인 개념으로 단순히 보일 수 있다. 하지만 실제로 이 용어는 제2차 세계대전 이후 도래한 냉전 시기의 산물이다. 즉, 세계가 미국이 이끄는 '서유럽' 또는 '서구'와 소련이 이끄는 '동유럽' 또는 '동구'로 나뉘면서 발생한 개념이다. 이 용어는 처음부터 이데올로기적·정치적 성격을 지니고 탄생했다. 1972년 1월 13일 한국과 소련, 동유럽 국가와의 관계를 증진하는 데 기여하기 위해 한국외대는 이들 국가의 정치, 경제, 사회, 문화 등 다방면에 걸친 제반 사정을 연구하는 부설 기관을 한국 최초로 설립하는데, 이 연구소의 이름을 '소련 및 동

구문제연구소'라고 명명했다.[1])

이데올로기적·정치적 의미를 지닌 '동유럽'이라는 용어를 다른 의미로 재해석하기 시작한 시기는 1980년대 중반 소련에서 페레스트로이카와 글라스노스트가 시행되고 1989년 베를린장벽이 붕괴된 이후다. 소련이 이끌던 사회주의체제가 몰락하면서 사회주의 이데올로기에 복종하던 동유럽과 동구는 더 이상 존재하지 않게 되었다. 동유럽 지역의 국가는 사회주의체제와 소련의 영향권에서 벗어나 서유럽식 체제로 전환해 자유민주주의와 자본주의를 추구해갔다. 1990년대 동유럽 국가는 체제를 급격히 전환했다. 그 결과, 과거 이데올로기적 산물인 동유럽이라는 용어가 시대의 변화를 반영하고 이들 국가를 대변하는 용어로 적합하지 않게 되었다.

새로운 시대는 유럽을 더욱 지리적으로 구분하는 새로운 용어를 요구했다. 동유럽 국가 중 폴란드, 헝가리, 체코, 슬로바키아와 같이 중부유럽권에 해당하는 국가는 '중부유럽'[2])으로, 발칸반도에 위치한 유고슬라비아 지역의 국가, 즉 슬로베니아, 크로아티아, 보스니아 헤르체고비나, 세르비아, 몬테네그로, 마케도니아 등과 루마니아, 불가리아, 알바니아 등은 '발칸유럽' 또는 '남동부유럽'으로 분류했다. 더불어 러시아, 벨라루스, 우크라이나는 '동유럽(동부 지역)'이라는 용어로 분류했다(이규영, 1996).

---

1) 1990년대에 소비에트연방이 해체되고 동유럽 국가의 사회주의체제가 와해되어 소련 및 동구문제연구소는 연구 대상국을 특화해 러시아를 비롯한 독립국가연합(CIS)의 정치, 경제, 사회, 문화 등의 제반 사정을 심층적으로 연구할 수 있도록 연구소의 명칭을 러시아연구소로 변경하게 되었다(러시아연구소 홈페이지 참조).

2) '중부유럽'이라는 개념은 1950년대 오스카 할레키(Oskar Halecki)가 처음으로 사용했는데, 1980년대 중반부터 당시 파리에 망명한 밀란 쿤데라(Milan Kundera)를 따르는 지식인들이 자국민이 소련 국민, 소비에트러시아와 함께 취급되는 것을 거부하는 감정을 담아 사용하기 시작하면서 일반화되었다. 자세한 설명은 이규영(1996)을 참조하기 바란다.

한국의 동유럽 연구의 역사가 상대적으로 짧음에도 그동안 한국에서 이루어진 동유럽 연구 현황에 대한 분석 논문이 몇 편 존재한다. 이규영 서강대 교수는 「한국의 동유럽연구 현황: 연구정향의 새로운 모색을 위하여」 (1996)를 통해 동유럽 국가의 체제전환이 시작된 1987년 이후부터 1996년까지 한국에서 진행된 지역연구의 동향을 중점적으로 소개했다. 같은 해 김신규 한국외대 교수는 한국의 북방정책 여파로 동유럽에 대한 관심이 급증하면서 양적 증가 양상을 보인 동유럽 연구 동향을 통계자료를 활용해 분석했다. 마지막으로 2009년 윤덕희 명지대 교수는 「국내의 동유럽 정치 연구에 대한 성찰」을 통해 정치학 분야에서 한국 동유럽학이 갖는 문제점과 개선 방안을 논했다. 이들이 공통적으로 언급한 점은 1989년까지 한국에서 이루어진 동유럽 연구가 소련을 비롯한 공산권을 연구하면서 부수적으로 진행된 영역이었다는 것이다. 윤덕희 교수에 따르면 "1989년 이전 국내의 동유럽 연구는 학술적인 차원이 아닌 냉전체제 아래에서의 공산권 연구의 일환으로서 특히 소련 연구의 한 부분으로 다루어졌으며 나아가 정책적으로 한국의 대 공산권 관계 개선의 필요성에서 행해졌다", 계속해서 "동유럽 지역은 독자적인 연구 대상이 아니라 소련 연구, 공산권 연구의 주변 지역에 불과하다는 인식하에 동유럽 전문가가 아닌 비전문가에 의해 정책적이고 시의적인 필요에 따라 연구가 이루어져 왔다"라고 언급했다(윤덕희, 2009).

동유럽 연구 현황에 대한 선행 연구에 기초해볼 때 동유럽 연구는 "동유럽으로 분류된 지역 또는 국가의 언어, 문화, 사회, 정치, 경제 및 국제관계를 종합적으로 연구하는 것"이라고 정의할 수 있다(이규영, 1996). 필자는 한국 동유럽학 역사를 독일의 베를린장벽과 냉전체제가 붕괴되는 1989년을 전후해서 크게 ① 냉전체제 시기 동유럽 연구의 태동기: 1989년 이전, ② 동유럽학의 토대 구축과 양적 성장기: 1989년~1990년대, ③ 새로운 방

향 탐색 및 도약기: 2000년대, ④ 질적 성장을 위한 준비기: 2010년대로 나눠 시기별로 동유럽학의 특성, 과제, 한계 등을 살펴본다.

2. 냉전체제 시기 동유럽 연구의 태동기: 1989년 이전

한국에서 동유럽학은 한국의 대공산권 외교정책이 바뀌면서 태동했다고 볼 수 있다. 1950년대 당시 공산권 국가는 한국을 주권국으로 인정하지 않았기 때문에 한국과 공산국가와의 관계는 완전히 단절된 상태였다. 한국은 1960년대 다변외교(多邊外交)를 지향하고, 1970년대 북한을 능가하는 경제력과 국력을 보유하면서 비로소 공산국가까지 외교를 확대하는 정책을 취할 수 있었다. 1973년 당시 박정희 대통령은 상호 평등의 원칙에 따라 공산권 국가에게 문호를 개방한다는 '6·23 외교 선언'을 선포했다. 이 선언을 기점으로 한국은 사회주의 국가에 대한 폐쇄정책 대신 문호개방정책을 통해 비동맹 세력에 대한 다각적인 외교 전략을 전개하기 시작했다. 정부는 동유럽 국가와 교류를 확대하기 위해 노력했다. 각종 국제회의나 대회에 한국 대표를 파견했고, 국제의회연맹(Inter-Parliament Union) 이사회, 적십자평화회의 등의 행사 참여를 명목으로 유고슬라비아에 입국한 바 있으며, 1976년에는 동구권 인사 6명이 한국을 다녀가기도 했다. 이러한 노력에도 제5공화국 시기까지 북방 외교는 거의 답보 상태였으며, 교역과 통상도 간접 또는 제3자 형식의 미미한 규모로 이루어졌다. 1980년대 중반 소련이 페레스트로이카와 글라스노스트를 실시하면서 소련을 중심으로 사회주의체제가 붕괴하려는 조짐을 보였고, 이후 1980년대 말 동유럽 국가는 결국 정치·경제개혁과 개방을 추진하게 되었다. 이로써 6·23 외교 선언 이후 한국은 동유럽과의 관계를 개선하는 데 새로운 전기를 맞이했다. 1988년 10월 헝가리 수도 부다페스트에 헝가리 한국대표부가 개설되면서 한국과 동유럽의 새로운 관계는 시작되었다.[3]

1989년 이전 한국의 동유럽 연구는 부차적인 형태로 진행되어 독자적인 연구 영역으로 자리 잡지 못했다. 이규영 교수는 이 같은 상황을 초래한 이유에 대해 "남북 분단 상황 속에서 공산권 연구는 자연히 상대적으로 구소련과 중국 그리고 북한에 집중될 수밖에 없었다"라고 설명한다. 특히 "제2차 세계대전 이후 소련이 이 지역에 강제적으로 소비에트체제를 이식한 결과 동유럽 현실 사회주의체제는 1989년까지 소비에트체제와 유사했다는 정치적 편견"이 우리의 사고를 지배했다고 본다(이규영, 1996).

1970년대 초 냉전이 완화되고 남북 관계가 일시적으로 개선되면서 한국정부는 공산권 국가에 대한 더욱 적극적인 조사와 연구를 필요로 했다. 1977년 정부는 공산권 연구 5개년 프로젝트(1978~1982년)를 시행하기 위해 4개 대학의 부설 연구소를 선정해 공산권 연구를 재정적으로 지원하는 계획을 발표했다. 이에 따라 서울대 사회과학연구소는 유로코뮤니즘(Eurocommunism) 연구를, 고려대 아세아문제연구소는 중국 연구를, 연세대 동서문제연구소는 동구권 연구를, 한국외대 소련 및 동구문제연구소는 소련 연구를 담당하게 되었다(한국외국어대학교 러시아연구소, 2012).[4]

1970년대 말부터 정부의 지원 아래 연세대 동서문제연구소가 동유럽 연

---

3) 냉전이 종식되면서 동구권에 대한 한국 외교의 지평은 1990년대 초까지 21개국으로 증대되었다. 한국은 이들 국가 중 '마케도니아'를 제외한 20개국과 수교했으며, 그중에서 10개국(폴란드, 헝가리, 체코, 슬로바키아, 루마니아, 불가리아, 세르비아, 크로아티아, 벨라루스, 우크라이나)에 대사관을 개설했다(정은숙, 2008).

4) 한국외대 소련 및 동구문제연구소는 정부에서 지정한 '소련 연구'에 집중한 것이 사실이나, 안드레 카피세프스키(Andrzej Kapiszewski) 박사를 초청해 "폴란드의 정치·사회적 변화" 대토론(1989년 11월 7일) 등을 개최하며 동유럽 지역연구도 측면적으로 지원했다.

구를 주도적으로 수행했다. 1978년 이후 동유럽, 독일 학자와 함께한 다섯 차례의 상호 교류와 세미나는 동유럽의 제반 영역에 대한 입체적 연구의 시작을 열었다(이규영, 1996). 당시의 연구 결과는 1979년부터 1982년까지 5회에 걸쳐『공산국가에 있어서 정책 및 정책과정의 비교연구』라는 출판물로 발간되었는데, 연구논문은 정치외교, 경제, 사회문화 등 분야별로 나뉘어 게재되었다.5)

1980년대 초까지 동유럽 지역에 대한 지식이 거의 축적되지 않았고, 지역연구의 선행조건인 인문 분야, 즉 언어, 문학, 문화, 역사, 지리 등에 대한 연구가 전무했다. 더욱이 방법론적 원시성은 부인할 수 없었다. 공산권에 관심을 가진 사회과학자가 기존 정치학에서 인용되는 비교정치적 관점을 이용해 단순한 비교연구를 진행하는 경향이 강했다. 또한, 과학적·거시적 안목이 아니라 시의적인 필요성에 따라 연구가 비전문적으로 진행되었다. 이에 따라 동유럽 연구는 특화된 영역으로 인정받지 못했다.

1977년부터 정부는 북방 외교를 추진하기 위한 장기적인 정책의 일환으로 폴란드어문학, 루마니아어문학, 체코어문학, 헝가리어문학, 유고어문학 전공 유학생을 순차적으로 선발해 해당 국가로 파견했다. 당시까지는 공산권에 속한 동유럽 지역으로 유학을 갈 수 없었기 때문에 공산권 국가 관련 전공자는 독일과 미국에 파견되었다. 이후 이들이 동유럽 지역연구 제1세대 교수 요원이 되었는데, 1986~1988년에 한국에 유일하게 개설된 한국외대 폴란드어과, 루마니아어과, 헝가리어과, 체코-슬로바키아어과, 유고어과(현 세르비아-크로아티아어과)의 교수직을 맡아 동유럽 지역 특성화 교육을 이끌었다.6) 이들 동유럽학 전공 제1세대 정병권(폴란드문학), 권

---

5) 당시 게재된 논문으로 박기혁(1980, 1981, 1982)을 소개한다.
6) 1986년 11월 6일 한국외대 글로벌캠퍼스 어문대학에 동구어과(루마니아어, 폴란드어)

재일(체코문학), 김규진(체코문학), 김성기(루마니아문학), 이문수(루마니아 언어학), 이상협(헝가리언어학), 박수영(헝가리문학), 김성환(유고문학)[7] 교수는 한국 동유럽학의 인문적 토대를 마련하고 한국-동유럽의 문화적·경제적 교류를 이끌 선도적인 인재를 양성하는 역할을 맡았다.

3. 동유럽학의 토대 구축과 양적 성장기: 1989년~1990년대

1989년 전후 북방 외교를 성공적으로 실현하기 위해 정책적으로 실시된 교육·연구기반 조성사업은 동유럽학의 급속한 성장을 가져왔다. 국가정책에 힘입어 1980년대 말까지 동유럽학 교육 프로그램을 설립한 한국외대는 1990년 6월 11일 동유럽발칸문화연구소를 설립하고 다음 해 3월 동유럽발칸연구소로 개칭해 연구 활동을 시작했다. 초대 연구소장에 정병권 폴란드어과 교수가 취임했고 1992년 8월 연구소 학술지 ≪동유럽연구≫를 발간하기 시작했다. 이후 동유럽발칸연구소는 다양한 사업을 정기적으로 추진했는데, ① 연구 프로젝트 수행, ② 연구 프로그램 개발, ③ 국내학술회의 개최, ④ 국제학술회의 개최, ⑤ 국내외 학자 및 전문가 초청 학술세미나 개최, ⑥ 외국 교수 및 외국 연구자 초청, ⑦ 외국 연구소 및 학회와 협력 관계 수립, ⑧ 연구간행물 발간 및 자료 교환 등이다. 동유럽발칸연구소는 특히 인문학, 즉 언어, 문학, 역사, 문화 분야 연구에 초점을 두었는

가 신설되었다. 1987년 10월 23일 루마니아어과는 폴란드어과로 개편되었으며, 1987년 10월 설립 인가를 받은 헝가리어과, 체코어과, 유고어과는 1988년 3월 첫 입학생을 받았다.

7) 1988년 김성기 교수(루마니아어과 학과장)가 유고어과 초대 학과장에 임명되었고, 이후 1990년 2월 김성환 교수가 임용되어 그해 9월에 학과장직을 맡았다.

<표 8-1> 시기별 연구 현황(학위논문)

연구 시기	논문 수
1970년대	4
1980년대	43
1990년대	127
2000년대	139
2010~2015	108
합계	421

자료: 국회도서관(http://www.nanet.go.kr/main.jsp).

데, 이는 한국외대가 갖는 어문학적 특성을 반영한 것이다.

동유럽발칸연구소가 인문학 분야에 집중해 연구를 수행해왔다는 사실은 ≪동유럽연구≫에 게재된 논문을 통해 파악할 수 있다. 1992년 제1호부터 1999년 제7호까지 출판된 총 47편의 연구논문 중 언어논문 15편, 문학논문 13편, 역사문화논문 12편, 사회과학논문 7편이 게재되어 전체 논문 중 87% 이상이 인문학 분야를 차지했다. 이렇듯 동유럽발칸연구소는 그동안 한국에서는 전무했던 동유럽 인문학 분야를 소개하고 연구를 발전시켰다는 점에서 긍정적인 역할을 했다. 하지만 국가정책에 필요한 학문 분야, 즉 정치, 경제, 행정, 법 등 사회과학 분야에서 담론을 조성하고 타연구 기관의 사회과학자와 학문적 교류를 유도하는 데는 한계가 있었다.

1990년대에 들어 사회과학계는 동유럽 국가의 '체제전환', '체제교체' 또는 '민주화'에 주목했다. 국가 차원으로는 동유럽 국가에 대한 연구를 통해 냉전과 냉전 이후 시대의 국제관계를 분석함으로써 한국과 동유럽 국가 사이의 정치·경제 교류, 상호 이해, 협력을 증진하고 공산권과 비공산권의 체제와 제도를 비교해 남한과 북한이 안고 있는 현안을 해결할 필요가 있었다. 또한 동유럽 정치, 경제, 사회, 문화 등에 관한 협동연구를 발전해 체

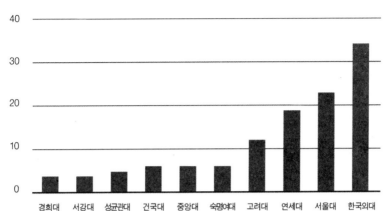

〈그림 8-1〉 1970~1990년대 대학별 학위논문 편수

주: 총 36개의 대학에서 동유럽학 관련 학위논문 174편을 출간했다. 위의 표는 4개 이상의 학위논문을 출간한 대학만을 소개했다(단, 성신여대도 4편의 학위논문을 출간했음).

자료: 국회도서관(http://www.nanet.go.kr/main.jsp).

제전환과 민주화에 관한 새로운 이론을 모색하고 대북정책 또는 통일정책의 대안도 개발해야 했다. 이 같은 필요성에도 학교, 연구 기관, 연구자 사이에 건설적인 학문적 교류는 활성화하지 못했다. 협력해야 할 주체가 서로 분리된 채 연구는 단순히 양적으로만 증가했다.

〈표 8-1〉을 보면 동유럽 관련 연구논문 수는 1990년대에 들어 폭발적으로 증가했는데, 이 시기에 총 127편의 논문이 발표되었다. 1970~1990년대까지 가장 많은 학위논문을 발간한 한국외대와 서울대를 포함해 총 39개의 대학에서 동유럽 관련 학위논문이 지도되었다(〈그림 8-1〉). 이 시기에 발표된 논문을 분야별로 나눠보면 논문의 대부분은 사회과학(정치, 경제, 국제관계 등) 분야로 전체의 77%를 차지하고 인문과학·예체능 분야는 겨우 20%를 차지한다(〈그림 8-2〉).

윤덕희 교수는 1990년대에 이룩한 동유럽학의 양적 성장에도 불구하고

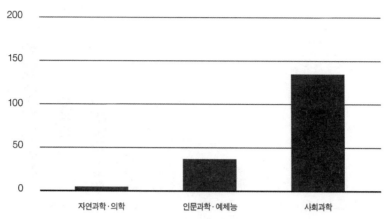

〈그림 8-2〉 1970~1990년대 분야별 학위논문 편수

주: 1970~1999년 동안 출간된 동유럽학 관련 학위논문 174편은 자연과학·의학 분야 4편, 인문
과학·예체능 분야 36편, 사회과학 분야 134편의 분포를 보인다.
자료: 국회도서관(http://www.nanet.go.kr/main.jsp).

동유럽학계가 해결해야 할 문제점 또는 과제는 남아 있다고 지적했는데, 그 과제로 동유럽학의 방법론적 문제, 학제 간 연구의 활성화, 연구 주제의 다양화, 독립적 중심 학문으로서의 동유럽학 구축을 들었다.

 탈냉전 이후 학계가 동유럽 지역에 대해 많은 관심을 가지면서 연구자 수가 증가하고 젊은 학자를 중심으로 동유럽 연구가 활성화했다. 그럼에도 사회과학 분야에서 동유럽 지역을 전문적으로 연구하는 학자는 여전히 극소수였으며, 축적된 학술적 지식 수준도 아직은 초보적인 단계였다. 윤 교수는 한국 동유럽 연구자들이 특히 방법론적 측면에서 동유럽의 다양하고 복잡한 현실을 총체적으로 이해하는 적합한 연구방법론을 찾지 못했다고 지적했는데, 이를 위해서는 "우리의 동유럽 연구는 지역연구를 그 출발점으로 삼아야 할 것이다"라고 주장했다(윤덕희 2009).

 1990년대 사회과학 분야에서 동유럽 연구는 주로 민주화이행론에 치우쳤다. 윤 교수는 이에 대해 다음과 같이 지적하고 있다.

이제는 역사, 정치문화적 관점에서 출발하여 공산체제 이전의 정치 문화, 민족주의, 공산체제하의 경험, 구체제와 새 체제 간의 연속성과 단절, 좌-우 이념 등이 동유럽 각 사회의 내부 변화 과정에 어떠한 영향을 미쳤는지를 사회과학적으로 분석함으로써 각 사회의 특수성과 다양성을 규명하고 이를 통해 동유럽에 대한 종합적이고 현실적인 이해를 높이는 데 보다 많은 노력을 기울여야 할 때이다(윤덕희 2009).

특히 동유럽 정치 연구는 "역사학 및 인문학 영역과 긴밀한 대화와 협조를 해야 한다"라고 언급하며 학제 간 연구를 강조했다. 그리고 "인문 분야에서 축적해놓은 현지 언어와 문화, 역사 등의 연구 내용은 동유럽 정치를 이해하는 데 필수적임에도 정치학계가 이를 적극 활용하고 있지 않은 것 같다"라고 지적했다(윤덕희 2009). '연구 주제의 다양성'에 관련해서는 동유럽 국가의 외교정책, 안보, 정치, 경제 차원의 다양한 주제를 연구해야 한다고 제기했다. 더불어, 동유럽의 국제정치에 대한 연구는 이들 국가의 다양한 역사, 동유럽의 지정학과 국제 정세에 대한 이해, 탈냉전 이후 상당히 유동적이고 다양한 각국의 외교적 입장에 대한 종합적인 이해를 선행해야 한다고 주장했다.

1990년대는 동유럽학의 토대를 구축하는 데 중요한 성과를 이룩한 시기다. 동유럽의 언어와 인문 사회 분야를 교육하고 연구하는 전문 기관을 설립했으며 동유럽의 체제전환과 민주화에 대한 관심이 폭발적으로 증가해 연구 성과가 급증했다. 하지만 한편으로는 동유럽을 구소련의 지배 또는 '헤게모니(Hegemonie)' 아래에 있는 지역으로 간주하는 편견과 관행 역시 여전히 존재했다. 이는 동유럽 내부의 시각으로 변화와 발전의 동인을 찾으려는 노력이 부족했기 때문이다. 또한, 실증적이며 경험적인 미국식 방법론과 인문역사학적 전통에 근거한 유럽식 방법론 사이에서 한국 연구자가 독자적 방법론을 수립하기에는 부족한 점이 많았다. 특히 인문학자와 사회과학자 사이의 학제 간 연구와 소통이 잘 이루어지지 않은 상태에서 연구물이 우후죽순으로 생산되어 연구의 질적 성장이 어려웠다. 2000년대로 접어들면서 한국 동유럽학계는 바로 이러한 문제점을 극복해야 하는 과제를 안게 되었다.

4. 새로운 방향의 모색 및 도약기: 2000년대

2000년대에 들어 중부유럽과 발트 국가 등이 민주화와 시장경제를 본격적으로 도입하면서 한국과 동유럽 관계도 안정되기 시작했다. 특히 2004년 동유럽 8개국(폴란드, 체코, 슬로바키아, 헝가리, 슬로베니아, 에스토니아, 라트비아, 리투아니아)이 유럽연합(EU)에 가입하고, 이후 2007년 2개국(루마니아, 불가리아)이 추가적으로 가입한 일은 더욱 안정적인 환경에서 동유럽을 대상으로 외교를 전개할 수 있다는 신념을 안겨주었다. 한국은 민주주의, 시장경제, 인권 존중 등 인류의 보편적인 가치와 상호 보완적인 경제협력을 토대로 이들 국과와의 관계를 강화할 수 있게 되었다. 특히 한국 기업은 더욱 확고하게 동유럽을 새로운 시장이자 서유럽 국가 대상의 수출을 위한 생산 기지로 바라보기 시작했다. 이 같은 맥락으로 2001년 12월 김대중 대통령이 헝가리를, 2004년 12월과 2006년 9월에는 노무현 대통령이 각각 폴란드와 루마니아를 방문하면서 경제외교를 펼쳤다(정은숙, 2008).8)

---

8) 1990년대 한국과 동유럽 관계는 불가피하게 침체기를 겪었다. 하지만 2004년 V4 국가

이러한 분위기 속에서 한국 동유럽학 연구의 저변이 확대되었으며 학문 후속세대가 증가했다. 1990년대에 설립된 한국외대 동유럽학대학의 5개 학과와 동유럽발칸연구소는 동유럽 지역연구의 토대를 구축하고 인문학 분야의 발전과 저변을 확대하는 데 크게 기여했다. 1999년에는 동유럽발칸학회(현 아시아중동부유럽학회)를 구성해 회원을 전국 단위로 모집하며 동유럽학의 발전에 힘을 더했다. 이 학회의 초대 회장인 정병권 한국외대 폴란드어과 교수를 포함해 임홍수 조선대 교수, 김장수 관동대 교수, 안성호 충북대 교수, 박태성 부산외대 교수, 계동준 대전대 교수, 홍상우 경상대 교수 등 총 200여 명의 회원이 학회를 운영해왔다. 학회 설립과 함께 발행한 학회지 ≪동유럽발칸학≫은 1999년부터 2012년까지 총 14권을 발간했다. 2012년 한국연구재단이 추진한 '유사 학문의 학회지 통합' 정책에 따라 ≪동유럽발칸학≫은 한국외대 동유럽발칸연구소 학술지인 ≪동유럽연구≫와 통합해 ≪동유럽발칸연구≫라는 이름으로 발간되고 있다.

2000년대의 동유럽학이 가지는 특징은 동유럽 연구 제2세대라고 할 수 있는 학문후속세대 배출과 연구 주제의 다양화다. 1986~1988년 사이 설립된 한국외대 동유럽학대학의 졸업생은 이후 외국 현지에서 박사과정을 이수하고, 1997년부터 귀국하기 시작해 2000년대부터 교수로 채용되어 학문적 전문성을 강화해나갔다. 이들은 현지의 언어, 문화, 역사를 이해하

와 2007년 루마니아, 불가리아 등이 유럽연합에 가입하면서 한국은 정상회담을 통해 이들 국가와의 관계를 격상시켰다. 한·폴란드 '미래지향적 동반자 관계(2004)', 한·헝가리 '미래지향적 실질 협력 관계(2005)', 한·루마니아 '전략적 동반자 관계(2008)'를 그 예로 들 수 있다. 이들 관계의 배경에는 한국 기업 동구권 진출, 교역 증대와 학술 문화 부문의 협력 필요성이 있다. 정상 외교의 시너지 효과 속에서 한국 기업은 동구권에 공격적으로 진출하고 있다. 폴란드는 한국의 외국인 투자 선도를, 슬로바키아는 한국 기업의 고용 효과(1만 2500명), 생산 효과(2006년 GDP의 5%), 수출 효과(2006년 수출의 7%, 29억 달러) 등의 경제 기여도를 높이 사고 있다.

<표 8-2> 제2세대 동유럽학 전문가 현황

지역	박사(및 수료)	전공 분야	국내/국외
폴란드	7명	역사학(2), 문학(2), 언어학(2), 미술사(1)	3/4
루마니아	7명	문학(5), 언어학(2)	7
헝가리	6명	문학(4), 정치학(1), 경제학(1)	1/5
체코슬로바키아	4명	문학(1), 언어학(1), 정치학(1), 지역학(1)	2/2
세르비아-크로아티아어과(구 유고어과)	5명	문학(3), 정치학(1), 지역학(1)	3/2
합계	29명	인문(23)/사회과학(6)	9/20

주: 1970년대 말 국비 장학생으로 독일과 미국으로 파견되어 교직을 잡은 제1세대 동유럽학
전문가의 제자를 제2세대 동유럽학 전문가로 정의했다. 이 표는 한국외대 동유럽학대학
출신으로 1990년대 말~2000년대 동안에 박사학위를 취득했거나 수료한 연구자를 대상으
로 분석한 통계자료다.

는 전문가로서 동유럽적 시각을 한국에 소개하고 현지 전문가와 네트워
크[9]를 구성해 한국과 동유럽 국가 사이의 관계를 증진하는 데 일조했다.

총 29명의 제2세대 동유럽학 전문가는 대부분 인문학 전공자로 국외(현
지)에서 학위를 취득했다(〈표 8-2〉). 현재 이들은 한국외대에서 교수, 강사
로 활동하고 있는데, 이들을 포함한 한국외대 동유럽발칸연구소 연구원
총 60명 중에서 53명이 인문학, 7명이 사회과학 전공자다.[10] 즉, 여러 현
황을 종합해보면 한국외대 동유럽학대학과 동유럽발칸연구소는 동유럽학
의 교육과 연구를 주도하는 인문학 연구의 중심지라고 할 수 있다.

〈그림 8-3〉을 통해 알 수 있듯이 1970년대부터 2015년까지 한국외대는

---

9) 한국외대와 양해 각서를 체결해 학생·연구자 교류를 실행하는 동유럽 지역 교육 기관
은 총 32개다(루마니아 5개, 불가리아 2개, 세르비아 1개, 슬로바키아 1개, 우크라이나
4개, 체코 5개, 크로아티아 4개, 폴란드 6개, 헝가리 4개). 이들 교육 기관과의 네트워
크를 통해 정보·학술·인적 교류를 진행하고 있다.
10) 한국외대 동유럽발칸연구소 홈페이지(http://eebi.hufs.ac.kr)를 참조하기 바란다.

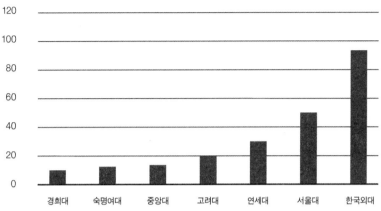

〈그림 8-3〉 1970~2015년 대학별 학위논문 편수

주: 총 76개 대학 중 학위논문 10편 이상을 보유한 대학을 분석 대상으로 삼았다.
자료: 국회도서관(http://www.nanet.go.kr/main.1jsp).

동유럽학 관련 학위논문 발간 순위에서 1위를 차지하며 동유럽 연구의 중
심적인 역할을 해왔다.

　이 같은 한국외대의 동유럽학 교육·연구 기관에도 몇 가지 문제점이 존
재한다. 먼저 대학의 교육사업과 동유럽발칸연구소의 학술사업으로 동유
럽학 교육과 인문학 연구가 지속적으로 발전되어온 것에 비해 인문학과 사
회과학의 학제 간 연구 활성화, 분야별 협동·융합연구가 활발히 진행되지
않았다는 점을 들 수 있다. 한국외대에서 출간되는 동유럽 관련 학위논문
의 대다수는 사회과학 분야 논문이다. 하지만 앞서 언급했듯이, 한국외대
동유럽 전문가 대부분은 인문학 전공자다. 다시 말해 이들은 오늘날 정치,
경제 분야의 시대적·학문적 욕구를 충족시키는 데 역부족이라고 할 수 있
다. 2000년대 중반 동유럽 국가들이 EU에 가입하면서 '동유럽의 EU 통합
연구', 'EU 내 동유럽 국가의 역할', '동유럽 국가의 경제개혁과 EU 가입',
'동유럽과 한국의 정치·경제 관계', '한국 기업의 동유럽 투자 활성화 방안'

등의 연구 주제가 인기를 끌었다. 대부분 사회과학에 편향된 연구 주제였는데, 주로 비동유럽학 전문가가 이러한 주제로 연구를 진행했다.

특수한 전략 지역으로 구분되는 동유럽에 관한 교육과 연구가 한국외대에서 유일하게 이루어진다는 사실은 학문 연구의 선택과 집중으로 이해할 수 있는 한편 관심의 결여와 소외로 생각할 수도 있다. 예를 들어 러시아학 교육과 연구의 경우 한국의 20여 개 대학에서 다양한 교육 프로그램을 통해 운영되고 있으며 국가의 지원을 받는 다수의 연구소가 활발히 활동하고 있다. 반면, 실질적인 동유럽학 교육·연구 기관이 존재하는 곳은 한국외대가 유일하다. 이러한 상황은 러시아가 갖는 국가적·전략적 중요성에 기인하는 결과일 수도 있고 과거 동유럽을 소련의 부수적인 지역으로 취급했던 관행과 차별이 여전히 지배하고 있기 때문일 수도 있다. 한국 동유럽학을 활성화하기 위해서는 교육·연구 기관을 더 늘리고 역할을 강화할 필요가 있다. 이를 위해서는 동유럽학을 교육하는 새로운 교육 기관(학과)의 설립, 기존 교육·연구 기관에 대한 특별 지원 등을 고려해야 한다.

2009년 한국연구재단의 인문한국지원사업에서 서강대의 국제지역문화원이 유망 연구소로 선발되어 '역동적 지역 단위로서의 동유럽: 동유럽 지역연구 기반 및 교류 네트워크 구축' 연구사업을 실행한 바 있다. 한국외대 이외의 기관에서 동유럽 연구가 수행된 것은 매우 고무적인 일이다. 과거 1970년대 말 연세대의 동서문제연구소가 동유럽 연구를 수행하면서 학계에 새 바람을 불러일으킨 사례가 있지만, 이후 더는 지역연구를 진행하지 않았다. 이같이 특수 지역연구가 일회성으로 끝나지 않도록 하기 위해서는 정부가 동유럽학을 지속적으로 지원해야 한다. 이와 더불어 연구자는 과거의 이데올로기적 사고에 기인한 편견에서 벗어나 동유럽을 러시아나 서유럽의 부수적인 영역이 아닌 독자적 연구 영역으로 인식하고 학제 간 연구를 통해 깊이 있는 연구 성과를 낼 수 있도록 노력해야 한다.

5. 질적 발전을 위한 준비기: 2010년대

  이명박 정부 당시 한국은 '에너지 자원 협력 외교'에 주력했다. EAI 국가 안보패널 보고서에 따르면 2010년대 대한민국 외교 10대 과제 중 하나는 바로 안정적인 에너지 공급원 확보였다. 에너지 소비국 세계 9위임에도 에너지 자원 소비량의 약 96%를 수입에 의존해온 한국은 에너지 빈곤이라는 문제를 안고 있었다. 이 문제를 해결하기 위해서 정부가 고안해낸 것이 바로 '에너지 자원 협력 외교'였다. 이에 따라 대한민국 외교의 주요 대상은 한국에 에너지를 공급할 수 있는 지역이 되었는데, 이 주요 대상에 동유럽·발칸 지역은 포함되지 못했다. 따라서 이명박 대통령의 임기가 끝나는 2013년까지 한국과 동유럽·발칸 지역 사이의 교류는 특별한 변화 없이 답보 상태를 유지했다. 이 지역에 대한 연구도 정부와 기업의 큰 관심과 지원 없이 제자리에 머물렀다.

  박근혜 정부의 출범과 함께 한국 외교는 '에너지 자원 협력'에서 '유라시아 이니셔티브'로 목표를 전환했으며 '러시아, 중국을 넘어 유럽으로' 진출하는 전략을 세웠다. 이에 따라 러시아, 중국, 중앙아시아, 터키 등이 주요 협력 대상국으로 떠올랐다. 하지만 동유럽에 대한 우호적인 외교 분위기가 시작되려는 찰나 2013년 11월 우크라이나에서 유로마이단 혁명이 발생하고 러시아가 우크라이나의 크림반도를 점령하면서 러시아와 서방은 또 한차례 대립 관계를 형성하게 되었다. 미국과 유럽연합국은 러시아에 대한 외교, 경제 제재를 감행했다. 결국 한국 정부는 러시아와의 경제협력을 적극적으로 추진하기 어렵게 되었고, 이로써 '유라시아 이니셔티브'는 큰 진전을 이루지 못했다. 이후 2015년 12월 박근혜 대통령은 체코를 방문해 중부유럽연합체인 비세그라드 그룹(Visegrad Group: 체코, 폴란드, 헝가리, 슬로바키아)과 정상회담을 개최했다. 이 자리에서 한국과 비세그라드 그룹은 미래지향적인 실질적 협력을 도모하기로 약속했다. 특히 R&D, 과학·기술 및 혁신 분야에서의 협력을 모색했는데, 이와 관련해 '한·비세그라드 그룹 다자 공동연구 프로그램 설립'을 위한 양해 각서를 체결하기로 합의했다.[11] 이 같은 박근혜 대통령의 방문은, 동유럽·발칸 지역 전체를 포괄하지는 않지만, 지난 대통령들의 폴란드, 헝가리 방문 이후 오랜만에 성사된 동유럽 국가와의 만남이다. 이 만남이 동유럽 지역에 대한 관심과 연구가 활성화하는 기점이 될 수 있도록 다방면의 노력이 요구된다.

오늘날 국제 정세가 급속하게 변하는 것에 비해 동유럽과 발칸 지역에 대한 한국의 교육·연구 분야는 발전 동력을 갖지 못한 채 매우 느리게 변하고 있다. 2013년 11월 우크라이나에서 유로마이단 혁명이 발생했을 당시 한국 언론과 학계에서도 우크라이나에서 벌어진 세계열강의 각축전을 관심 있게 다루었는데, 사태를 국제관계 측면과 러시아-서방과의 구도에서 관측하려는 경향이 매우 강했다. 우크라이나, 러시아, 주변 동유럽 국가 사이의 관계에 대한 역사와 문화적인 분석은 매우 빈약하게 다루어졌으며 대부분 러시아 사회과학 분야의 학자에 의한 사태 분석이 주를 이루었다. 2009년 한국외대에 우크라이나어과가 개설되었는데, 현재 해당 학과의 교수진은 언어와 문화 전공자로 외국인 2명을 포함해 겨우 3명에 달한다. 즉, 한국 유일의 우크라이나학 기관으로서 지역 전문가 육성과 지역연구에 매진하고 있음에도 국가가 요구하는 외교, 경제, 군사 분야에서 두드러진 성과를 이끌어내기는 역부족이다. 이는 단순히 우크라이나학만의 문제가 아니라 동유럽학에 관련된 많은 학과의 문제다.

국가적 관심 분야인 동유럽·발칸 지역의 외교, 경제협력 등에 대한 연구는 정부 관련 기관의 지원을 받아 비정기적으로 실행되어왔다. 외교부(통

---

11) 청와대 인사이드(2015).

<표 8-3> 국가 기관 지원 동유럽 관련 학회

주제(세션 혹은 학술대회)	연도	집행 기관	지원 기관	발표자 수
우리나라와 흑해 지역 협력: 현재와 미래	2011	한국동유럽 발칸학회	외교통상부	9
동유럽 EU 회원국 및 발칸 지역 국가들의 ODA 정책: 공여국과 수혜국의 입장에서 본 ODA정책이 한국에 주는 함의	2013	한국외대 동유럽발칸연구소 한국유럽학회	한국국제협력단 (KOICA)	12
체제전환이후 사회적·경제적 패러다임 변화에 대한 주요국의 정책적 대응과 시사점: 동유럽을 중심으로	2014	한국외대 동유럽발칸연구소	한국조세 재정연구원	3
비세그라드 그룹(V-4) 국가들의 산업-기술협력 추진 방안	2015	한국유럽학회	산업통상자원부	3
비세그라드 그룹-한국 관계 발전 전망	2015	한국외대 동유럽발칸연구소	대외경제 정책연구원	3
유로마이단 혁명 이후 우크라이나학의 새지평·동유럽학의 새지평	2015	한국외대 동유럽발칸연구소 한국유럽학회	외교부· 산업통상자원부· 한국국제협력단	6

상부), 산업통상자원부, 한국조세재정연구원, KIEP 대외경제정책연구원 등이 한국동유럽발칸학회, 한국외대 동유럽발칸연구소, 아시아중동부유럽학회, 한국유럽학회 등 관련 연구 기관을 재정적으로 지원해왔다. 연구 주제에 관해서는 지원 기관이 이를 지정하는 경우와 연구 기관에 일임하는 경우로 나뉘었는데, 지금까지 진행된 연구 주제는 <표 8-3>과 같다.

국가 기관의 지원 아래 진행된 연구는 매우 시의적이며 구체적으로 국가 외교와 경제협력의 강화에 도움이 되는 주제를 연구 대상으로 삼았다.

안타깝게도 이들 연구는 지속적으로 이루지기보다 일회성으로 그친 경우가 대부분이며, 개별 연구자를 지원하는 것이 아닌 학술회의 개최 비용을 지원하는 경우가 대부분이다. 한국 정부가 필요로 하는 동유럽·발칸 지역의 정치, 외교, 군사 등의 분야에 대한 심층적인 연구 기반을 확립하기 위해서는 일회적인 학술대회 지원보다는 장기적인 연구 지원이 필요하며, 이 분야를 집중적으로 연구하는 개별 연구자를 육성하는 일이 절대적으로 필요하다. 물론 개별 연구자 또는 연구소 단위의 연구 활성화를 위해 한국연구재단이 다양한 연구 프로젝트를 제공하고 있지만 동유럽·발칸 지역과 같은 특수 지역 관련 주제로 공동 프로젝트를 수주하는 것은 매우 어려운 실정이다. 이는 연구 기관의 능력, 환경뿐만 아니라 지역의 중요성에 대한 인식과도 밀접하게 관련되어 있다. 앞에서 언급했듯이, 2009년 서강대 이규영 교수 팀이 제시한 '역동적 지역 단위로서의 동유럽: 동유럽 지역연구 기반 및 교류 네트워크 구축'이라는 주제가 인문한국지원사업의 해외 지역 대상 프로젝트에 당선된 바 있다. 이 사업은 3년 연한의 소규모 프로젝트였다. 대체로 러시아와 유라시아, 지중해, 동아시아 등의 지역연구가 10년 연한의 대형 프로젝트에 선발되는 사례를 말미암아 생각해보면 프로젝트 대상을 선정하는 데 대상 지역에 대한 규모와 중요성이 고려된다고 할 수 있다.

2010년대 초반의 한국 동유럽학은 여전히 문제점 몇 가지를 안고 있었다. 기존의 문제점이 완전히 해결되지 않은 상태에서 새로운 문제가 누적되었다. 특히 인문학 분야의 쇠퇴와 저성장, 저고용에 의한 청년 실업 확대가 맞물리면서 특수 지역에 대한 교육, 연구의 인기가 하락했다. 이에 따라 학문후속세대가 점차 줄어드는 현상이 발생했는데, 앞서 〈표 8-2〉에서 보았듯이 2000년대 한국외대 동유럽학대학 출신 학문후속세대는 30명에 달했으나 2010년대에는 10명도 채 되지 않는다. 또한, 기존 박사급 연구자의 고용이 원활하지 못한 인사적체현상이 나타났으며, 이에 연구원들의 사기가 급격히 저하했다. 이 같은 현상은 관련 연구소, 학회의 연구 활동에 영향을 미치고 동유럽학 연구과 교육 전반에 악영향을 초래한다. 국가 차원에서 요구하는 정치, 외교, 경제, 군사 등 사회과학 분야의 연구 활성화를 위해서라도 앞으로 더 많은 연구진, 교육진을 공급하는 일이 필요하다. 현재 대학과 연구 기관의 연구 인력 수요는 매우 제한적이다. 연구자의 공급과 수요가 균형을 이룰 수 있도록 동유럽학 교육·연구 기관의 개설이 추가적으로 이루어져야 한다. 또한, 인문학과 사회과학 분야의 연구자 수가 균형을 이룰 수 있도록 두 학문 분야의 적절한 융합도 시도해야 한다.

6. 결론

한국의 동유럽 연구는 냉전체제 아래에서 공산권 연구의 일환으로 시작되었다. 사람들이 동유럽 연구를 소비에트연방 연구의 일부분으로 이해하면서 동유럽 지역은 독자적인 연구 대상으로 인정받지 못하고 소련을 중심으로 한 공산권 연구의 주변 지역으로 취급받아왔다. 지금껏 동유럽 연구는 정책적·시의적 필요성에 따라 관련 언어와 지식에 능통하지 못한 비전문가에 의해 진행되어온 것이 사실이다.

정부가 북방 외교정책의 일환으로 1977년부터 동유럽학 전공 유학생을 선발해 파견하고 1986년부터 한국외대가 폴란드어과, 루마니아어과, 헝가리어과, 체코슬로바키아어과, 유고어과(현 세르비아-크로아티아어과)를 개설하면서 동유럽 지역 특성화 교육·연구가 본격적으로 진행되었다. 1990년대에 들어서 동유럽 연구의 토대가 구축되었으며 동유럽의 체제전환과 민주화에 대한 관심이 폭발적으로 증가해 연구 성과가 급증했다. 2000년대에 들어 중부유럽과 발트 국가 등이 민주화와 시장경제를 본격적으로 도입하면서 한국과 동유럽 관계도 안정화되기 시작했는데, 이 시기에 관련 연구소와 학회가 설립되었고 동시에 학회지 발간이 이루어졌다. 또한, 동유럽 연구 제2세대라고 할 수 있는 학문후속세대가 현지에서 박사학위를 마치고 귀국해 교수로 채용되었다. 이들은 현지 언어에 기초해 다양한 주제의 연구를 진행하고 동유럽적 시각을 한국에 소개하면서 현지 전문가와 네트워크를 구성해 한국과 동유럽 국가 사이의 학문적·문화적 관계를 발전시켰다. 즉, 한국의 동유럽 연구는 짧은 역사에도 불구하고 매우 빠른 속도로 괄목할 만한 양적 성장을 거두었다.

이 같은 성장에도 한국의 동유럽 연구는 여전히 다음과 같은 문제점을 갖고 있다. 첫째, 동유럽 지역의 가치와 중요성이 상대적으로 저평가되고 있으며 여전히 러시아를 비롯한 유럽 강대국의 주변 지역으로 취급되고 있는 것이다. 이로 인해 동유럽학 교육·연구는 많은 관심을 받지 못하며 소외되고 있다.

둘째, 학제 간 연구가 활성화하지 못하고 있다. 동유럽 연구의 질적인 발전을 위해서는 학제 간 연구를 활성화해야 한다. 한국외대의 동유럽학 대학과 연구소는 인문학 발전을 위해 기여한 바가 크지만 국가정책을 위한 사회과학 분야의 연구도 절실히 필요한 상황이다. 인문학과 사회과학 분야의 연구자 수를 고르게 갖추고 두 학문 분야의 적절한 융합을 시도해야 한다. 이를 위해 동유럽학 교육·연구 기관을 확대하고 증가하는 방안도 고려해볼 필요가 있다.

셋째, 연구자 실업 문제와 학문후속세대 감소 현상이다. 쇠퇴하는 인문학과 확대되는 청년 실업 때문에 특수 지역의 교육과 연구는 인기를 잃어가고 있으며 결과적으로 학문후속세대가 감소하고 있다. 이 같은 문제와 현상은 한국 동유럽학의 유지와 발전에 치명적인 결과를 초래할 것이다.

기존 박사급 연구자의 원활한 고용을 보장해 연구원들의 사기를 향상해야 하며 이 같은 기조를 유지해 학문후속세대가 감소하는 것을 막아야 한다.

넷째, 학계 차원의 비전과 목표가 부재하다는 것이다. 동유럽학 교육·연구 기관과 그 종사자는 21세기 동유럽학을 이끌 새로운 비전과 목표를 수립해야 한다. 북방 외교 특성화사업의 일환으로 시작된 동유럽학 교육과 연구는 2010년대에 들어 새로운 국면을 맞이했다. 달라진 정부의 외교정책과 교육 목표에 따라 동유럽학 분야도 새로운 변화를 모색해야 한다. 2015년 교육부는 대학특성화사업(Creative Korea)을 추진했으며, 2016년에는 대학인문역량강화사업(CORE)을 추진하고 있다. 사업 취지는 대학의 구조 개혁을 통해 기초 학문의 기반을 강화하고 인문학을 진흥하는 데 있으며, 사업 목표는 인문 소양을 갖춘 창의 인재 육성, 글로벌 지역 전문가 육성, 학문후속세대 양성이다. 향후 한국 동유럽학 연구도 이 같은 국가의 외교·교육정책에 순응하는 방향으로 진행되어야 할 것이다.

| 참고문헌 |

김신규. 1996. 「동구권연구의 현황과 과제」. 한국외대 대학원 지역연구회 엮음. 『지역학의 현황과 과제』. 한국외국어대학교.

박기혁. 1980. 「헝가리 및 루마니아의 농업구조와 농업정책, 공산국가에 있어서 정책 및 정책과정의 비교연구」. 『공산국가에 있어서 정책 및 정책과정의 비교연구』. 연세대학교 동서문제연구소, 3집.

_____. 1981. 「동구제국의 농업체제 및 정책비교연구: 알바니아와 불가리아를 중심으로」. 『공산국가에 있어서 정책 및 정책과정의 비교연구』. 연세대학교 동서문제연구소, 4집.

_____. 1982. 「동구제국의 농업정책 및 정책」. 『공산국가에 있어서 정책 및 정책과정의 비교연구』. 연세대학교 동서문제연구소, 5집.

이규영. 1996. 「한국의 동유럽연구 현황: 연구정향의 새로운 모색을 위하여」. 『한국정치학회 '96 연례학술대회 기획세미나 한국 정치학의 성찰과 전망: 구 사회주의권 영역』. 한국정치학회.

윤덕희. 2009. 「국내의 동유럽 정치 연구에 대한 성찰」. ≪한국국제정치학회소식≫, 132권, 1~3쪽.

정은숙. 2008. 「한국의 대 동구권 외교: 평가와 제언」. 『제19차 세종 국가전략 포럼: 한국의 대 개도국 외교』. 세종연구소.

한국외국어대학교 러시아연구소. 2012. 『러시아연구소 40년사 1972~2012』. 한국외대출판사.

온라인 자료

한국외국어대학교 러시아연구소. "대학연구소정보." http://www.kci.go.kr/kciportal/po/search/poInsiSearReinViewPopup.kci? insiGeneInfoBean.insiId=INS00 - 0005071&isPop=Y(검색일: 2015.12.12).

한국외국어대학교 동유럽발칸연구소. "조직 및 연구원." http://eebi.hufs.ac.kr(검색일: 2015.12.12).

청와대 인사이드. 2015. "박근혜 대통령, 비셰그라드 그룹(V4)과 정상회의." http://blog.president.go.kr/?p=56324(검색일: 2015.12.12).

찾아보기

인물

ㄱ ㄴ

기연수 20
김학수 16
김학준 21
고골, 니콜라이(N. Gogol) 39, 40, 42, 44, 47
고리키, 막심(M. Gorky) 26, 44, 47
고르바초프, 미하일(M. Gorbachev) 18, 186, 206, 210, 216
곤차로프, 이반(I. Goncharov) 39
나보코프, 블라디미르(V. Nabokov) 39, 47, 48

ㄷ ㄹ

도스토옙스키, 표도르(F. Dostoevskii) 33, 39~42, 44, 47, 48, 208
동완 15
드엥카소, 엘렌(H. D'Encausse) 22
라브로프, 표트르(P. Lavrov) 208
랴자놉스키, 니콜라스(N. Riasanovsky) 209
레닌, 블라디미르(V. Lenin) 213
레르몬토프, 미하일(M. Lermontov) 39, 47
레스코프, 니콜라이(N. Leskov) 39
리바코프, 아나톨리(A. Rybakov) 21
루키야넨코, 세르게이(S. Lukyanenko) 43, 44

ㅁ ㅂ

마야코프스키, 블라디미르(V. Mayakovsky) 48
만델스탐, 오시프(O. Mandelstam) 39
바흐친, 미하일(M. Bakhtin) 24
박형규 16
베르댜예프, 니콜라이(N. Berdyaev) 209
비류코프, 니콜라이(N. Biryukov) 15
불가코프, 미하일(M. Bulgakov) 39, 40, 42, 44, 47

ㅅ ㅇ

석영중 26
솔제니친, 알렉산드르(A. Solzhenitsyn) 21, 42, 44, 48
쇼스타코비치, 드미트리(D. Shostakovich) 17
숄로호프, 미하일(M. Sholokhov) 47
이덕형 26
이동현 16
이인호 19
이종진 16
이철 16
울리츠카야, 류드밀라(L. Ulitskaya) 40

ㅈ ㅊ ㅋ

지젝, 슬라보예(S. Zizek) 24
조셴코, 미하일(M. Zoshchenko) 39
채대치(채수동) 16
처칠, 윈스턴(W. Churchill) 11
체호프, 안톤(A. Chekhov) 39, 40, 42,

44, 47, 48

케넌, 조지(G. Kennan) 16

ㅌ ㅍ ㅎ

톨스토이, 레프(L. Tolstoy) 15, 33, 39~42,
　　44~46, 48, 50

투르게네프, 이반(I. Turgenev) 39, 44,
　　47, 48

튜체프, 표도르(F. Tyutchev) 23

파스테르나크, 보리스(B. Pasternak) 39,
　　42, 44, 47

페인소드, 메를(M. Fainsod) 16

푸시킨, 알렉산드르(A. Pushkin) 39, 40,
　　42, 44, 47, 48

하이에크, 프리드리히(F. Hayek) 199

용어

ㄱ

개혁 · 개방정책 18

계급투쟁 215

계량연구 167, 168, 174, 176, 177

고려대 15

고려인 215, 220, 223

구조주의 60

국가자본주의 188

국제관계 163, 164, 176

국제정치논총 159~161

글라스노스트 206

금융산업그룹(FIGs) 192

급진주의(radicalism) 191

ㄴ

남동부유럽 234

냉전체제 29

노어노문학 62

ㄷ

다수사례연구 159, 174, 176, 177

단일사례연구 168, 176

담화분석 62

대조국전쟁 225

동구 233, 234

동유럽 233, 234

동유럽발칸연구 245

동유럽발칸연구소 239, 240, 246, 247

동유럽발칸학 245

동유럽연구 239, 240, 245

동유럽학 183, 233, 235, 236, 239, 245,
　　248

ㄹ

러시아 문화 교육 98

러시아 지성사 21

러시아어 교수법 101

러시아어 교육 15, 77~80, 91, 104

러시아어 교육 일반 81

러시아어 교육 평가 99

러시아어 교육과정 92

러시아어 교재 개발 및 분석 102

러시아어 듣기 교육 94

러시아어 말하기 교육 93

러시아어 문법 교육 96

러시아어 비교연구 103

러시아어 쓰기 교육 95

러시아어 어휘 교육 97

러시아어 오류 분석 103
러시아어 읽기 교육 94
러시아어 통번역 교육 103
러시아어문학연구논집 62
러시아어학 56, 57, 62, 66
러시아연구 62, 159, 161
러시아혁명 208, 214
레닌 188

ㅁ
마르크스 213, 215
모스크바-타르투 기호학파(Moscow-Tartu
　　semioticians) 24
미국 207
미국슬라브학회 19

ㅂ
발칸유럽 234
변수연구 167
북방 외교 236, 238, 239, 253, 255
북방정책 12, 158, 211
블라디보스토크 206
비교경제체제론 192
비교정치 166, 167, 171, 173, 174
비교정치학 15
비교제도분석(comparative institutional
　　analysis) 198
비세그라드 249, 251

ㅅ
사회구성체 187
사회사 25
사회언어학 61, 71
사회주의 행정명령 경제체제 184

사회주의계획경제 185
생성주의 60
생성통사론 61
서울 올림픽 211
서울대 19
세계화 187
소비에트학(Sovietology) 16
스탈린 213, 225
슬라브어학 55, 56, 65
슬라브연구 159, 161
슬라브학 11, 55, 65, 182
슬라브학보 62, 159, 160, 161
시장자본주의 182
신경제정책(NEP) 188
신자유주의 187

ㅇ
아관파천 15
아시아중동부유럽학회 245, 251
아카데미즘(academism) 189
양적연구 159
어휘의미론 61
언어문화 61
역사언어학 24, 60, 64
역사언어학의 61
외교정책 163, 164, 176
유라시아 이니셔티브 249
유라시아(Eurasia) 13
육군사관학교 15
음성학 24, 59, 61, 64
음운론 59~61
의미론 59, 60, 62
이행(transition) 190
이행학(transitionology) 193

인지언어학 61, 62, 71
인텔리겐치아 212
일상생활사 25

ㅈ

자본주의의 다양성 199
점진주의(gradualism) 191
정성연구 166, 167, 170, 176
제국의 붕괴(L'Empire éclaté) 22
조·러수호통상조약 14
조어론 61
중국 207
중부유럽 234
중소연구 159~161
지역연구 166, 167, 170, 173
지역정치 166~168, 170, 174

ㅊ

체제전환 190
충격요법(shock therapy) 191

ㅋ

캅카스(Kavkaz) 14
크렘린학(Kremlinology) 16
키예프 루시 224

ㅌ

타자성 189
탈공산주의(Post-Communist) 13
탈국유화·민영화·사유화 191
탈사회주의(Post-Socialist) 13
통사론 59, 60

ㅍ

페레스트로이카 185, 206, 210
푸틴 225
프라브다(Pravda) 17
플레하노프 212

ㅎ

학문 주체화 199
학문후속세대 165, 172, 176
한국슬라브학회(현 한국슬라브·유라시아
     학회) 12
한국외대 15
한국적 러시아 연구 171, 174, 177
한국적 정체성 171, 174
한국정치학회보 159~161
혁명사 25
현지조사 25
화용론 24, 61, 62, 67

영문

KBS 211

▌지은이(수록순)

김현택

한국외국어대학교 노어과를 졸업하고 미국 캔자스 주립대학교(University of Kansas) 슬라브어문학과에서 석사학위와 박사학위를 받았다. 한국외국어대학교 연구처장, 한국연구재단 인문학 단장, 한국슬라브학회 회장 등을 역임했으며 현재는 한국외국어대학교 노어과 교수로 러시아연구소 소장을 맡고 있다. 『사바틴에서 푸시킨까지: 한국 속 러시아 발자취 150년』(공저, 2015), 『붉은 광장의 아이스링크: 문화로 읽는 오늘의 러시아』(공저, 2008), 「샬라모프의 『콜리마 이야기』: '새로운 산문'의 탄생」(2007) 등 여러 단행본과 논문을 발표했으며 한국계 러시아 작가 아나톨리 김과 공동으로 『춘향전』을 러시아어로 번역 출간하기도 했다. 2010년 러시아 정부가 수여하는 '푸시킨 메달'을 받았다.

석영중

서울에서 태어나 고려대학교 노어노문학과를 졸업하고 미국 오하이오 주립대학교에서 박사학위를 받았다. 2000년에 러시아 정부로부터 푸시킨 메달을 받았으며 한국러시아문학회 회장과 한국슬라브학회 회장을 역임했다. 현재 고려대학교 노어노문학과 교수로 재직하고 있다. 저서로는 『자유: 도스토예프스키에게 배운다』(2015), 『러시아 문학의 맛있는 코드』(2013), 『뇌를 훔친 소설가』(2011), 『톨스토이, 도덕에 미치다』(2009), 『도스토예프스키, 돈을 위해 펜을 들다』(2008), 『러시아 정교』(2005), 『러시아 시의 리듬』(1993) 등이 있다.

손재은

서울에서 태어나 고려대학교 노어노문학과를 졸업하고 동 대학원에서 박사과정을 수료했다. 논문으로는 「톨스토이의 『안나 카레니나』 연구: 톨스토이의 종교성을 중심으로」, 「『안나 카레니나』에 나타난 안나와 레빈의 상반된 운명: '도덕률'과 '이성'을 중심으로」가 있다.

정하경

서울대학교 노어노문학과를 졸업하고 동 대학원에서 러시아어학 석사학위를, 미국 하버드대학교(Harvard University)에서 슬라브어학으로 박사학위를 받았다. 한국외국어대학교 러시아연구소 HK교수를 역임했으며 현재 서울대학교 노어노문학과 부교수로 재직하고 있다. 주요 저술로는 「러시아어의 어순과 정보구조: 하위초점 및 하위화제의 자질과 통사」(2015), 「고대노브고로드 방언 영주어 체계와 인칭 자질」(2015), 『The Syntax of the BE-Possessive: Parametric Variation and Surface Diversities』(2011), 「Innovations in the rise of the dative-infinitive modal sentence in Russian」(2010), 「Internally conditioned language change: the development of the North Russian-no/-to perfect」(2007) 등이 있다.

전혜진

한국외국어대학교 노어과와 통역번역대학원 한노과를 졸업한 후 동 대학원에서 러시아 언어학 박사과정을 수료하고 러시아 모스크바 국립대학교에서 러시아언어학 박사학위를 받았다. 현재 중앙대학교 국제대학원 전문통번역학과 교수로 재직 중이며 국제회의 통역사, 번역가로 활동 중이다. 1999년부터 2003년까지 EBS 교육방송 라디오 러시아어 회화 집필과 진행을 맡았으며, 러시아어 교육방법론 연구와 교재 개발에 많은 관심을 기울이고 있다. 「언어평가와 토르플」(2014), 「현대 러시아어 변화 경향」(1999), 「외국인의 러시아어 학습을 위한 능동적인 러시아어 문법」(1997), 「러시아어 명사 파생 형용사의 의미 합성 연구」(1996) 등 러시아어 의미론, 조어론, 러시아어 교육학 관련 논문이 다수 있으며, 주요 저서로는 10여 권 이상의 EBS 라디오 러시아어 회화 교재와 『교양 러시아어』(2014), 『러시아어 회화 사전』(2009), 『프레쉬 러시아어 문법』(2008), 『꿩 먹고 알 먹는 러시아어』(2004), 『노래로 배우는 러시아어』(2003), 『스크린 러시아어』(2003) 등이 있다.

김상현

한국외국어대학교 노어과를 졸업하고 동 대학원에서 러시아 고대문학으로 석사학위를, 미국 캔자스 주립대학교에서 러시아문학 박사학위를 받았다. 러시아의 문학, 문화, 민속, 사상사, 역사를 통섭으로 연구해 '러시아적인 요소(Russianness)'를 찾아내는 일에 전력하고 있다. 특히 러시아 농민 문제에 깊은 관심을 가지고 있고 농민 계층의 의식구조와 정서, 이들의 삶 속에서 나타나는 민속적 재현의 문제에 대한 많은 연구 논문이 있다. 대표적인 연구서로는 『러시아의 전통혼례 문화와 민속』(2014)과 『소비에트 러시아의 민속과 사회이야기』(2009)를 들 수 있으며, 두 권 모두 문화체육관광부가 선정하는 학술도서에 선정되었다. 현재 성균관대학교 러시아어문학과 부교수로 재직 중이며 한국노어노문학회의 편집장을 겸임하고 있다.

장세호

조선대학교에서 학사학위와 석사학위를 받았고, 러시아 상트페테르부르크 국립대학교(Saint Petersburg State University)에서 정치학 박사학위를 받았다. 현재 한국외국어대학교 러시아연구소 HK연구교수로 재직하면서 러시아 정치를 연구하고 있다. 주요 저서로는 『유라시아 시대 러시아의 국가 경쟁력』(공저, 2015), 『러시아의 심장부: 중앙연방관구』(공저, 2015) 등이 있으며, 주요 논문으로는 「2008~2014년 러시아 선거제도 변화 연구: 주요 동인을 중심으로」(2014), 「푸틴 3기 내각·대통령행정실 인적 구성의 특징과 함의」(2013), 「러시아 지방선거의 운영 메커니즘과 정치적 함의: 2011~2012 사례를 중심으로」(2013) 등이 있다.

성원용

연세대학교 전기공학과를 졸업하고 러시아 상트페테르부르크 국립대학교에서 경제학 석사학위와 박사학위를 받았다. 연세대 동서문제연구원(IEWS) 연구교수, 한국교통연구원(KOTI) 책임연구원, 외교통상부 자문위원, 한국철도공사 자문위원, 한국동북아경제학회 부회장 등을 역임했으며, 현재 인천대학교 동북아국제통상학부 교수로 재직하고 있다. 주요 저서로는 『국제운송회랑의 새로운 지정학: 유라시아 실크로드 구축을 위한 협력방안 연구』(공저, 2015), 『러시아 극동 바이칼 지역의 개발과 신북방 경제협력의 여건』(공저, 2013), 『카자흐스탄의 교육현황과 발전과제』(2009), 『러시아 교통물류정보 조사』(공저, 2005) 등이 있으며 논문으로는 「푸틴주의와 러시아 국가자본주의: 역사적 기원과 현대적 변용」(2014), 「러시아 농업개혁의 패러독스: 개인부업농과 상품·화폐관계의 공존은 가능한가」(2011) 등이 있다.

송준서

한국외국어대학교 노어과를 졸업하고 동 대학원 동구지역학과에서 지역학 석사, 미시간 주립대학교(Michigan State University) 사학과에서 러시아사 전공으로 박사학위를 받았다. 미국 맨체스터 대학교(Manchester University) 사학과 초빙교수를 역임했으며 현재 한국외국어대학교 러시아연구소 HK교수로 재직 중이다. 연구 관심사는 러시아 지역 정체성, 전쟁의 기억 등이며, 주요 저서로는 『프스코프 주 이야기: 변방의 요새에서 북서 러시아의 관문으로』(2012), 『러시아 인문공간: 자연·인간·사회』(공저, 2012) 등이 있고 논문으로는 「러시아 국경 도시의 실크로드 기억과 부활」(2015), 「기억의 정치학: 러시아 국가 통합 도구로서 전쟁의 기억」(2012), 「Rule of Inclusion: The Politics of Postwar Stalinist Care in Magnitogorsk,

1945-1953」(2012) 등이 있다.

홍석우

한국외국어대학교에서 학사학위와 석사학위를 받은 뒤 캐나다 앨버타 대학(University of Al-berta)의 Department of Modern Languages and Cultural Studies에서 우크라이나 민속학으로 석사학위와 박사학위를 받았다. 전문 연구 분야는 우크라이나 민속학과 이민자 문화이며, 나아가 다문화주의와 정치문화 분야를 연구하고 있다. 한국외국어대학교 동유럽발칸연구소 소장을 역임했으며, 주요 저술로는 「우크라이나, 러시아, 벨라루스의 축일과 국가건설: 전승기념일을 중심으로」(2016), 「우크라이나의 세시풍속에 관한 두 가지 연구」(2016), 「Two Pioneers of Critical Studies on Ukrainian Ethnography: M. Kostomarov and M. Drahomanov」(2016), 「우크라이나 유로마이단의 문화적 해석: 소통과 축제, 그리고 창작의 공간」(2015), 「Two eth-nographic writings on folk dance」(2013) 등이 있다.

한울아카데미 1927

한국외국어대학교 러시아연구소
HK 연구사업단 학술연구총서 24

한국 슬라브학 30년사
과거를 돌아보며 미래로 향하다

© 김현택·송준서 외, 2016

엮은이 ┃ 김현택·송준서
지은이 ┃ 김현택·석영중·손재은·정하경·전혜진·김상현·장세호·성원용·송준서·홍석우
펴낸이 ┃ 김종수
펴낸곳 ┃ 한울엠플러스(주)

편집책임 ┃ 배유진
편집 ┃ 김초록

초판 1쇄 인쇄 ┃ 2016년 10월 14일
초판 1쇄 발행 ┃ 2016년 10월 28일

주소 ┃ 10881 경기도 파주시 광인사길 153 한울시소빌딩 3층
전화 ┃ 031-955-0655
팩스 ┃ 031-955-0656
홈페이지 ┃ www.hanulmplus.kr
등록번호 ┃ 제406-2015-000143호

Printed in Korea.
ISBN 978-89-460-5927-6 93300

* 책값은 겉표지에 표시되어 있습니다.